KB105253

철학의 눈으로 읽는 여성

철학의 눈으로 읽는 여성

연효숙 · 김세서리아 · 이정은
현남숙 · 김성민 · 박은미 · 서영화 지음
「한국철학사상연구회 여성과철학 분과」

철학과현실사

철학이라는 학문만큼 보편성과 객관성을 앞세우는 영역도 없다. 그런데 철학을 전공하는 사람들은 거의 대부분 보편성과 객관성의 대명사로 남성을 생각한다. 철학사의 명부에 등장하는 위대한 사상가들을 보라. 거의 모두가 다 남성이 아니었던가. 지금은 조금 사정이 달라졌지만 예전에는 철학이라는 학문을 여성이 한다는 것은 아주 드문 일이었다. 한국 사회에서 여성으로서 철학하기의 어려움은 여성 내부에 이미 오래 전에 자리잡고 있었으나, 이것이 구체적으로 여성 철학 연구자의 문제로 등장해서 그 언어를 갖추게 되기까지에는 꽤 오랜 시간이 걸렸다.

이제 수적으로는 다수이지만, 언제나 현실의 논리에서는 소수일 수밖에 없는 여성들의 경험을 여성 철학 연구자들이 철학적인 언어와 사유를 갖고 다시 풀어서 설명할 수 있지 않겠는가. 대부분 철학하는 사람들은 고통스런 현실의 무대의 막이 다 내린 다음에 사유의 불을 밝히고 시대의 뒷그림자로 남는 경우가 흔히 있어왔다. 아직 소수인 여성 철학 연구자들 역시 자신의 삶과 현실을, 보편성의 이름 아래 행해진 철학의 관념적 현실 속에 맡기거나 그저 그 현실을 외면하는 자로 남는 경우가 많았다. 또 여성 연구자들은 여성의 삶과 현실에서 경험한 고통과 고단함을 늘 마주하면서도 스스로 체념하면서 비탄의 목소리를 몇 번이고 속으로 삼키지 않았나 싶기도 하다. 여성 철학 연구자들의 이러저러한 고민의 응축의 결과를 이제 하나의 책으로 묶게 되었다.

우리는 『철학의 눈으로 읽는 여성』이라는 책을 시발점으로 잠재된 문제를 하나씩 서서히 가시화하려고 한다. 그렇다면 왜 우리는 먼저 이 교재를 집필하게 되었는가. 여기에는 몇 가지 동기가 있다. 1990년대부터 우리 사회에서 소수자에 대한 관심의 시선과 이에 부응하는 담론의 바람이 일어난 것은 주지의 사실이다. 여성 문제가 부각되고 공론화되어 여성학, 사회학, 인류학, 문학, 문예 비평, 역사학, 심리학 등의 영역에서 여성과 연관된 문제가 다각도로 제기되었다. 그러나 유독 철학의 영역에서 만큼은 타성처럼 여성 문제에 대해 무관심과 침묵과 외면 등의 정서가 타학문에 비해 상당히 지배적이었다. 그 이유는 무엇이었을까. 여러 가지 이유가 있었겠지만 근본적인 이유는 철학이라는 학문이 보편성과 객관성을 지니고 현실로부터 일정 정도 반성적 거리를 취하는 이론의 특성을 갖고 있다는 점과 무관하지 않으리라. 심지어 철학하는 여성 연구자들도 이러한 정서에 별로 낯설어하거나 불편해 하지 않았으며 이러한 정서에 길들여져 있었던 것이 사실이다. 그러나 철학계에서도 얼마 전부터 여성 문제를 고민하는 목소리가 조금씩 울려 퍼지면서 이전과는 다른 분위기가 형성되고 있다.

1980년대 초반 진보적인 색채의 연구자들이 현실에 대한 철학적 고민을 함께 하여 만든 한국철학사상연구회에서 '여성과 철학' 분과가 만들어진 것은 그리 오래된 일이 아니다. 1990년

대 중반에 결성된 이 분과에서 여성과 철학 문제를 고민하고
연구하여 세미나를 꾸린 지 어언 5년을 넘기고 있다. 그 동안
우리 분과에서는 철학적 사유를 바탕으로 하여 여성 문제를 분
석할 틀을 만들기 위한 예비 작업으로 꾸준히 세미나를 꾸려왔
다. 그 가운데 '여성과 철학' 분과에서 거둔 가장 중요한 결실
중의 하나는 한국철학사상연구회 2000년 봄 정기 학술 심포지
엄 <페미니즘과 21세기 철학 : 차이에서 연대로, 연대에서 차이
로>를 개최한 것이었다. 이때 우리는 처음으로 페미니즘, 여성
문제에 관심을 가진 많은 청중들과 직접 만나면서 한국 사회에
서 여성 문제에 대한 관심과 열의를 피부로 느낄 수 있었다. 그
다음 2001년 봄에 고려대학교 대학원 총학생회에서 주최한
<21세기 대안 문화와 페미니즘> 특강을 통해 여성 문제를 철
학적 눈을 갖고 접근하면서 학생들과 직접 대면하고 호흡할 수
있는 소중한 기회를 가졌다.

　현재 대학에서 여성학 관련 과목 이외에, '성과 철학', '철학적
여성학', '성과 윤리' 등 여성 문제를 철학과 연계시킨 전공, 교
양 과목이 많이 늘어나고 있는 추세다. 우리 분과의 필자들도
이러한 강의를 계속 맡아오면서 이를 위한 마땅한 교재가 없어
서 늘 고민하였다. 물론 서양 페미니즘 입문서에서부터 시작해
서 전문 서적까지 그간 여성 문제, 여성 운동 등의 확대 분위기
에 발맞추어 이와 관련된 외국 문헌이 많이 번역되었다. 그러
나 '철학'과 '여성' 문제를 연관지어 국내 필진들이 쓴 교재를
찾기는 어려웠다. 우리 분과는 이제까지 철학에서 익혀온 논리
와 철학적 언어, 사유를 기본 무기로 하여 이 무기를 전복의 칼
로 들이대면서 여성 문제를 새롭게 읽고 참신하게 글을 쓸 수
없을까 하는 고민을 계속 공유하게 되었다. 이에 따라 이번에
『철학의 눈으로 읽는 여성』이라는 책을 펴게 되었다. 이 책에
는 5년 동안 우리 분과 필자들이 세미나 작업에서 흘린 소중한

땀과 또 2년에 걸친 교재 작업의 노고와 역량이 결집되어 있다.

이 책의 특징이자 장점은 철학하는 연구자들이 철학적 사유와 논리를 갖고 여성주의적 시각을 통해 여성의 문제를 필자 자신들의 보다 다져지고 걸러진 언어와 육성으로 드러내 보이려고 무척 애를 썼다는 데 있다. 여성 문제를 현실의 현상적인 차원의 분석에서 한 걸음 더 나아가 보다 근본적으로 철학의 눈을 통해 분석하고 또 철학사에 나온 텍스트를 여성의 눈을 통해 재독해하면서 그 왜곡된 기원을 찾아보려는 노력을 기울였다.

간단히 이 책의 구성을 소개하면 제1부에서는 고대 그리스에서부터 시작해서 근대를 거쳐 탈근대에 이르기까지 서양철학사에서 여성이 어떻게 비춰져 왔으며 그 속에서 여성 문제가 어떻게 왜곡되고 배제되어 왔는지를 보이고자 했다. 제2부에서는 서양철학의 주요 문제 중에서 특히 여성 문제와 연관된 중요한 분야들에 여성주의적 시각을 개입시켜 도전적으로 문제를 조망했다. 예를 들면 인간의 문제를 성차와 젠더로, 또 전통 윤리의 문제를 여성주의적 윤리로 풀었고, 전통 인식론에 의문부호를 부치고 여성주의적 인식론의 가능성을 타진했으며, 남성적 언어와 논리에 여성의 언어와 여성적 글쓰기가 어떻게 개입할 수 있는지, 또 동일성의 정치학에서 차이의 정치학으로 가고 있는 현재의 문화 정치학의 상황 등을 짚었다. 제3부에서는 동양철학을 여성주의적 시각으로 재독해하여 한국 사회에서 여성의 삶을 지배하는 동양 사유의 맥락을 가늠하였다. 그 중 특히 여성의 삶을 지배하는 유교 가부장제, 음양 개념의 기호의 현실적 작동 방식, 도교의 노자가 페미니즘과 맺는 관계 등 주요한 기제들을 분석, 비판하였다.

21세기에 와서 여성 문제는 인간의 수수께끼를 푸는 데 결코 간과할 수 없는 영역이 되었다. 페미니즘이나 철학의 눈으로 여성을 읽는 우리들의 문제 의식은 결코 요즈음에 와서 유행으로 번지는 듯한 흐름에 편승하는, 일시적이고 현상적인 차원에 머물러 있는 것이 아니다. 이 문제에 대한 천착과 고통의 연륜은 우리들에게는 아마 태내에서부터, 아니 그 이전부터 있어 왔다고 해도 과언이 아닐 것이다. 다만 여성들의 문제를 진정 나의 삶의 문제로 인식하고 객관화하면서 그 고통의 무게와 깊이를 재고 측정할 논리와 무기를 이제서야 갖게 된 것이다. 이것은 뒤늦은 출발이고 늦깎이 각성일 수는 있다. 그렇다고 해서 이러한 출발점에서 뛰기 시작한 우리의 걸음이 산책하는 것처럼 마냥 그렇게 가뿐할 수만은 없다. 이 발걸음이 우리의 삶의 진솔한 모습이자 고뇌며 일상에서 길어 올려지고 다져진, 더 이상 뿌리칠 수 없는 현실 속에서 일그러진 우리들의 그러나 부끄럽지 않은 영웅의 모습이기 때문이다.

이제 철학의 눈을 가진 여성들이 철학과 삶과 현실을 다르게 읽을 수 있는 작은 목소리를 더 크게 외칠 때가 온 것 같다. 여성뿐만 아니라 여성주의적 시각에 경청하려는 열린 귀를 가진 사람들 모두가 같이 무엇인가를 새롭게 만들 수 있을지 않을까 하는 소박하지만 담대한 꿈을 가져본다. 그러나 우리가 빠져서는 안 될 하나의 함정이 있다. 『철학의 눈으로 읽는 여성』에서 읽고 읽혀진, 또 그리고 그려진 우리들의 자화상은 결코 거울 속에서 자기만을 보는 자화상이어서는 안 될 것이다. 이 자화상은 타자의 아픔과 고통을 잉태한 얼굴이어야 할 것이다. 이 얼굴이 진정한 얼굴이고, 남성, 여성이 새롭게 함께 그릴 우리들 미래의 자화상이 아니겠는가. 여기에 애써 글을 써주신 필자 선생님들께 진정으로 감사를 드린다.

한국철학사상연구회 '여성과 철학' 분과를 대신해서
연 효 숙

차 례

차 례

차 례

차 례

제1부
여성 · 철학사 · 페미니즘

제1장

지성과 감성 그리고 에로스 :
감성적 여성에 대한 다시 보기

□ **주제어**

감각, 확신, 이성, 지성, 감성, 에로스, 이데아계, 현상계, 그리스 로
마 신화

1. 지성적인 남성, 감성적인 여성

후기 자본주의 사회에서 대중 매체와 문화를 주도하는 곳에
서는 시각이나 청각과 같은 감각과 고통, 쾌락 혹은 동감과 같
은 감정을 대중과의 효과적인 의사 소통 수단으로 사용하고 있
다. 감각이나 감정은 이성이나 지성과 같은 판단이나 반성의
영역이 아니라 외부 자극을 수동적으로 수용하는 성질을 갖기
때문에 효과적인 의사 소통 수단으로 기능한다. 나아가 감각과
감성은 이성의 기능에 비해 상대적으로 다양성을 갖으며 의미
의 전달 속도가 빠르고 직접적이라는 점에서 현대 대중 문화

산업에서 감각과 감정을 화두로 등장시키는 또 다른 이유를 찾을 수 있다. 20세기가 인간 이성과 합리성의 정점인 과학 기술 혁명의 시대였다면, 21세기는 과학을 한 손에 쥐고 있으면서 그 동안 짓눌려왔던 인간의 또 하나의 얼굴인 감성이 합리성을 대체할 만한 새로운 세기의 대안으로 등장하고 있다.

그러나 다양성과 수동성을 대표적인 성질로 갖는 감각과 감정은 자본주의의 이윤 추구를 위한 목적에 따라 쉽사리 조작되거나 제한될 수 있다는 부정적 가능성을 갖는다. 감각과 감정이 자본의 목적에 따라 대중 매체 속에서 조작된 대표적인 사례는 변화되고 축소된 여성 이미지 속에서 찾아볼 수 있다. 대중 매체 속에서 여성은 스스로가 감각적인 쾌락을 추구하거나 남성의 감각적 쾌락을 유발하는 수단으로 상징화된다. 이러한 여성에 대한 이미지는 미래에 대한 삶의 계획을 세우고 그 계획에 따라 당장의 쾌락을 연기시킬 줄 아는 이성적인 남성 이미지와는 사뭇 대조적이다. 물론 이 속에서 여성을 쾌락의 도구로 전락시키는 주체는 남성이며 남성이 여성을 상대로 쾌락을 능동적이고 주체적으로 관리하는 반면, 여성은 남성의 주도적인 관리에 적응하는 수동적인 존재에 불과하다. 대중 매체 속에서 변화되고 축소된 여성상은 영화 『감각의 제국』에서 극단화된 형태로 나타난다. 영화 속에서 그녀는 상대방의 '육체'라고 하는 가장 극단적인 감각적 쾌락의 수단을 소유함으로써 사랑을 완성하려는 인물로 등장한다.

여성을 감각적 이미지와 연결시키는 사고 방식에는 감정적이고 감각적 쾌락만을 추구하는 삶은 개인이나 사회 전체에 부정적인 결과를 초래한다는 의식이 저변에 깔려 있다. 때문에 상업적 전략에 맞추어 조작된 감각과 감정, 그리고 그 이미지를 덮어쓴 여성의 삶은 지성적인 남성의 삶의 주변부로 밀려나고 개인의 삶이나 사회의 중심부에서 뿐만 아니라 진리를 좇는 힘겨운 여정에서도 밀려난다. 또 다른 영화『사만카』에서 공과 대 여학생으로 등장하는 여주인공은 방을 구하려다가 우연히 만난 인류학 교수를 사랑하게 된다. 둘을 이어주는 끈은 육체적 쾌락이다.『사만카』에서 여주인공이 애인을 엽기적인 방법으로 살해하는 장면은 그녀가 행할 수 있는 최선의 사랑의 방식으로 표현된다.

감각과 감정적 쾌락을 추구하는 행위를 부정적인 것으로 평가하는 동시에 그 부정적인 이미지를 여성과 연관짓는 우리의 일상적인 사고 방식은 고대 그리스 철학자인 플라톤의 이성 중심적 세계관에 그 기원을 두고 있다. 플라톤에게서 감각은 생성 소멸하는 대상만을 인식하기 때문에 항상 불확실하고 유동적인 앎을 제공하는 인식 능력이다. 또한 인간의 육체 구조 중에서 배의 욕구로 인해 생기는 감정은 인간으로 하여금 부(富)나 육체적 쾌락만을 추구하게 함으로써 조화로운 삶을 추구하거나 진리로 가는 삶의 여정의 방해꾼에 불과하다. 반면에 지성과 이성은 영원 불멸하는 세계를 대상으로 하는 인식 능력이기 때문에 끊임없이 생성 소멸하는 이 현상 세계에 대한 앎이 헛됨을 깨닫고, 모든 것들의 궁극적인 근거와 원인을 물음으로써 참된 앎을 가능하게 한다. 때문에 지성적인 인간만이 끊임없이 변화하는 이 세계에 확고한 법과 질서를 부여하고 통치하는 수호자가 될 수 있을 뿐만 아니라 진리에 대한 앎에 도달할 수 있다.

플라톤에게서 변화하고 혼돈스런 세계 속에서 불변의 진리를 깨닫고 그럼으로써 변화하는 세계에 새로운 질서를 부여할 수 있는 지성적인 인식 능력은 남성의 몫이다. 반면에 감각과 감정은 끊임없이 변화하는 불확실한 대상만을 보기 때문에 혼돈이나 무질서를 야기할 수밖에 없고 그렇기 때문에 수동적으로 지성의 명령을 따라야 하는 여성 이미지와 연결된다.

감각과 감정의 이미지와 연결된 여성은 진리로 나아가는 길에서도 철저하게 배제된다. 플라톤에게서 지성과 이성 혹은 그것에 의해서만 파악되는 이데아계가 진리의 표준과 원천으로서 규제적인 지위를 갖는다면, 감각과 그것의 인식 대상인 현상계는 모두 진리로 나아가는 계기 혹은 도구로서 작용한다. 철학자마다 '지금 그리고 여기'라고 하는 현상 세계를 어떻게 설명해내느냐는 각기 다른데, 플라톤은 지금 여기를 끊임없이 변화하는 헛된 것으로 보고 이러한 세계는 참된 존재를 모방할 뿐이라는 이분법적인 설명을 해낸다. 이렇게 해서 존재 질서는 각기 현상계와 이데아계라고 하는 이원적(二元的)인 질서를 갖게 된다. 그렇다면 이러한 벌어진 존재의 틈은 무엇으로 연관 지어지는가라는 물음을 가져볼 만하다. 플라톤은 에로스를 통해서 이데아계와 현상계라고 하는 각기 다른 질서를 갖는 세계를 연결짓는다. 플라톤에 의하면 우리들은 에로스를 통해서 진리로 향해 매진하는 애지자의 삶을 살 수도 있고, 반대로 감각적이고 감정적인 쾌락을 추구하는 애육자의 삶을 살 수도 있다.

에로스는 하늘의 속성인 신성과 지상의 속성인 인간성을 반씩 공유한 중간적 존재자다. 에로스는 신성과 지상의 성질을 공유하는 다이몬으로서의 신이기 때문에 인간에게서 각기 다른 성격과 지위를 갖는 지성과 감성을 관계지워주는 역할을 한다.

우리는 에로스를 기존 미술이나 문학 작품에서 드러나는 모습대로 사랑하는 사람에게 큐피드의 화살을 쏘는 어린 남아 이미지로 기억하거나 혹은 사랑에 기꺼이 전 생애를 거는 여성의 전유물로 사고해왔다. 그러나 에로스가 우리에게 영향을 미치는 더 커다란 영역은 우리로 하여금 지금 그리고 여기에 안주하지 못하고 진리의 길에 이르도록 재촉함으로써 보다 나은 삶을 영위하지 않으면 견디지 못하게 만드는 힘에 있다.

2. 지성과 감성

플라톤은 인간의 육체적인 구조에 각기 다른 인식 능력이 대응한다고 생각했다. 인간을 머리, 가슴 그리고 배로 나누어본다면, 머리는 분류하고 판단하는 이성적 기능을, 가슴은 불의에 항거하는 용기를, 배는 생산적인 일을 담당하는 감각적 부분을 관할한다. 이러한 세 가지 구조 간에는 명확한 상하 질서가 존재해야 하는데, 가장 바람직한 관계는 머리가 배를 지배하는 것이다. 만일 그렇지 않고 배의 생물학적 욕구에 충실하여 감각적인 쾌락만을 추구하는 행위는 사회로부터 도덕적 규제를 받는 동시에 개인적으로는 불행한 삶을 초래한다. 나아가 배의 욕구에 충실했던 사람의 경우, 죽음 이후의 삶 또한 생시에 익숙해져 있던 삶의 방식대로 감각적인 욕구의 지배를 받음으로써 죽은 자들이 가게 되는 지하 세계인 하데스에서 시작되는 끊임없는 윤회의 굴레에 사로잡히게 된다. 플라톤에게서 죽은 자가 윤회의 굴레에서 벗어나는 방법은 모든 감각적 욕구들을 제거하고 혼을 정결하게 함으로써만 가능하다.

플라톤은 인간의 인식 단계를 확실성의 정도에 따라서 네 단계로 나눈다. 우선 단계적으로 보아 가장 상위에는 지성과 이성이 자리하고 있으며, 확신과 감각은 상대적으로 불확실한 인식을 제공하는 것으로 아래의 위치를 차지한다. 물론 위의 구분은 인식의 확실성의 정도에 따른 구분이며, 각각의 인식 기관에는 각기 다른 대상이 대응한다.

지성이나 이성에 비해 상대적으로 확실성의 정도가 떨어지는 감각이나 확신은 시각, 청각, 후각, 촉각 그리고 미각으로 구성되는 오관의 작용을 통해서 구체적인 대상을 파악한다. 우리는 감각(aisthēsis)을 사용함으로써 지금 그리고 여기에 있는 구체적인 물질 대상을 알 수 있게 된다. 그런데 이 부분에서 감각이야말로 대상을 가장 분명하고 직접적으로 파악할 수 있는 방법이 아닌가라는 의문을 던져볼 만하다.

만일 당신이 추상화가인 칸딘스키의 작품(그 중에서 1937년에 제작한 「곡선의 지배」)을 보고 있다고 가정해보자. 우리는 「곡선의 지배」라는 작품을 통해서 무엇을 볼 수 있는가. 한눈에 들어오는 것은 선, 면, 원, 곡선 그리고 원색적인 색채들의 단순한 집합에 불과하다. 감각적인 눈을 통해서는 이와 같은 수학적인 도형들만을 볼 수 있을 뿐이다. 우리가 추상화를 통해서 기타 정물화나 초상화를 보듯이 작가의 의도를 파악하기 어려운 이유는 작품 속의 특정 상징물 속에 작가의 의도가 숨겨져 있기 때문이다. 마찬가지로 추상화가인 칸딘스키의 작품을 이해하기 위해서는 추상적인 표현 수단인 수와 도형이 각기 의미하는 바를 이해해야 한다. 그러나 우리는 감각을 통해서는 수와 도형의 시각적 형태만을 볼 수 있을 뿐, 그것들의 숨겨진 의미를 알 수 없다.

우선 감상자들은 이성(logos)의 작용을 통해서 작품 안의 개별적인 원, 사각형 그리고 곡선들을 보다 일반화시켜 각각의 선, 면 그리고 곡선들이 일정한 패턴의 수학적이고 추상적인 구성을 이루고 있다는 것을 알 수 있게 된다. 이성은 개별적이고 구체적인 대상들을 일반화시키고 보편화시킴으로써 비로소 추상적인 구성들이 일정한 질서와 패턴을 가지고 있음을 이해하게 되며, 패턴 너머의 의미에 대한 이해로 나아가기 위한 준비를 할 수 있게 된다. 그러나 감상자는 아직 구성과 색채가 나타내는 패턴들의 의미와 선, 면 그리고 곡선이 그것일 수 있는 근거에 대한 물음으로까지 나아가지 못하기 때문에 이성의 도움만으로는 아직 그림에 대한 전체적이고 완전한 이해에 도달할 수 없다. 플라톤이 철인치자를 강조한 이유는 바로 여기에 있다. 대표적으로 이성을 활용함으로써 세계에 대한 앎을 제공하는 사람들은 과학자들이다. 그러나 이들은 질량, 무게, 속도와 같은 일반적인 개념을 통해서 세계를 객관적으로 해석할 수는 있어도 그 각각의 개념들의 근거에 대한 물음으로까지 나아가지 못하기 때문에, 이 세계에 부분적으로만 관여하고 있는 참된 존재의 실상을 파악할 수 없다. 오직 지성을 통해서 존재하는 세계의 본질인 이데아계를 직시할 수 있는 철인치자만이 통치자로서의 자격을 갖는다.

지성(nous)의 작용을 통해서 비로소 감상자들은 작가가 표현하려고 의도한 추상적이고 내면적인 정신 세계에 도달할 수 있게 된다. 선, 면 그리고 곡선의 개념의 근원을 묻는 작업을 통해서, 다시 말해 "선이 그것일 수 있는 이유"와 "곡선이 그것일 수 있는 근거"에 대해 물어봄으로써 수학적 도형들이 갖고 있는 극도의 추상성의 정점에 자리하는 보이지 않는 인간 내면의 정신, 나아가 이데아의 세계에 진입할 수 있게 된다. 현대 추상 미술이 이와 같이 감각이 아닌 지성을 통해서만이 이해될 수 있는 이유는 실재하는 구체적인 사물을 표현 대상으로 삼지 않고 기하학적 도형을 사용해 인간 내면의 정신과 보편성을 표현하려고 하기 때문이다.

감각이 가장 낮은 정도의 인식의 확실성만을 제공하는 이유는 끊임없이 생성 소멸하는 구체적인 사물을 대상으로 하기 때문이다. 이에 반해 이성은 삼각형, 수, 신 그리고 사랑과 같이 시간과 공간을 초월해서 생성 소멸하지 않는 보편적인 대상을 파악하는 인식 능력이다. 칸딘스키가 산만하게 흩어져 있는 구체적인 사물들을 수학적인 도형을 사용해서 보편화시킬 수 있었던 이유는 시각이나 청각과 같은 감각을 넘어선 이성의 작용 때문이다. 나아가 그 추상적인 수학적 도형의 가능 근거와 같은 모든 존재하는 것과 앎의 전제들에까지 소급해 묻는 것은 지성의 작용을 통해서 가능하다. 그 대상이 존재할 수 있고, 나아가 그것을 알 수 있는 가능 근거에 대해 물음으로써만 대상들에 부분적으로만 관여하고 있는 참된 이데아에 대한 앎으로 진입할 수 있기 때문이다.

인간이 대상을 파악하는 인식의 도구를 네 단계로 분류해놓은 감각, 확신, 이성 그리고 지성이 인식의 확실성의 정도에서 차이를 갖는 것은 각기 그것들이 관계하는 대상의 성질에서 기인한다. 이들 네 가지의 인식 단계에는 각기 그림자의 세계, 현상계, 수의 세계 그리고 이데아계로 불리는 대상 세계가 대응한다. 이때 그림자의 세계, 현상계 그리고 수의 세계는 각기 이데아를 분유한 정도 차이로 인해서 존재 질서 속에서의 위계적 차이를 갖는다. 이렇듯 네 단계의 인식에 각기 대응하는 존재의 층위는 이데아계를 정점으로 해서 네 단계로 나뉘며 이때 각각의 단계는 수(arithmos)에 의해서 연결된다. 수는 영원불멸하는 존재의 원형인 이데아를 모사해서 구체적인 지상의 사물들을 형상짓는 매개자로 작용한다. 시공간의 모든 변화로부터 초월한 '수의 질서'는 지성의 대상으로서 모든 존재하는 것의 본이 되는 이데아계와 끊임없이 생성 소멸하는 현상계를 연결시켜주는 통로로서 작용한다.

감각에 의해 파악되는, 보이는 세계로서의 현상계는 어떠한 방식으로 존재하는가. 단지 불변하고 영원한 이데아계를 분유하고, 참여하고, 관여하는 방식으로 부분적으로만 참된 존재를 모방할 뿐이다. 플라톤의 안내를 받아 존재를 이해하게 되면 우리가 감각을 통해 그토록 생생하게 경험하는 이 구체적 '현상계'는 참된 세계인 '이데아계'를 부분적으로만 모방하는 것이기 때문에 참으로 존재하는 것일 수 없다. 물론 "우리가 지금 여기에서 구체적으로 경험하는 이 세계가 참으로 존재하는 것이 아니다"라는 이러한 역설적인 주장이 가능한 이유는 "참으로 존재하는 것은 생성소멸하지 않는 영원불변한 것이다"라는 플라톤 존재론 속에 담겨 있는 숨은 전제 때문이다.

플라톤은 그의 저서『국가』7장에서 '동굴의 비유'로 알려진 몇 가지 시각적인 상징물들을 도입함으로써 감각적 인식과 이성적 인식의 차이점을 생생하게 보여준다. 동굴의 비유에서 동굴 속 인간들은 마치 죄수와도 같이 뒤를 돌아볼 수 없도록 목이 쇠사슬에 의해 고정된 채 동굴 벽면을 바라본다. 이때 동굴 벽에 비쳐지는 상은 동굴 밖의 사물이 동굴 속 불에 의해 비쳐진 그림자에 불과하다. 하지만 동굴 속 인간들은 죽기까지 동굴 벽에 비쳐진 그림자를 참으로 존재하는 것으로 알 수밖에 없다. 그러다 우연히 쇠사슬이 풀려 동굴 밖으로 뛰어나온 인간은 비로소 그림자가 아닌 태양에 비친 참된 세계를 보는 환희를 경험하게 된다. 참된 세계를 본 인간은 다시 동굴 속으로 들어가 동료들에게 참된 세계는 저 밖에 있는 것이라고 주장하지만 그림자의 세계에 취해 있는 동굴 속 사람들은 오히려 헛된 소리를 한다고 비난하면서 그를 죽이려 한다.

우리는 앞선 논의를 통해 이 우화에 등장하는 동굴, 그림자 그리고 태양이라고 하는 상징물들을 보다 쉽게 이해할 수 있다. 동굴 속, 불에 비친 그림자는 감각을 통해 알게 되는 허상을 의미하며, 마찬가지로 동굴 속 세계는 감각을 통해 경험하는 현상계를 의미한다. 반면 태양은 모든 이데아들의 근원으로서 작용하는 '좋음(선)의 이데아'다. 마찬가지로 태양에 비추어진 동굴 밖의 세계는 모든 이데아의 정점인 '좋음의 이데아'를 통해 비추어진 이데아계를 비유한다. 또한 동굴 안의 죄수는 감각만을 신뢰하고 감각에 의해 형성된 불명료하고 거짓된 앎에 만족하면서 사는 육체적인 대중을 상징하며, 쇠사슬을 끊고 동굴 밖으로 나온 철학자는 인간 내면의 혼을 끊임없이 정화시킴으로써 지성을 통해 참된 존재를 관조하는 애지자를 상징한다. 동굴의 비유에 의하면 진리는 오직 지성적인 인식을 통해서 파악될 수 있으며, 이는 끊임없이 혼을 정화하는 노력을 통해서만 가능하다. 이에 반해 감각은 오히려 진리에 이르는 길을 방해하는 육체의 감옥에 불과하며 일생 동안 그들의 목에 걸린 쇠사슬을 기쁘게 감고 있는 감각적인 대중의 삶은 끊임없이 허상만을 좇는 불행한 삶일 수밖에 없다.

플라톤이 말하는 인간의 삶에서 감각이 갖는 지위는 진리에 대한 도야(陶冶)를 불가능하게 만드는 육체의 감옥에 불과하다. 이쯤에서 의문이 생길 수밖에 없다. 플라톤의 방식대로 감각을 낮은 차원의 인식 능력으로 이해하면 여성을 감각적 이미지와 연관짓는 것은 단순히 여성을 비하한다는 차원을 넘어서서 여성을 진리와 진리 도야의 길에서 배제시키는 것을 의미한다. 두 번째로 인간은 그의 삶 전체를 통해서 두 마리의 말을 동시에 몰 수밖에 없는 운명을 지닌다. 인간은 영원불변한 진리에 따르는 삶을 살기 위한 과정에서 '지성이라는 이름의 말'을 몰아야 하며, 또한 이 세상에 일단 발을 들여놓은 이상 현상계에서 살아가기 위해 '감각이라는 이름의 말'을 동시에 몰아야 한다. 여기에서 감각과 감성은 에로스에 의해 지성적 측면으로 상승되기 위한 발판으로 작용한다. 마찬가지로 현상계는 이데아에 대한 직관, 나아가 그에 따르는 참된 삶을 살기 위한 필수불가결한 전제 조건이 된다. 때문에 감각이 지성의 명령에 순응하려면, 마찬가지로 인간의 육체에서 감각의 쾌락을 관할하는 배가 지성의 기능을 담당하는 머리의 규제에 따르려면 무조건적인 규제나 억압이 아닌 아래쪽 질서의 독립적인 메커니즘에 대한 새로운 모색이 필요하다. 플라톤의 제자인 아리스토텔레스가 이데아계가 아닌 현상계 속에서 참으로 존재하는 것과 삶의 가치를 찾아냄으로써 플라톤에게 반기를 든 것은 이미 예고된 일이었다.

3. 감성과 감각적 쾌락 그리고 여성

인간은 지성과 감성이라는 각기 다른 지배 원리를 갖는 이중적 성격의 존재자다. 이때 바람직한 인간의 모습은 지성의 명령에 따라 감성이 지배되는 것이다. 플라톤의 저서 속에서 소크라테스는 제자들로 하여금 지성의 명령에 따르는 삶을 살도록 하기 위한 방법으로 대화를 즐겨 사용했다. 대화는 감각과 감성을 통해서 알게 되는 불확실한 믿음과 확신의 논리적 근거를 찾아가는 방법으로써 대화에 참여하는 사람들은 감각을 통한 앎에 만족했던 스스로의 무지를 깨달음으로써 지성을 통해서 도달할 수 있는 진리를 찾아가는 여정에 동참할 수 있게 된다. 플라톤의 저서는 초·중기 저작까지 소크라테스와 그의 주변 사람들이, 중·후반부 저작부터는 플라톤 자신과 그의 제자들이 행하는 대화로 구성되어 있다. 대화는 제자들의 일상적인 믿음과 확신에 기반한 주장들이 갖는 타당성을 검토하는 작업으로 진행된다. 이러한 대화는 '함께 마신다'는 어원을 가지는 심포지엄(향연)의 자리를 통해서도 진행되었다. 심포지엄은 혼례, 생일, 경기 후의 승리 축하, 친구의 송별이나 환영과 같은 중요한 행사 때 베풀어지는 대화의 장으로서, 이 자리에서는 비단 먹고 마시는 데 그치는 것이 아니라 진리의 길에 도달하기 위한 담론과 토론이 행해진다. 그러나 이러한 심포지엄의 자리에서도 여성은 대화 참여자가 될 수 없었다.

깊이 있는 담론의 자리에서 제외된 여성은 사랑할 가치가 있는 대상으로서도 평가받지 못했다. 그리스 시대에는 '동성애'를 나누는 것이 일반적인 사랑의 관행이었을 뿐만 아니라 이성애보다 도덕적으로도 우월성을 가진 인간 관계의 한 형태였다. 소크라테스가 당시 제자 알키비아데스와 동성애를 나누었다는 것은 정설화된 이야기다. 당시 깊이 있는 담론의 자리에서 여성이 의도적으로건 비의도적으로건 배제되었다는 것과 이성애를 터부시하는 동성애의 관행에는 감각과 감정적 충동을 사회적으로나 도덕적으로 저급한 것으로 평가하고, 그렇게 평가된 잣대를 여성적 이미지와 연관시키는 사고가 바탕에 깔려 있기 때문이다. 때문에 감각을 통한 앎에 만족하고 감정적 충동에 이끌리기 쉬운 본성을 지닌 것으로 평가 절하된 여성은 진리의 길에 이르는 동료는 될 수 없으며, 단지 2세를 생산하기 위한 도구로 간주되었을 뿐이다.

비단 당시 그리스 시민 사회 내의 구체적인 행위의 흔적을 통해서 여성의 지위를 가늠해보는 것 이외에도 플라톤의 저서 속에서 여성과 남성이 각기 어떠한 의미를 갖는 상징물들과 연관지어져 있는가를 보는 것도 흥미롭다. 앞서 논의한 『국가』편에서 등장하는 태양, 동굴, 그림자 그리고 죄수와 같은 상징물들이 존재와 인식에 대한 플라톤의 입장을 함축적으로 보여준다면 『티마이오스』에서 물질, 혼돈, 수 그리고 도형과 같은 상징물들은 각기 여성과 남성이라고 하는 성적 특성을 갖는 것으로 묘사된다.

플라톤의 중기 저작에 해당하는 『티마이오스』는 '데미우르고스'라는 우주의 창조자를 등장시켜 우화적 이야기 방식을 도입해 우주의 생성 과정을 설명하는 '우주론'으로서, 이때 우주는 신(神)에 의해 정사면체, 정육면체와 같은 수학적 도형을 기본 축으로 논리 정연하게 구성된 것이다. 이 우주란 필연적으로 존재하는 물질을 신이 설득시키거나 혹은 자발적인 승복에 의하여 수와 형태를 이용해서 새롭게 구성한 것이다. 때문에 우주가 성립되게 된 원인에는 필연적인 것과 신적인 것, 두 가지 요소가 있으며 인간을 포함한 모든 존재하는 것은 행복한 삶을 얻기 위해서 각자의 본성이 허용하는 한 필연적 성질을 갖는 물질적인 것에서 신적인 것으로 도약해야 한다.

이때 승복당하고 설득당하는 수동적인 대상으로서 원초적이고 필연적인 물질은 여성적 이미지와 연결된다. 반면 수와 도형이라고 하는 이성적 도구를 가지고 필연적인 자연의 성질에 대해 승복을 유도하거나 설득하는 주체는 남성 신으로 유비(類比)된다. 한 발 더 나아가 이러한 우주 전체에 혼란을 야기하는 존재 역시 여성신의 모습으로 등장한다. 남성이 질서와 형태를 지우는 주체적 존재를 상징한다면 여성은 지성이 개발되기 이전의 물질적 상태로서 불확정적이고 불규칙적이며 혼란을 야기하는 이미지로 등장한다.

흥미롭게도 플라톤은 『국가』편 5권에서 '처자의 공유와 그에 따른 혼인 및 출산의 문제'에 대해 언급하면서 이것과 관련하여 '성향 또는 자질이 같은 남녀의 평등한 권리와 의무'를 강조한다. 449a-480a의 긴 분량에 걸쳐 수호자의 자질에는 남성과 여성이 차이가 없음을 강변한다. 여성과 남성은 단지 힘의 세기에서만 차이가 있기 때문에 수호자의 자질을 갖춘 여성에게 남성과 동등한 교육의 기회와 권리를 부여할 필요성과 그 과정을 상세하게 서술한다.

그러나 저술의 일부분에서 수호자의 자질을 갖춘 여성에 대해 남성과 동등한 교육을 시행할 것을 강조하고 있음에도, 이론 전체적으로는 여성을 감각이나 감정 혹은 지성이 개발되기 이전의 물질적 이미지와 연결시킴으로써 여성이 지성을 갖춘 철인치자가 될 가능성을 인정하지 않는다는 것을 알 수 있다. 수호자는 의견이나 확신의 단계에 머물러 있는 지식의 근거와 그것의 정당성을 묻는 철학자로서 이는 지성을 통해서만 가능하다. 인간은 지성을 통해서 비로소 모든 개별적인 사태의 배후에 놓여 있는 영원불변한 존재와 그것의 가치를 관조할 수 있으며 이를 통해 올바른 판단을 하는 능동적인 입법가로서의 자질을 갖추게 된다. 반면에 감성은 불확정적이고 불규칙적이어서 혼란을 야기하는 물질과 같아서 지성의 판단에 따라 억제되고 올바른 방향으로 인도됨으로써만 자신의 기능을 다하는 수동적이고 약한 자의 미덕에 불과하다. 플라톤은 지성을 남성과, 감성을 여성과 각기 유비시킴으로써 남성에게는 기존의 관습, 법 그리고 질서의 옳고 그름을 판단하는 적극적인 입법자의 지위를 부여하고, 여성에게는 남성들이 구축하고 변화시키는 질서와 세계에 순응하는 생산자의 지위를 부여했다.

플라톤 철학 전반은 예술, 문화, 정치 그리고 윤리에 이르기까지 모든 면에서 당시 그리스 사회의 지배적인 담론과 역행하고 있음에도 불구하고 '여성에 대한 시각'만은 시대적 가치관을 그대로 수용하고 있다. 플라톤 철학에서 감각과 감정이 갖는 의미와 가치를 판단해보았을 때 그만큼의 정도로 당시 그리스 시민 사회 내에서의 여성에 대한 편견은 깊이를 더할 수밖에 없다.

4. 지성과 감성 그리고 에로스

플라톤에 의하면, 인간은 감각과 감정이라고 하는 낮은 단계의 인식이 제공하는 불명료한 진리와 참된 존재에 대한 모사에 만족하고 현상계에 젖어 사는 육체적 인간의 부류가 있는가 하면, 지성적 능력을 통해 존재 자체를 관조하는 참된 삶을 사는 정신적 인간의 두 부류가 있다. 그렇다면 이러한 두 부류의 인간들이 각기 지금 그리고 여기라고 하는 현상계에서의 삶을 의미 있게 영위해가는 방식은 무엇인가.

진리를 본 정신적 부류의 인간에게 현상계에서의 삶은 진리에 대한 앎으로 나아가기 위한 도야의 장이며 그 앎에 따라 욕구를 최대한 절제하고 혼을 정화할 수 있는 장에 불과하다. 때로는 그들에게 현상계에서의 삶은 어떠한 의미도 없고 불행한 것일 수도 있다. 플라톤은『파이돈』에서 소크라테스를 통해 현상계의 삶에 대한 어떠한 미련 없이 죽음을 기쁘게 맞이하는 정신적인 인간(철학자)의 전형을 보여준다. 이와 반대로 육체적 인간 부류들에게 현상계에서의 삶은 감각이 제공하는 불확실한 믿음이나 확신과 고통, 두려움, 쾌락과 같은 감정 혹은 격정과 같이 배의 욕구에 충실함으로써 육체적 쾌락을 제공받을 수 있는 장이다.

그 혹은 그녀가 정신적인 부류이거나 혹은 육체적인 부류이거나 간에 현상계를 살아가는 인간은 자신의 성향에 맞추어 각기 다른 방식으로 현상계의 삶을 영위해나가는데, 이때 에로스가 현상계를 사는 인간에게 각기 다른 방식으로 살아가는 힘을 제공한다. 다이몬으로서의 에로스는 정신적인 혹은 육체적인 부류의 인간들로 하여금 지금 이곳에서의 삶에 안주하지 못하고 더 나은 존재 방식을 영위하지 않을 수 없도록 충동질하는 역동적인 삶의 기제로서 작용한다.

그리스 신화에서 에로스는 다이몬 중의 하나다. 다이몬이라는 용어 자체에서도 볼 수 있듯이 신화에서 에로스는 신성과 인간성 양자를 동시에 공유함으로써 인간의 탄생에서 죽음까지 함께 동행하며, 그 혹은 그녀의 본성을 실현시켜주는 수호자로서 등장한다. 신화에 등장하는 에로스를 인간에게 유비적으로 판단해보면, 에로스는 신의 속성을 부여받은 지성과, 신성에 비해 지상의 성질을 갖는 감성에 이중적으로 관계한다. 때문에 에로스는 인간들로 하여금 참된 지혜에 대한 사랑을 추구하는 애지자로서의 삶을 가능하게 하는 동시에 감각적 쾌락을 추구하는 애육자로서의 삶 역시 가능하게 한다는 양극적인 측면을 동시에 지닌다.

에로스의 탄생 배경에 대한 신화는 여러 가지가 있음에도 불구하고 그 여러 가지 신화들은 에로스를 다이몬으로서 이중적인 성격을 지니는 것으로 묘사하는 동시에 그 이중성으로 인하여 갖게 되는 매개자로서의 지위를 보여준다. 여기에서 매개자라는 것은 서로 다른 두 가지를 이어주는 역할을 하는 것을 의미하는데 그 일을 할 수 있기 위해서는 그것 자체가 안정적이지 않은 충동성을 가져야 한다. 한편으로 에로스에 대해 주목해야 할 지점은 그 충동성의 방향에 관한 것이다. 에로스는 진리에 대한 사랑을 추구하는 신으로 묘사되는가 하면, 다른 한편으로 배의 욕구에 충실하여 감정적 욕구의 화신으로 등장하기도 하기 때문에 에로스가 추구하는 방향은 감정적 쾌락을 추구하는 삶일 수도 있고, 지성의 명령에 따르는 삶일 수도 있다.

에로스는 아프로디테의 출생일을 기념한 신들의 잔칫날을 계기로 탄생한다. 헬라스 신화에서 아프로디테는 아름다움을 상징하는 여신이다. 때문에 그날 태어난 에로스는 아름다운 것을 추구하도록 운명지어져 있다. 이때 '아프로디테'로 상징되는 아름다움이란 참된 존재의 다른 표현으로서 인간이 추구해야 할 최고의 가치를 의미한다. 영원불멸하고 생성변화하지 않는 그것 자체로서의 존재다. 따라서 평생 동안 아름다움과 진리에 대한 사랑을 추구하도록 운명지어져 있는 애지자로서의 에로스는 인간으로 하여금 아름다움과 지혜를 추구할 수밖에 없게 만드는 가치 있고 불멸하는 삶을 향한 역동적인 인간 활동의 근원으로서 등장한다. 때문에 에로스는 육체적으로 죽을 수밖에 없는 운명을 지닌 그 혹은 그녀를 혼의 불멸을 통하여 불가사적인 존재로 만드는 매개자며, 그렇기 때문에 신성으로서의 지성과 땅의 성질인 감정을 동시에 공유하는 이중적인 인간의 본성을 신성의 방향으로 상승할 수 있도록 도와주는 신이다.

또 다른 에로스의 탄생 신화에 관한 비밀은 감각과 감정적 욕구를 추구하도록 운명지어져 있음을 보여준다. 에로스는 빈곤의 여신인 '페니아'와 풍요의 신인 '포로스' 사이에서 태어났

다. 비록 아버지로 인하여 풍요할 수 있어도 어머니로 인해 그
것은 금방 소진되어버리고 말기 때문에 항상 가난하고 궁핍할
수밖에 없다. 또한 플라톤은 에로스를 인간으로 하여금 욕망과
광기에 휩싸이도록 하는 참주로 표현하기도 한다.『국가』편에
나오는 에로스의 탄생에 관한 그리스의 신화는 감정과 욕망을
추구하도록 운명지어져 있는 에로스의 측면을 보여준다.

아프로디테는 헤파이스토스와 혼인했으나 아레스를 사랑한
다. 이 사실을 알게 된 헤파이스토스는 아무에게도 보이지 않
는 그물을 아프로디테의 침대에다 쳐놓았는데, 이를 알지 못한
둘이 이 침대에 들어갔다가 그물에 갇히고 만다. 에로스와 관
련된 신화들 중의 하나는 에로스를 이 둘 사이의 소생이라 이
야기한다. 때문에『국가』편에서 소크라테스는 에로스에 관한
탄생 신화 역시 교육되어서는 안 될 금서 목록에 포함시킨다.

에로스는 그 충동성과 역동성으로 인해 인간의 본성을 애지
자임과 동시에 애육자일 수 있도록 함으로써 삶의 방향을 양극
적 가능성으로 동시에 인도한다. 애육자들은 사랑하는 이성을
만나 2세를 생산하는 방식으로 불멸의 사랑을 실현하는 반면,
애지자들은 감각에 대한 절제와 참된 지혜에 대한 사랑을 통해
불멸의 예술 작품이나 저서를 통해 에로스를 실현해낸다. 이렇
듯 에로스가 우리들로 하여금 사랑하는 사람과의 만남이나 혹
은 불후의 명작을 탄생시키도록 부추기는 것은 신성의 성질을
갖는 지성과 땅의 성질을 갖는 감성을 동시에 공유하기 때문이
다. 때문에 충동성과 역동성을 갖는 에로스는 우리로 하여금
일상적인 삶의 방식을 권태롭거나 불안하게 느끼게 함으로써
우리로 하여금 지금 여기에서의 삶이 아닌 참으로 존재하는,
실존하는 삶을 가능하게 하는 인간 내면의 삶의 에너지다.

플라톤에게서 감각을 신뢰하고 감정적이고 육체적인 방식의
사랑을 통해 에로스를 실현하는 것은 금기시된다. 에로스를 실

현하는 양극적 가능성 중에서, 플라톤은 오직 혼을 정화하고 지성을 개발함으로써 진리의 길로 나아가는, 지상성에서 신성으로 상승하는 길만을 권장한다. 그 속에서 감각과 감성적 이미지로 조작되고 제한된 여성은 에로스의 실현에서조차도 남성과 한 배를 탈 수 없는 존재에 불과하다.

5. 여성에게 덧씌워진 감각과 감정의 형틀

플라톤에 의하면 인간은 두 가지 인식 능력을 통해서 대상을 파악한다. 첫째는 이성과 지성을 사용하는 추론적 사고 능력이고, 둘째는 감각을 바탕으로 하는 믿음과 상상 혹은 짐작과 같은 의견이나 확신이 그 후자에 해당한다. 또한 그 두 가지는 각기 인식하는 대상이 다른데, 전자가 참된 존재인 이데아계를 인식한다면, 후자는 이데아계가 부분적으로만 참여하고 관여하고, 그 존재를 나누어 가지는 현상계로서의 감각적인 대상을 파악한다.

나아가 이러한 두 차원의 인식 능력은 상호간의 위계 질서를 갖는다. 그 위계 질서의 핵심은 존재하는 세계가 감각적이고 가시적인 세계의 존재 근원인 동시에 윤리적인 기초가 되어야 한다는 것이다. 이는 마치 인간의 신체를 머리, 가슴, 배로 삼등분하고 욕망의 기초가 되는 배가 이성을 관할하는 머리의 명령을 따라야 한다는 것과 같다.

이렇게 상하 위계 질서를 갖는 지성과 감성은 다이몬으로서의 신이며, 인간에게서는 역동적인 삶의 원천으로서 작용하는 에로스를 통해 매개된다. 에로스의 작용을 통해서 애지자의 성향을 갖는 개인들은 혼을 정화하고 지성을 살찌우는 방향으로 혹은 애육자의 성향을 갖는 개인들의 경우에는 배의 욕망을 수동적으로 받아들이고 감성의 명령에 따르는 삶의 방향을 각기 찾게 된다.

또한 이렇게 플라톤의 이성 중심적 세계관 속에서 열등하고 수동적인 인식 능력으로 평가 절하된 감각과 감정은 여성 이미지로 연결되면서 현대 사회에서도 여전히 무반성적으로 자행되고 있는 중세식 마녀 재판의 오래된 근원으로 작용하고 있다. 중세에는 두뇌가 명석하거나 재주를 가진 여성을 몰아 화형대에 세웠다면, 현대에는 여성을 감각적이고 감정적인 대상으로 편협하게 조작하여 능동적으로 법률을 제정하고 통치하는 통치자의 자리에서 배제시킨다. 나아가 사회에서 제공하는 삶의 조건을 무반성적으로 수용하는 일상적 개인이 아니라 항상 현실에 안주하지 못하고 삶에 대해 끊임없이 질문을 던짐으로써 진리를 추구하는 대열에서도 여성을 제외시킨다. 이는 중세와 같은 실물로 보이는 억압은 아니라 하더라도 여성에게 지워진 또 다른 모습의 삶의 형틀임에 분명하다.

지성과 감성 그리고 에로스라고 하는 우주의 근원이자 인간 존재의 기초가 되는 존재, 앎 그리고 삶에 대한 대화를 통해서 플라톤이 주장하는 바는 한 방향으로 정해져 있다. 지성, 용기 그리고 욕망의 세 차원의 지배를 동시에 받는 인간은 욕망과 감성을 억제하고 지성과 이성의 명령에 따르고, 내적으로 혼을 정화함으로써 존재 자체를 관조하는 진리로운 삶을 살아야 한다는 것이다. 현대 사회에 적합한 어휘로 표현한다면 대중 소비 사회가 자극하는 욕망에 이리저리 휘둘리는 '감각적 욕망의 개인'으로서 만족하는 배부른 일상적 개인이 아니라, 항상 현실에 안주하지 못하고 삶에 대해 끊임없이 질문을 던질 수밖에 없는 배고프고 충족되지 못하는 에로스를 품고 세계를 살아가는 '실존적인 개인'이 되어야 한다는 것이다.

현대를 살고 있는 우리는 플라톤이 살았던 시대적 제약을 홀

쩍 뛰어넘어 살고 있음에 대한 책임을 져야 한다. 21세기로 접어든 현 시점에서도 감각과 감정을 철저하게 배제하는 이성과 지성에 대한 절대적인 믿음은 정당한가, 다른 말로 하면, 참된 존재에 대한 인식과 그에 따르는 진리로운 삶을 살기 위한 전제 조건이 되는 감각적이고 감성적 인식과 지금 그리고 여기라고 하는 현상계에서의 삶의 독자적인 질서와 그 의미에 대해 방관하는 입장은 바람직한가. 또한 여성을 지성 대신 감각에 의지하고 감정에 치우친다고 보는 입장이 정당화될 수 있는가에 대해 판단해야 하는 것은 당연히 우리의 몫이다. 왜냐 하면 그러한 문제들로부터 파생되는 결과를 감수해야 하는 것도 오늘을 사는 우리의 몫이기 때문이다.

□ 생각해볼 문제

① 당신은 현재 남자 친구를 사귀고 있는 여성이거나 그 반대로 여자 친구를 사귀고 있는 남성이다. 사랑에야 이유가 없다지만, 당신이 그 혹은 그녀를 사랑하게 된 계기는 외모나 혹은 따뜻한 마음씨와 같은 감각이나 감정적 이끌림 때문이었나, 아니면 이성을 통한 그 혹은 그녀에 대한 합리적인 판단을 통해서였나? 그도 아니라면 이성과 감성에 대한 구분은 무의미하다고 생각하는가? 당신은 어떠한 기준을 가지고 타인과의 관계를 맺고 있는지 생각해보자.

② 플라톤은 감성 일반을 인간으로 하여금 불확실한 앎에 만족하고, 배의 욕구에 충실하며, 비윤리적인 삶의 방향으로 이끈다고 보았다. 그러나 대상을 수동적으로 인식하는 감각이나 동감이나 고통에 기반하는 감성은 이성에 비해, 타인에 대해서 배타적이지 않은 포용이나 배려를 가능하게 한다. 그렇다면 현대 사회에서 이성을 부정하고 감성을 새로운 인류 발전의 코드로 이해하는 데는 어떤 사회 역사적 혹은 이론적인 근거들이 있는지 생각해보고, 이성과 다른 감성의 긍정적인 기능에 대해 생각해보자.

③ 앞서 논의에서 플라톤이 여성을 감성적 이미지와 연결시키고 그 연관 관계를 파괴, 불행 혹은 죽음과 같은 부정적인 것과 연관시킴으로써, 최종적으로는 여성을 진리를 찾기 위해 매진하는 구도자의 자리에서 제외시켰음을 비판했다. 이 말은 다르게 표현해보면, 이 사회의 여성은 감각과 감성적 이미지를 안고 사회 속에서 주변부의 자리를 지키고 통치자이자 구도자일 수 있는 남성의 조력자의 자리를 지켜야 한다는 것을 의미한다.

사회 속에서 이러한 방식의 여성에 대한 자리매김은 현대 사회
에서도 여전히 타당한가? 그렇지 않고 시대 착오적인 발상이라
면 어떠한 점에서 그러한가 생각해보자.

□ 더 읽어야 할 책

▷ 플라톤, 『국가 · 정체』

플라톤의 전체 저작의 18%를 차지하는 방대한 분량이니 만
큼 이 속에는 형이상학, 인식론, 윤리학, 정치학 그리고 예술론
등의 다양한 분야가 다루어진다. 독자는 이 책을 통해 '참으로
존재하는 것이 무엇이고', '참되게 아는 것이 무엇이고', '올바르
게 사는 것이 무엇인가'에 대한 답을 찾아나가는 하나의 방법
을 안내받을 수 있다.

▷ 플라톤, 『향연』

소크라테스와 그의 제자들이 심포지엄의 자리에서 '에로스
(사랑)'에 대한 정의를 찾아가는 대화 과정을 제자 중의 한 명
이 추후에 기록한 글이다. 에로스란 육체의 쾌락과 지혜에 대
한 사랑이라고 하는 인간의 두 가지 본성을 실현시키도록 도와
주는 신이지만, 소크라테스는 에로스를 실현하는 진정한 방법
은 예지와 덕을 갖추는 지혜에 대한 사랑임을 분명히 한다.

▷ 플라톤, 『파이돈』

소크라테스는 독배를 마시는 바로 전 날까지도 제자들과 "참
된 인식이란 무엇인가?"에 대한 대화를 나눈다. 파이돈은 소크
라테스와 그의 제자들 간의 감각적 지각과 정신의 사유 활동이
각기 어떻게 진리 인식에 도달하는 데 역할을 하는가에 대한
토론을 정리한 글이다. 플라톤의 인식론에 접근할 수 있는 입

문서 역할을 한다.

▷ 플라톤, 『타마이오스』

소크라테스의 '우주론'을 담고 있는 중기 저작으로서, 우주의 창조 과정을 신이 물질에 수의 질서를 부여하는 과정으로 설명한다. 저작 전체를 통해 여성과 남성의 성적 상징물들과 각기 그것들이 공통적으로 의미하는 바를 찾아보면 재미있는 독서가 될 수 있다.

▷ G. 바타이유, 『에로티즘』, 1993, 민음사

바타이유는 인간 역사를 '금기'와 '위반'의 시소 게임으로 설명하면서, 에로스가 금기와 위반이라고 하는 인간 삶의 두 가지 원리 중에서 위반을 실현하도록 하는 기제라고 본다. 플라톤의 에로스 개념과 비교하면서 보는 재미를 놓치지 말자.

제 2 장

남녀 불평등의 철학적 기원

□ **주제어**

남녀 평등, 여성의 유약함, 힘의 차이와 능력의 차이, 지배적 요소와
노예적 요소

1. 여성 금지 구역

푸른 하늘 아래 펼쳐져 있는 어느 평원이든 어느 산맥이든
간에 우리는 마음대로 활보할 수 있다. 누구나 북한산의 신선
한 공기를 들이마시며 산행을 할 수 있고, 누구나 한강에 돌멩
이를 던지며 고성을 지를 수 있다. 이 사회의 한 구성원인 우리
가 할 수 없는 일이 있는가?

그러나 무작정 발이 닿는 대로 걸어가다 보면, 어느 곳에선가
'입산 금지', '출입 금지'라는 푯말을 발견하게 된다. 왜 입산을
금하는가? 이유인즉, 산을 보호하기 위해 등산로를 제한하니,

다른 등산로를 이용하라는 것이다. 이제 마음대로 어느 곳이나 갈 수 있다는 기대와 자유는 깨졌다.

그러면 발길을 돌려보자. 다른 데도 여전히 산의 한 자락이고, 그리고 여전히 신선한 공기가 있으니까! 한참을 걷다보니, 제복을 입은 남자가 총을 들고서 출입 금지를 외친다. 그곳은 군부대가 있는 군사 지역이므로 다른 곳으로 돌아가야 하며, 절대로 사진을 찍어서는 안 된다는 것이 그의 주장이다. 군인은 들어갈 수 있지만 민간인은 들어갈 수 없는 군사 지역은 보안 유지가 필요하니, 모두들 군소리 없이 발길을 돌릴 수밖에 없다.

한참을 또다시 걸어가다 보니, 산 중턱에 화장실이 있다. 여자 화장실 앞에는 사람들이 길다랗게 줄을 서서 차례를 기다리고 있다. 그에 반해 남자 화장실은 비어 있다. 여자 화장실 앞에서 초조하게 차례를 기다리는 어느 여자도 남자 화장실에 들어가진 않는다. 왜일까? 여자는 남자 화장실에 들어가서는 안 되며, 여자 화장실만 사용해야 한다는 이 사회의 암묵적인 약속과 질서를 기억하고 있기 때문이다. 총을 들고 지키는 사람이 없어도, 사람들은 자발적으로 행동의 한계를 긋는다.

금지 구역에는 나름대로 금지 이유가 있다. 그래서 불편하거나 화가 나도, 사람들은 크게 자존심 상하지 않는 선에서 실랑이를 벌이다가, 그 다음에는 아무 일도 없었던 것처럼 지나쳐 버린다. 그러나 우리 사회에 존속하는 많은 금지 때문에 선택의 자유, 행동의 자유가 침해당하는 경우가 흔하다. 이런 금지들은 남자보다는 여자에게 더 많이 적용된다. "여편네가 직장이라니, 집에서 애나 잘 길러!", "여자가 회사 사장이 되다니! 도대체 능력도 없는 여자들이 무엇 때문에 사장 노릇을 하려고 하는 거야?", "여자가 성에 대해 그렇게 관심이 많다니! 너 이상한 여자 아냐?", "여자가 다소곳하지 못하고 껄껄거리며 웃

다니!" ……. 이렇듯 여자에게는 해서는 안 될 일과 가서는 안 될 금지 구역이 수도 없이 많다.

물론 남자에게 적용되는 금기들도 많아서 남자들도 피곤하다. "남자가 씩씩해야지, 여자처럼 울면 안돼!", "남자가 가족 부양도 못하고, 부인의 돈으로 생활을 하다니, 창피하지 않냐?", "남자가 부엌 살림이라니, 남자 망신 다 시켜라"는 말들 속에는 남자가 해야 될 일과 해서는 안 될 일, 가야 될 곳과 가서는 안 될 곳에 대한 분명한 구분이 있다.

남자나 여자나 모두 같은 인간인데, 왜 이런 구분이 생겨나는가?

이것은 남자와 여자가 기본적으로 '다르다'고 보는 데에 기인한다. 그 다름은 궁극적으로 '능력의 다름', '성격의 다름'을 의미하게 된다. 즉, 남자는 여자보다도 능력이 더 많고, 성격이 더 활달하며, 역할 수행을 더 잘하고, 가정보다는 사회 생활에 더 적합하며, 사회에서 가치 있게 바라보는 일을 할 수 있는 가능성이 더 높다는 것을 의미한다.

그렇다면 여성이 남성과 다르다고 보는 근거는 무엇인가? 시각적으로 언뜻 훑어보아도, 여성과 남성은 신체의 다름이 분명하게 나타난다. 생물학적 다름은 태어날 때부터 주어지는 것이기 때문에, 인간이 임의로 변화시킬 수 없다. 그래서 사람들은 이 생물학적 다름을 남녀의 다름의 시초로 삼게 된다. 그러나 이것은 '생물학적 다름'에 그치지 않고 남녀에게 사회적으로 적용되는 많은 차이와 역할 구분의 근거로까지 확장된다. 생물학적인 차이 때문에 여성은 남성보다 열등하고 위계가 낮으며 남성의 지배와 불평등한 대우를 받는 것이 당연하다고 여겨진다.

그런데 남녀 사이에 존재하는 생물학적 다름에도 불구하고 언제부턴가 인간은 누구나 평등하며, 자연적으로 동등한 권리를 지닌다는 만민 평등 사상을 절대 절명의 원리로 받아들이고 있다. 그렇다면 여성도 남성과 동등하며, 동등하게 능력을 지니며, 그래서 남성에 의해 제한을 받을 이유가 없다. 그럼에도 불구하고 남성과 여성의 생물학적 다름은 지속적으로 여성이 남성보다 열등하며, 그래서 불평등한 대우를 받아야 하는 근거로 작용해왔다. 만민평등이라는 오늘날의 분위기에 반해서, 남녀의 생물학적 차이와 그로 인한 여성의 열등성을 당연하고 자연스러운 것으로 정초한 사람이 과거 어느 시점에서 있었기 때문에, 여성에 대한 잘못된 인식이 지속되어온 것이다. 그러므로 여성에 대한 왜곡된 시각을 낳은 발원지를 찾아가서, 어디에서 어떻게 왜곡이 생겼는지를 밝힌다면, 왜곡을 시정한 새로운 여성관과 남녀 평등의 인간관을 정초할 수 있을 것이다.

철학사에서 여성을 남성보다 열등한 존재라고 가장 분명하게 입증한 철학자는 그리스의 아리스토텔레스(Aristoteles)라 할 수 있다. 이런 생각을 '여성의 유약함'이라는 말로 먼저 드러낸 자는 플라톤(Platon)이다. 그러므로 플라톤의 주장을 알아보고서 아리스토텔레스의 논의로 넘어가보자.

2. 금지 근거로서 여성의 유약함

플라톤과 아리스토텔레스가 살았던 고대 그리스 사회는 자유로운 민주 정치 사회(폴리스)다. 폴리스에서 18세 이상의 자유민이면 누구나 아크로폴리스 광장에 모여 국가 대사에 관해 자유롭게 의견을 개진할 수 있었다. 그리고 집안에서는 부부 사이의 동등하고 친밀한 애정이 그 어느 때보다도 중시되었다. 『성의 역사』에서 푸코(M. Foucault)는 그리스 사회가 보여주는 부부의 친밀하고 쌍수적인 관계를 서술하면서, 그 이전 사회와의 변별성을 강조한다. 그러나 친밀한 부부 관계에도 불구하고,

아크로폴리스 광장에 모일 수 있는 사람은 '자유민 남성'에 국한된다. 당시에 여성은 자유민이 아니며, 정치적 문제에 관해 자신의 의견을 개진할 자격도 없었다. 그래서 부부의 친밀한 관계는 그저 사적으로 가정 안에서만 인정될 뿐이지, 가정을 벗어나서 동등하게 사회 역할을 수행할 수 있는 가능성으로 전환되진 않았다.

바람직한 사회를 꿈꾸는 철학자들은 이를 옹호하거나 비판하는 입장에서 정치철학을 정립했다. 고대 철학자 플라톤은 『국가』에서 가장 정의롭고 바람직한 사회를 실현하려면, 영혼삼분설에 기초하여 계층 구분과 위계 질서가 분명한 국가를 형성해야 한다고 주장한다. 영혼의 활동은 이성, 기개, 욕망으로 삼분되며, 이성이 욕구를 누르고 합리적으로 작용할 때 영혼의 조화가 이루어진다. 인간이면 누구나 영혼을 가지고 있기 때문에, 여성이든 남성이든 관계없이 영혼의 조화를 이루고 영혼삼분설에 기초한 국가 정의를 실현할 수 있는 능력을 지닌다.

영혼의 다양한 능력은 국가 안에서도 발휘된다. 이성은 국가에서는 지혜의 덕으로 발휘되며, 기개는 용기의 덕으로 발휘되고, 욕망은 욕구 억제 및 조절과 관련된 절제의 덕으로 발휘된다. 국가에서 지혜의 덕을 지닌 자는 통치자 계급이 되고, 용기를 지닌 자는 군인 계급이 되고, 절제를 지닌 자는 농민 계급이 된다. 영혼의 세 영역이 조화를 이룰 때 바람직한 인간이 되듯이, 그에 상응하는 세 계급도 국가 안에서 자기의 본분을 다하고 조화를 이룰 때 바람직한 국가가 이루어진다.

인간이면 누구나 영혼을 가지고 있으므로 영혼삼분설의 내용과 그에 상응하는 국가의 세 계급 모두는 남성과 여성에게 공통적으로 적용된다. 플라톤은 『국가』4~5권에서 여성도 이성과 지혜를 지니는 존재이므로, 지혜를 닦고 영혼의 조화에 힘쓰면 남성처럼 통치자가 될 수 있다고 주장한다. 여성 통치자는 남성 통치자와 우애를 나누는 동등하고 평등한 존재다.

그런데 플라톤은 남성과 동등한 능력을 지니는 여성 통치자에 대해 서술하다가, 슬쩍 여성은 남성보다 "천성이 약하며" 그리고 천성이 약하기 때문에 여성에게는 "가벼운 일을 주어야 한다"고 말한다.

여기에서 '약하다'의 의미는 무엇인가? 여성이 남성보다 '약한' 점은 일단은 '육체적 유약함'으로 해석해볼 수 있다. 남성과 여성은 생물학적인 몸의 구조와 기능에서 차이가 있다. 여성은 대체로 남성보다 힘이 약하다. 그러므로 '약하다'는 플라톤의 주장이 만약 육체적인 힘의 약함을 의미한다면, 통치자는 모두 육체적 힘이 세야 한단 말인가? 그렇다면 통치를 하기에 적합한 자는 레슬링 선수처럼 힘있는 자라고 말해도 크게 문제되지 않을 것이며, 지혜보다는 오히려 힘과 용기가 통치에 적합한 요인이라고 해야 하지 않을까?

만약 '약함'이 '육체적 힘'을 의미하는 것이 아니라면, 통치자가 '약하다'는 것, 그래서 약한 통치자 여성에게는 '가벼운 일을 주어야 한다'는 것의 정확한 의미는 무엇인가? 일반적으로 통치자의 일은 전쟁터나 일터에 나가는 자들의 일과는 다르며, 힘이 세다는 이유 때문에 레슬링 선수를 통치자 자리에 앉히는 것은 부족하다고 느끼게 만드는 어떤 측면을 지니고 있다. 통치자는 국가의 정의를 실현하기 위해 행정을 입안하고 현명하게 관리 지도하는 임무를 띠므로, 통치자의 힘은 육체적 힘이 아니라 '정치적 지도력'이나 '지적 활동'과 같은 '정신적 힘'이어야 한다. 그러므로 "여성은 약하다"느니, "여성에게는 가벼운 일을 주어야 한다"느니 하는 것은 육체적 힘의 부족이라기보다는 오히려 "여성은 정신력이 부족하고 지력이 떨어진다"는 정신적인 능력 부족을 의미한다고 말할 수 있다. 슬쩍 언급된, "여성은 약하다"는 말의 의미는 신체적, 생물학적 차원을 넘어가서 정신적, 지적, 이성적 능력의 결핍으로, 여성의 열등성으로 그래서 남성의 지배를 받을 수밖에 없는 여성의 상황으로 와전되고 있다.

비록 여성을 약한 존재로 처리하긴 하지만, 플라톤의 주장에는 여성 또한 통치자, 군인, 농부가 될 수 있는 가능성을 열어놓고 있기 때문에 플라톤의 주장을 긍정적으로 살려볼 수는 있다. 그러나 신체적 유약성을 정신적 열등성과 등치시키는 이런 태도를 비판하려면, 플라톤보다도 더 극단적으로 생물학적 측면을 강조한 아리스토텔레스의 주장을 살펴보는 것이 도움이 된다. 그 나름대로 생물학적 경험과 관찰에 기초하여 여성의 생물학적 열등성을 정초하고 있지만, 그의 잘못된 관찰과 그가 잘못 내린 결론은 철학사뿐만 아니라 일상 생활에서도 남성과 여성의 불평등을 확고히 하는 데 결정적 역할을 했다. 그러므로 다음에는 아리스토텔레스가 정치철학의 입장에서 여성을 국가 안에 어떻게 위치지우는가를 알아보고, 그리고나서 이와 관련된 생물학적 설명으로 나가보자.

3. 유약한 자의 존재 위치 : 피지배 영역

남녀 불평등에 대해 주목하기 이전에 먼저 자유민들 사이의 관계를 살펴보면, 플라톤보다도 아리스토텔레스가 더 진보적이다. 왜냐 하면 플라톤의 주장에서는 구성원들의 계급과 위계 질서가 분명하게 설정되면서 민주주의적 정치 체제가 거부되지만, 아리스토텔레스는 자유민들간에 고정된 계급을 상정하지 않기 때문이다.

물론 플라톤도 계급 이동 가능성을 전적으로 닫아놓고 있지는 않기 때문에, 노력 여하에 따라 농부도 통치자가 될 수 있는 가능성을 시사하는 곳들이 있다. 그러나 계급의 고정성을 더 강도 높게 주장하는 예들이 있기 때문에, 결국 이동 가능성은 희박하다. 가령 플라톤이 『티마이오스』 편에서 인간 창조 신화를 설명할 때는 희미하게나마 지녔던 계급 이동 가능성이 사라진다. 조물주가 이데아 세계를 모방하여 인간을 만들 때 기본적으로 동일한 재료를 사용하기는 하지만, 사람에 따라 금가루, 은가루, 철가루를 섞어서 만든다. 그래서 금이 섞인 자는 통치자가 될 천성을, 은이 섞인 자는 군인이, 동이 섞인 자는 농민이 될 천성을 지니고서 태어난다. 그렇다면 출생 후에 아무리 노력해도, 출생 시에 지니고 태어나는 금, 은, 동의 요소를 누구라도 바꾸거나 버릴 수는 없다. 금의 요소를 지닌 자가 통치자가 될 자질과 지혜를 갈고 닦지 않으면 군인이나 농부로 전락할 수는 있지만, 그것은 군인의 소질이 있어서가 아니라 단지 통치자 자질을 발휘하지 못해서다. 그러므로 세 계급 중 어느 계급에 속하는 사람이 될 것이냐는 출생 시에 이미 결정되어 있는 거나 마찬가지다.

그에 반해 아리스토텔레스는 자유민들 사이에서는 고정된 계급과 위계 질서를 설정하지 않으며, 플라톤과 다른 국가관을 펼치기 위해, 국가의 구성 요소를 각자의 목적과 기능에 따른 차이, 주인과 노예의 결합, 종의 번식을 위한 남성과 여성의 결합으로 설정한다.

아리스토텔레스에게 국가는 자연적으로 존재하는 단일 공동체며, 사람들은 본질적으로 국가 안에서 살도록 되어 있는 정치적(사회적) 동물이다. 설령 시간적으로는 개인이나 가족이 국가나 공동체보다 선행하는 경우가 있어도, 논리적으로는 개인이나 가족보다도 국가가 더 선행한다. 왜냐 하면 아무리 시간적으로 선행해도 탄생 시에 이미 공동체 속에 던져져 있지 않은 개인은 없으며, 전체 없이는 부분을 상정하긴 어렵기 때문이다. 그러므로 전체인 국가는 부분인 개인보다 필연적으로 더 선행한다.

　개인은 국가 안에서 좋은 삶을 이루기 위한 도덕적 행위를 지속하며, 국가의 법과 정의를 준수함으로써 도덕적 완성을 이루려고 한다. 이때 국가가 개인보다 선행한다면, 개인의 존재 의의와 목적은 알고 보면 개인 자신을 위한 것이 아니라 국가의 목적과 기능을 실현하고 국가의 도덕적 완성을 이루는 데서 찾아질 수 있다. 거대한 국가를 운영하기 위해서는 다양하게 분화된 생활 방식과 역할이 필요하며, 그 각각의 역할과 기능은 차이가 있다. 그러나 차이를 지니는 다양한 역할은 궁극적으로 국가의 내적 목적을 실현하기 위해서 존재하며, 국가의 내적 목적에 부합하는 역할과 기능을 수행하기 위해서 존재한다.

　다양한 역할 분담 속에서도 서로 맞물리는 내적 목적이 있고, 이것이 '국가의 목적 실현'에 중요하듯이, 개인들간에도 다양한 역할과 목적이 맞물리며, '어떤 사람의 존재 목적'은 '다른 사람의 목적'을 실현하기 위해서다. 어떤 사람의 역할과 존재 목적은 '이성적이고 도덕적인 국가'의 목적을 실현하는 데 '더 적합한 사람'을 위해 있는 것이다. 동물이 존재하는 목적은 동물 자신보다는 본래적으로 인간을 위한 것이다. 동물의 다양한 존재 방식 모두는 덕을 실현할 수 있는 능력과 이성을 갖춘 인간에게 도움이 되도록 하기 위해서 자연적으로 형성된 것이다. 여러 계층으로 구성된 인간들간에도 자연적으로 형성된 동물의 존재 목적과 유사한 구도가 나타난다. '어떤 개인이 존재하는 목적'은 '자신보다도 더 이성적인 다른 개인'을 위해서다. 인간들간에도 생물학의 유종 관계처럼 다양하게 분화된 질서가 있고, 낮은 단계는 높은 단계를 위해 전체적으로 목적론적 질서를 형성하고 있다. 각각의 구성원들의 존재 목적은 궁극적으로는 국가의 목적을 실현하는 데 있다.

그런데 여기에서 같은 인간인 데도 왜 누구는 누구를 위해 존재하고, 누구는 누구보다 더 이성적이고 덕스럽다는 평가를 받게 되는가? 같은 인간인데도 왜 우월한 인간과 열등한 인간이라는 식의 구분이 생겨나는가?

아리스토텔레스는 이러한 목적론적 질서를 정당화하기 위해 지배적 요소와 피지배적 요소라는 개념을 가지고서 인간을 설명한다. 같은 인간이라 해도 사람들간에는 지배적 요소가 발달해 있는 사람이 있는가 하면, 피지배적 요소가 발달해 있는 사람도 있기 때문에 위계 차이가 생겨난다는 것이다. 생명이 있는 존재는 기본적으로 영혼과 육체로 구성되어 있는데, '영혼'은 이성적이며 자유롭게 자기를 발현하려는 본성에 따라 작동하므로 자연적으로 '지배적 요소'를 지니며, 그에 반해 '육체'는 비이성적이고 감정적인 욕구에 따라 작동하므로 '피지배적 요소'를 지닌다. 따라서 감정적인 육체가 이성적인 영혼의 지배를 받는 것은 자연적이며 또한 유익하다. 인간에게서 최선의 상태는 영혼이 육체를 분명하게 지배하는 경우이고, 최악의 상태는 육체가 영혼을 지배하는 경우다.

이때 자연적이라느니 자연스럽다느니 하는 말은 영혼과 육체 사이에서 뿐만 아니라 지배적인 요소를 지니는 영혼 자체에도 적용된다. 영혼 안에 들어 있는 지배적 요소와 피지배적 요소의 구분이 분명하게 가시화되는 것은 자유민들 사이에서보다는 국가의 구성 요소인 '주인과 노예' 속에서다. 어떤 사람의 영혼이 피지배적 요소를 강하게 지닐 경우, 그의 영혼은 육체의 지배를 받는다. 그런 사람은 자연스럽게 노예가 된다. 그러므로 영혼이 육체를 지배하느냐 아니면 육체에 의해 지배받느냐에 의해 지배-피지배 관계, 주인-노예 관계가 형성된다. 그래서 아리스토텔레스가 보기에도 주인적 요소와 노예적 요소는 탄생할 때 이미 결정되어 있고, 그래서 형성된 주인-노예 관계는 변하지 않는다. 국가에는 자연적으로 자유로운 존재(주인)와 자연적으로 피지배적인 존재(노예)가 있으며, 자유민(주인)은 노예를 지배한다. 이때 피지배자인 노예가 활동하고 존재하는 목적은 주인에게 봉사하기 위해서다.

지배-피지배 요소는 영혼-육체 관계에서 뿐만 아니라 영혼 자체 안에서도 나타난다. 그래서 주인-노예 관계를 벗어나서도 그런 측면이 적용된다. 영혼이 육체를 지배하는 자유민(주인)들의 영혼 또한 지배-피지배 요소를 동시에 지니기 때문에, 자유민들간에도 지배-피지배 관계가 형성된다. 그래서 국가의 지배 형태는 "주인이 노예를 지배하는 형태"와, "동료 시민이 동료 시민을 지배하는 형태"로 나타난다.

그러나 물론 시민이 다른 시민을 지배하는 형태는 주인이 노예를 지배하는 형태와는 성격이 다르다. 자유민의 영혼에도 지배적 요소와 피지배적 요소가 모두 들어 있기는 하지만, 자유민은 노예에 비해 기본적으로 이성적이고 지배적인 요소가 더 발달해 있으며, 그래서 자유민간에는 기본적으로 모두 평등하며 차이가 없다. 그러나 거대 국가에서는 모두가 정치에 참여하는 것이 사실상 불가능하기 때문에, 자유민의 대표들이 국가를 관리하고 시민들을 통치하는 구조를 띨 수밖에 없다. 자유민들간에도 통치하는 자와 통치를 받는 자라는 지배-피지배 구조가 나타난다. 그러나 이때 통치자는, 주인이 노예를 지배하듯이 그런 식으로 자유민을 지배하는 것은 아니며, 또 어떤 정치가도 정치가의 자리를 영원히 차지할 수는 없다. 지배-피지배 관계는 편의적인 구별이며, 잠정적인 계약 관계일 뿐이다. 그래서 자유민들 사이의 관계는 언제든지 반전될 수 있고, 그리고 반전되는 구조 속에 있다. 정치가의 임기는 단지 1년에 국한되며, 그래서 매년 자유민들 가운데서 정치가를 새로 선출하기 위한 행사가 이루어진다. 이렇듯 자유민들 사이의 지배-피지배 관계는 끊임없이 전환되며, 지배-피지배 요소에도 불구하고 시민들 모두는 지배적 요소가 발달해 있다. 모든 사람들은 정치 체제에 참여해야 하며, 서로 순번을 바꾸어가면서 통치하고 그리고 통치를 받아야 한다.

그런데 자유민들간의 자유로운 지위 전환에도 불구하고 이런 관계가 전환되지 않는 경우가 아리스토텔레스에게도 있다. 남편이 부인을 지배하는 경우와, 연장자가 미성년을 지배하는 경우다. 아리스토텔레스는, '남편의 부인에 대한 지배'는 '동료 시민에 대한 정치적 지배'와 다르지 않다고 주장하면서도, 그러나 동시에 남성과 여성은 공통적인 영혼을 지니고 있어도 그 "소유 정도가 다르다"는 점 때문에 부인은 남편의 지배를 받아야 한다고 주장한다. 그래서 남편이 부인을 지배하고, 남성이 여성을 지배하는 관계는 잠정적인 것이 아니고 영구화될 수밖에 없다. 이것은 부당한 요인 때문에 정치가가 동료 시민을 다스리는 관계가 영구화되는 것과 유사하다. 그래서 겉으로 보기에는 주인-노예 관계가 아닌 데도 불구하고, 여성은 영원히 남성을 다스릴 수 없고, 남성은 영원히 여성을 다스리는 형상이라서 고정된 지배-피지배 구조가 연출된다.

유사한 관계가 연장자와 미성년자 사이에서도 나타난다. 그러나 미성년자의 경우에는 아직 정신적 성숙이 미숙해서 그런 것이기 때문에, 미성년자도 성인이 되면 얼마든지 통치자가 될 수 있다. 반대로 연장자는 연로하면 다스릴 힘이 저하되기 때문에 자연스럽게 청년들의 지배를 고정적으로 받게 되지만, 젊었을 적에 지배자의 위치를 지니기 때문에 연장자와 미성년자의 지배 관계는 일시적 고정성에도 불구하고 결국에는 반전 가능하므로, 고착된 남녀 관계와는 다르다. 미성년자는 이성과 지배적 요소가 발달하는 성인이 될 때까지 단지 교육받는 시간이 필요하며, 그 시기에만 고정적으로 지배를 받게 된다.

지배-피지배 관계는 '자유인의 노예에 대한 지배', '남성의 여성에 대한 지배', '성인의 아이들에 대한 지배'로 나뉘지만, 이것들 간에는 지배의 종류와 성격이 다르다. 이들 모두 동일하게 영혼과 지배-피지배 요소를 지니는 데도 불구하고, 다양한 차이가 생기는 이유는 '두 요소를 소유하는 정도 차이' 때문이다. 정치에 참여하는 남성 구성원들 모두에게는 노예 및 여성과 달리 영혼의 지배적 요소인 이성과 선의 소유 정도가 높으며, 남성들끼리는 그 정도가 동일하거나 유사하다.

지배적 요소의 소유 정도가 낮은 사람은 이성적 요소가 부족한거나 마찬가지다. 그러므로 피지배적 요소를 지니는 노예는 사고 능력이 없으며, 당연하게도 영원히 주인의 지배를 받아야 한다. 물론 노예의 경우도 영혼의 이성적인 면이 미약하게나마 발달해 있기는 하지만, 이것은 노예로서 수행해야 할 일을 파악하고, 주인에 대한 봉사를 수월하게 하기 위해 필요한 정도의 이성과 선일 뿐이다.

그러면 여성의 경우는 어떠한가? 아리스토텔레스도 여성을 플라톤처럼 자유 시민의 범주에 넣지 않는다. 여성은 자유민은 아니지만 그렇다고 해서 노예도 아니므로, 자유민과 유사하게 영혼이 육체를 지배하며 지배적 요소와 사고 능력이 발달해 있다. 그러나 그 '소유 형태가 불분명'하기 때문에, 여성의 사고 능력은 남성 자유민과 같은 권위나 추진력을 지니지 못한다. 여성은 자신을 다스릴 지배적 요소와 힘이 없기 때문에 유약하다. 유약함은 이렇듯 여성에게서 이성 및 선 또한 결핍되어 있다는 근거가 된다.

게다가 지배적인 선 또한 남성보다 미약하게 발달해 있기 때문에 여성의 덕 및 여성의 선은 남성의 덕 및 남성의 선과 차이가 있다. 아리스토텔레스는 남성과 여성의 선의 차이를 드러내기 위해 '인내'를 예로 들고 있다. '남성'에게서 '인내'는 지배를 더 잘하기 위한 덕목으로서 '지배'와 연관된다. 그러나 '여성'에게서 '인내'는 '봉사'와 연관된다. 여성이 지닌 인내의 선은 타인을 위해 '봉사'하고, 봉사를 용이하게 하는 정도로만 행사된다. 이러한 남녀 차이는 '겸손의 미덕'을 언급할 때 더 분명하게 드러난다. '겸손'의 미덕은 ― 비록 덕, 선이기는 하지만 ― '여성'에게만 영예로운 것이지 '남성'에게는 영예가 아니다. 겸손을 남성에게 적용하는 것 자체가 어색하며, 그래서 지혜, 용기, 절제, 정의와 같은 덕 및 선들은 남성과 여성 모두에게 동일하게 적용되는 것이 아니라, 여성이냐 남성이냐에 따라서 그 정도를 달리 한다. 이 정도 차이 때문에 남성은 우월하고 여성은 열등한 존재가 된다.

그렇다면 도대체 아리스토텔레스는 무슨 근거로 여성을 남성과 다른 정도의 지배적 요소를, 다른 정도의 이성을, 다른 정도의 선을 지닌 열등한 존재로 간주하는가? 그는, 여성이 남성에 비해 신체 성장이 제대로 이루어지지 않는다는 데서 그 근거를 찾는다. 신체 발육 미숙은 여성이 '생물학적인 유약함'뿐만 아니라 여성의 '정신적 유약함'과 '미숙한 ― 다른 정도의 ― 선'을 소유하게 되는 이유가 된다.

4. 여성 불평등의 생물학적 근거

여성이 남성보다 신체적 성장이 미숙하다는 근거는 무엇인가? 아리스토텔레스는 『동물발생론』에서 생물들을 고찰한 내용을 일목요연하게 정리하면서, 여성의 신체적 성장이 남성보다 둔화될 수밖에 없는 이유를 설명하고 있다. 그는 생식 과정에서 남녀의 역할이 어떻게 다른지, 배아 발생 과정에서 어떤 차이가 드러나는지를 탐구하는 가운데 질료와 형상의 차이, 심장이 지닌 열 차이를 중요한 변수로 삼아 남녀 차이를 설명한다.

먼저 생식 과정에서 남녀의 역할이 어떻게 다른가를 살펴보면, 남성은 정액을 제공하고 여성은 정액이 자랄 수 있는 텃밭을 제공한다. 정자는 생명의 씨며 태아의 운동력과 형체를 결정하는 기반이다. 비록 정자는 여성의 자궁에서 자라나지만, 여성의 일부가 되지는 않는다. 마치 목수가 자신의 기술을 발휘하여 목재를 책상으로 만들어도, 목수가 책상이 되지 않는 것과 마찬가지다. 아리스토텔레스는 이런 점을 '질료와 형상에 관한 이론'을 통해서 설명한다. 정액은 인간의 형상, 영혼에 해당된다. 그러므로 남성이 제공하는 정액은 태아의 형상, 영혼을 부여하고 결정하는 것이다. 질료는 정액(영혼)이 자라날 수 있는 텃밭인데, 텃밭은 여성, 여성의 자궁, 여성의 혈액이며, 형상이 되는 남성의 정자에 영양을 공급하는 재료다. 그러므로 질료는 형상의 작용이 있어야 형체를 지니게 되고, 형상의 움직임에 의해 좌우되는 수동적인 것이다. 태아를 인간이도록 만드는 씨면서 영혼이며 그리고 능동적인 것은 형상이다. 그러므로 단지 재료에만 국한되는 질료는 열등하고 영혼의 힘인 형상은 우월하다. 이를 달리 표현하면, 질료적 기반이 되는 여성은 수동적이고 열등하며 형상적 기반이 되는 남성은 능동적이고 우월하다.

아리스토텔레스의 주장은 오늘날에는 상식적인 지식만으로도 얼마든지 교정될 수 있다. 기본적으로 태아는 정액으로만 구성되지 않으며, 남성의 정자와 여성의 난자가 결합할 때만 새로운 생명체를 형성할 수 있다. 그러므로 정액만이 태아의 형상을 구성한다는 아리스토텔레스의 주장은 그 자체로 잘못된 것이다. 비록 여성이 외형상으로는 단지 텃밭에 지나지 않는 것처럼 보이지만, 새로운 인간 생명체는 난자와의 결합 없이는 탄생할 수 없다. 인간 형상은 정자와 난자의 결합체라는 점에 대해서 오늘날에는 아무도 의심하지 않으며, 여성의 자궁은 오로지 남성의 정액만을 살찌우는 곳이라고 말하면 웃음거리가 될 정도다. 그러므로 과학 발달이 미진한 상태에서 상상력에 기초해서 생식 과정을 설명하면서, 이것이 마치 여성이 열등하다는 근거처럼 주장하는 것도, 그리고 그런 주장이 옳다고 생각하는 것도 성급한 태도다. 그러나 이렇게 미진하고 성급한 결론이 오랜 기간 동안 정당한 주장으로, 심지어 지식층에서도 여성과 남성을 평가하고 구분하는 근거로 받아들여져 왔다. 성급한 결론이 여성을 멸시하고, 사회의 중요한 위치에서 여성의 자리를 빼앗고, 여성을 오로지 가사 노동과 육아에만 전념하도록 만드는 충분 조건이 되어 왔다.

상식적으로 별 설득력이 없는 주장을 아리스토텔레스가 계속해서 펼칠 수 있었던 것은 그 나름대로 이유가 있기는 하다. 정액은 일상 생활에서 시각적으로 경험 가능하지만, 여성의 난자는 그렇지 못하다. 그러므로 난자를 감추고 있는 여성 자궁을 텃밭으로 처리하고, 여성의 몸에서 정자가 자라난다고 상상하는 것은 경험에 따르면 당연한 결과인지도 모른다. 그리고 여성과 남성이 사랑을 맺을 때, 남성의 정액이 여성의 몸으로 이동하며, 그리고나서 여성이 임신과 출산을 해왔다는 일상적 경험은 남성의 정액이 활동적이며, 정액이 아이를 가능케 하고 아이의 형상을 가능케 한다는 주장에 대한 충분한 근거가 될 수 있다. 아리스토텔레스의 입장에서 보면 경험과 관찰이 자신의 주장을 충분히 뒷받침한다는 자신감이 있었을 것이다.

그러나 어떤 주장은 경험과 관찰에 의해서도 설득력을 마련하기 어려운 경우도 있다. 아리스토텔레스는 남성의 정액이든 여성의 텃밭이든 간에 생식 물질은 모두 피로 구성되어 있다는 것에 주목한다. 구성 요소가 '피'라는 점은 누구나 관찰 가능하다. 그런데 그는 여기에 그치지 않고, 한 발 더 나아가서 '남성의 피'는 '매우 혼합되고 조밀한 형태'를 띠지만, '여성의 피'는 '혼합되어 있지도 조밀하지도 않다'고 주장한다. 혼합되고 조밀한 것은 운동력이 강하고 힘이 있기 때문에 남성의 피, 즉 정액은 운동력이 강하고 적극적이라는 것이다. 그러나 그는 피이기는 마찬가지이지만, 여성의 피는 혼합되어 있지도 조밀하지도 않기 때문에 양도 많고 부피도 많이 나간다고 주장한다. 생명 유지에 필요한 피가 조밀하지 못한 탓에 고밀도성을 유지하지 못하는 여성은 생명 활동을 위해서 남자보다도 더 많은 양의 피가 필요하며, 피의 운반과 전달에도 어려움을 지닌다. 그래서 여성의 피, 즉 텃밭은 운동력이 약하고 소극적이다. 남성과 여성 간의 운동과 힘의 차이는 피의 순수성과 조밀성 차이 때문에 생겨난다.

남성이 여성보다 활동적이라거나 힘이 더 세다는 주장은 예나 지금이나 그런 식으로 주장할 만한 경험적 요소가 많기 때문에, 아리스토텔레스의 주장이 전적으로 틀렸다고 할 수는 없다. 그렇다고 해도 남성과 여성의 피가 다르고, 그 피의 차이 때문에 운동성과 힘의 강약에 차이가 난다는 주장은 상식적으로 이해가 가지 않는다. 왜냐 하면 그런 주장이 정당하다고 할 만한 경험을 일상 생활에서 발견하기는 쉽지 않기 때문이다. 아리스토텔레스가 어떻게 해서 그런 결론을 내리게 되었는지 알 수 없지만 과학적으로는 불충분한 설명이 여성의 소극성, 유약함, 열등성의 근거로 차용되어 왔다.

그리고 남녀의 배아가 발생하는 과정에서도 여성의 생물학적 열등성에 대한 잘못된 근거가 제시된다. 남성과 여성의 운동력의 차이를 설명할 때, 아리스토텔레스는 혈액의 차이뿐만 아니라 심장이 지닌 열의 차이도 그 근거로 제시하고 있다. 잉태된 태아에게서 가장 중요한 기관은 심장이다. 그는 태아에게서 가장 먼저 발달하는 기관은 심장이며, 심장이 박동을 통해서 온 몸에 피를 공급해줄 뿐만 아니라 열기도 전달해준다는 점을 지적한다. 피와 열기의 생산과 공급을 맡고 있는 기관은 심장이기 때문에, 심장, 피, 열은 태아의 성장에 절대적인 요소다. 앞서의 남녀의 피 차이 또한 열 차이와 관련이 있다. 피처럼 열도 인간의 생명을 유지하는 데 절대적으로 필요한 요소다. 그런데 혼합되고 조밀한 피를 지닌 남성은 여성에 비해 심장의 열이 많고, 많은 열 때문에 운동력이 배가된다. 심장의 열기가 많은 남아는 태내에서 활발히 활동한다. 그에 반해 혼합되지도 조밀하지도 않은 피를 가진 여성은 그 탓에 열기가 적으며, 적은 열 때문에 태내의 움직임도 저조하다. 열 차이에 의해서도 남성과 여성의 운동성 차이가 생겨난다.

열의 차이는 '운동성'뿐만 아니라 '태아의 성장'에도 결정적인 영향을 미친다. 태아는 열이 많아야 제대로 성장할 수 있는데, 여아는 열이 부족하기 때문에 제대로 자랄 수가 없다. 냉기는 여아의 성장을 방해해서 미숙아로 만들 위험이 있다. 그러므로 열기가 적은 여아는 남아에 비해 미숙아가 될 가능성이 높으며, 애초에 열이 부족한 여아는 그 누구라도 남성에 비하면 미숙아에 해당된다. 아리스토텔레스의 관점에서 볼 때 여성은 '심장의 열'이 부족하며, 심장열의 부족은 여성의 '자연적인 미숙성과 결핍성'을 낳는다. '자연적 결핍성'은 "남성 육체에 비해 여성 육체가 불완전하다"는 결론을 가능케 하기 때문에, 아리스토텔레스는 이를 근거로 하여 여성은 남성보다 불완전하며, 그래서 여성은 '불완전한 남성'이라고 주장한다.

생물학적인 이유, 즉 '피의 희박성과 열기 부족'은 성장의 결핍을 가져오며, 이것이 낳은 '신체의 불완전한 발육'은 결과적으로 '정신의 불완전한 발육'을 낳게 된다. 자연적 결핍성은 여성의 신체적 성숙뿐만 아니라 정신적 성숙도 저해하며, 이는 영혼이 지닌 지배적 요소의 발달을 어렵게 만드는 요인이 된다.

지배적 요소를 통해 피지배적 요소를 억눌러야 하는데, 열기 부족이 신체와 정신의 발육 부진을 가져오기 때문에, 여성은 결과적으로 피지배적 요소를 억누를 수 있는 힘이 부족해진다. 그래서 여성은 바람직한 이성과 바람직한 선과 바람직한 덕을 완전히 소유할 수 없다. 여성은 남성에 비해 이성, 선, 덕의 소유 정도가 미약하고 불분명하다. 여성은 남성처럼 인간이기는 하지만 "불완전한 인간"이며 남성에 비유하면 "불완전한 남성"이다.

누구나 심장을 가진 인간은 36도 5부의 열을 가지고 있다. 그래서 열기의 차이라든지, 열기의 차이로 인한 성장 미숙에 대한 과학적 근거가 오늘날에는 부인되는 데도 불구하고, 아리스토텔레스의 주장은 당시 철학자들 사이에서 뿐만 아니라 일상인들 사이에서도 강력한 영향력을 발휘했으며, 그가 잘못 내린 여성관과 비과학적이고 성급한 근거들이 오늘날에도 여성을 왜곡해서 바라보게 되는 근간이 되어오고 있다.

아리스토텔레스의 주장은 아리스토텔레스에게서 나왔고, 전적으로 아리스토텔레스의 책임이다. 그러나 아리스토텔레스에게만 그 책임을 전적으로 전가할 수는 없다. 왜냐 하면 당시 그리스 사회에서 보편적으로 받아들여지고 이미 널리 퍼져 있는 사고 방식이 사실은 그러했기 때문에, 아리스토텔레스도 그러한 사고 방식을 수용하고, 수용한 내용을 좀더 확실하게 뒷받침하는 연구 결과를 제시한 것이다. 따라서 아리스토텔레스에게만 여성관에 대한 모든 책임을 전가할 수는 없다. 그러나 똑같은 상황인데도, 플라톤은 당시의 사고 방식을 어느 정도 뒤집어엎는 여성관을 철인 왕 국가를 형성하는 데서 보여주고 있지 않은가? 그러므로 오늘날까지 이어지는 잘못된 여성관, 그로 인한 남녀 불평등의 기반을 철학사적으로 정초한 대표적인 인물은 아리스토텔레스다.

5. 남녀 불평등에 대한 도전

아리스토텔레스 이후에도 많은 철학자들이 남성과 여성의 생물학적 차이를 강조하고, 그 차이로 인한 정신적, 이성적 능력 차이를 자연스럽고 당연한 것으로 간주해왔다. 여성은 언제나 남성보다 '생물학적 유약성'을 지닌 존재로, 그래서 '정신적 유약성'을 지닌 존재로, '불완전한 남성'으로 간주되어 왔다. 물론 근대, 현대를 지나면서 폭발적으로 발달한 과학 기술과 증가된 지식은 인간과 여성에 대해 아리스토텔레스와는 달리 이해할 수 있는 근거들을 여러 각도에서 제시해주고 있다. 그럼에도 불구하고 남성은 여성이 지니고 있지 않은 공격적 호르몬인 테스토스테론을 지니고 있기 때문에 힘도 세고 더 활동적이고, 그래서 여성보다 더 뛰어나다는 주장은 여전히 공공연하게 회자되고 있다.

근대의 데카르트는, 인간은 누구나 이성적 능력을 지니기 때문에, 누구나 회의의 도정을 따라가면 훌륭한 철학 체계를 세울 수 있다고 주장하며, 칸트는 이에 기초하여 만민 평등 사상을 부르짖는다. 이런 생각들이 기초가 되어 자유, 평등, 박애라는 프랑스혁명이 가능했던 것이다. 그러나 평등을 갈구하고, 인간 평등의 초석을 놓는 많은 사상들이 있음에도 불구하고, 거기에서 여성은 주로 배제되어 왔고, 평등을 실현해야 할 대상이 아닌 것으로 간주되어 왔다. 모든 사람은 태어나면서부터 자유와 평등을 지니며, 인격의 존엄성을 지닌다는 자연법적 기본권을 부르짖는 근대 정치 철학자들의 의중에서도 여성은 은연중에 배제되었기 때문에, 사회 변혁과 인간 해방을 부르짖는 평등론의 역사는 여전히 남성들만의 평등으로 남아 있어야 했다.

그래서 페미니스트들은 여성과 남성의 평등을 주장하고, 그 근거를 확보하기 위해 노력해왔다. 특히 페미니스트 운동사에서 자유주의 페미니스트라 일컬어지는 여성들은 남성과 여성이 신체적 차이가 있기는 하지만, 신체적 차이는 정신적 차이와 무관하다는 점을 강조한다. 그래서 여성도 남성과 같은 지적, 정신적 능력을 지니기 때문에, 여성을 남성과 동등하게 대우해야 하며, 남성이 활동하는 영역으로 여성도 진출해야 한다는 주장이 공공연하게 유포되었다. 그들은 그 동안 소외되었던 분야에서 여성이 남성과 같은 능력을 지니도록 노력하고, 남성과 같은 능력을 발휘하도록 지속적인 계몽을 해왔다. 남성과의 동등성을 주장하다보니, 이것은, 여성도 남성과 동등하게 지적, 정신적 능력을 지니는 존재며, 그래서 불완전한 남성이 아니라 완전한 여성, 완전한 인간이며, 남성과 여성을 평등하게 대우해야 한다는 주장을 낳게 되었다.

이런 주장을 펼치는 자유주의 페미니스트들은 1960년 무렵에 대학 교육을 받은 백인 중산층 여성들 가운데서 배출되었다. 그들은 교육을 받으면서, 인간의 존엄성이 여성에게도 적용되며 그리고 무엇보다도 대학 교육을 받은 자신들이 다른 인간들보다도 더 뛰어나고 훌륭하다는 일종의 자신감을 가지게 되면서 남녀 평등을 확산시킨다. 물론 이런 생각들은 곧이어 백인이 아닌 여성, 중산층이 아닌 여성, 기득권층이 아닌 여성 그리고 재력 있고 영향력 있는 남성의 지원을 받지 못하는 여성의 입장을 고려하지 못한다는 한계를 노정시켰고, 자유주의 페미니스트들에 대해 위협감을 느끼면서도 그녀들을 무시하는 남성들로부터도 조만간 조롱도 받게 된다. 그 조롱이 급진적 페미니스트를 양산하는 새로운 기반이 되기는 하지만, 어쨌든 남녀 평등을 부르짖는 자유주의 페미니스트가 없었다면, 여성 운동이 더 발전된 형태로 나아가기 힘들었을 것이기 때문에, 자유주의 페미니스트는 고대 철학자들로부터 이어져온 잘못된 여성관을 불식시키는 데 상당히 일조한 셈이다.

□ 생각해볼 문제

[1] 여자들은 남자들보다 힘이 약하다. 그래서 여자들은 무거운 물건을 잘 들지 못하고, 근육도 발달해 있지 않다. 이런 이유 때문에 여자들은 남자들보다 무능하고 무기력한가?

[2] 흔히들 힘이 세고 뚱뚱한 사람은 멍청하고 지력이 떨어질 것이라고 생각한다. 그러면 힘이 센 레슬링 선수, 힘이 센 역도 선수들은 머리 속이 텅텅 비었는가?

[3] 여성이 남성보다도 능력을 더 발휘하는 사례를 찾아보고, 어떤 면에서 여성이 남성보다도 더 뛰어난 능력을 지니는지에 대해 말해보자.

□ 더 읽어야 할 책

▷ 플라톤, 『국가』
  바람직하고 정의로운 국가는 어떤 모습을 지녀야 하고 어떻게 실현되어야 하는가를 다양한 계급들의 존재 양태를 통해서 정립한다. 영혼의 세 능력을 국가의 계급 구분과 연관지어 전개해나가는 책이다.

▷ 아리스토텔레스, 『동물발생론』
  존재하는 것들에 대한 생물학적 고찰을 체계화시켜 기술하면서, 존재자들의 형이상학적 원리를 우회적으로 제시한다.

▷ 한국여성철학회, 『여성의 몸에 대한 철학적 성찰』, 철학과현실사
  생물학적으로 여성의 몸을 지녔다는 이유 때문에 여성을 열

등한 존재로 취급하는 잘못된 시각들을 비판하고, 이를 교정하기 위해 여성의 몸에 대한 긍정적인 측면들을 철학적으로 살펴본다.

▷ 연세대학교 여학생처, 『남녀 평등과 인간화』, 현상과 인식
　　인간 사회에서 나타나는 남녀 불평등 구조를 여러 개별 학문의 관점을 통해 진단하고 해결 방안을 모색한다.

제3장
계급 모순인가 성적 모순인가 :
계급과 성을 넘어서

□ **주제어**

계급 모순, 성적 모순, 성 없는 계급, 계급 없는 성, 변증법, 자본주의, 가부장 이데올로기

1. 역사와 여성

지난 세기에 비해 지금, 여성의 지위는 놀랄 만큼 변한 것처럼 보인다. 미국의 일간지 『뉴욕타임즈』가 밀레니엄 결산 특집에서 "여성 지위의 향상이야말로 지나간 천 년의 가장 심오한 혁명"이라고 평가했을 만큼 세계 각국의 정계, 재계, 사회 분야에서 여성의 진출은 가히 '혁명적'이라고 할 수 있다. 각국의 각 분야에서 최고의 타이틀을 따낸 우먼 파워 열풍도 과거에는 감히 상상하기 힘든 일이었다. 바야흐로 21세기는 여성의 시대가 되는 것인가?

그러나 역사는 인간으로서의 여성에 대해 확실히 답해주는 것 같지 않다. 아직도 세계에서 여성이라는 이유만으로 많은 여성들이 남성에 의해 지배되고 있으며, 불평등과 차별을 경험하는 사회 구조 속에 살고 있기 때문이다. 지금의 여성에 대한 차별은 이미 오래 전부터 내재해온 가부장제의 칼날과 무관하지 않다. 심지어 인간의 보편성을 논해왔던 철학자들의 근대적 사유 속에도 상당 부분 이러한 요소가 배어 있다.

칸트나 헤겔에게서 남성의 이성 능력은 여성보다 우월하며 여성은 도덕적 자율성을 가질 능력이 없는 존재에 불과하다. 헤겔에 따르면 남성은 자각적 존재로서의 인격적 독립성과 자유로운 보편성을 인지하고 의욕하는 존재며, 여성은 실체적인 것을 구체적인 개별성과 감정의 형식을 통하여 스스로를 이루어가는 존재다. 즉, 남성은 외부에 대한 관계에서 강력하고 활동적인 데 반하여 여성은 수동적이고 주관적이다. 헤겔은 여성도 물론 교양을 갖출 수는 있지만 보편적인 것을 요구하는 고도의 사학이나 철학 및 일정한 예술 창작에는 적합하지가 않다고 덧붙였다. 결국 헤겔이나 칸트가 말하는 근대의 원리인 주체성에서 남성과 여성의 주체성은 다르게 나타난다.

말하자면 근대의 계몽이 인간과 자유와 이성을 외치긴 했어도, 정작 인간 속에 '여성'은 포함되어 있지 않다는 것이 문제다. 자연으로 등치되는 타자로서의 여성은 이리가레이(Irigaray)의 주장처럼 무지의 상태로만, 남성 중심 지식의 바깥에 위치하고 있었다.

실제로 프랑스대혁명을 계기로 확립된 근대의 세계관에서도 여전히 여성은 배제된 범주 속에 있었다. 린 헌트(Lynn Hunt)가 보는 1789년 프랑스대혁명은 남성끼리의 새판 짜기였다. 남성 중심의 혁명, 여성을 정치에서 배제한 미완의 혁명, 절반의 성공. 이것이 프랑스혁명에 감춰진 보수성이라는 것이다. 프랑스혁명의 3대 모토인 자유·평등·박애 중 박애의 원어는 형제애였다. 하지만 그 형제애는 말 그대로 남자들만의 것이었다. 여성의 정치 참여는 배제되었다. 캐롤 페이트먼(Carole Paterman)이 "'남성(men)'으로서의 인간(men), 형제로서의 인간에 여성이 복종하게 된 것이 근대 시민 사회의 결정적 특징을 규정한다" 고 말한 것은 역사 속에 나타난 여성의 정체성을 보여주는 하나의 대목이라고 할 수 있다.

이러한 역사의 모순은 여성들로 하여금 여성이라는 본질 아래 공동 전선을 구축하도록 요구한 셈이 되었다. 최초의 페미니즘 선언서라 할 만한 울스턴 크래프트의 『여성 권리의 옹호』 (1792)와 존 스튜어트 밀의 『여성의 예속』(1899)은, 모든 인간은 이성적 존재로서 평등하며 개인의 권리는 집단보다 앞선다고 강조하고 있다. 여성도 자율적이고 합리적인 주체라는 것이다. 이후 제2의 페미니즘 시기라 할 수 있는 1960년대에 보부아르는 자신의 책 『제2의 성』에서 "여자는 태어나는 게 아니라 여자로 키워질 뿐이다"라고 말하면서, 여성 문제의 해결 전략을 위한 개인적 접근 방법에 대해 언급하고 있다.

한편, 현대 서구 사회의 특징을 자본주의라고 규정한 마르크스주의자들은 여성의 차별과 억압은 여성이 임노동에서 제외되어 있기 때문이라고 주장한다. 또한 여성의 소외는 성별 노동 분업에 근거하고 있다고 말한다. 이러한 분업은 대다수의 여성을 노동력에서 제외시키고 가사 노동에 종사하도록 만든다. 여성은 역사적 상황 속에서 가사 노동을 수행해왔다. 그러나 자본주의에서 여성의 가사 노동은 자본주의적 관계가 아닌 다른 형태로 행해지고 있다는 점에서 독특하다. 이런 이유 때문에 어떤 마르크스주의자는 자본주의에서 가사 노동이 생산적인지 아니면 비생산적인지에 대한 문제를 논의하였다. 마르크스와 엥겔스는 자본주의적 생산 양식에서 잉여 가치를 창출하는 의미로 노동 개념을 사용하고 있는 것으로 보인다.

어떻든 전통적 마르크스주의적 관점에서 볼 때, 자본주의에서 노동의 구조는 남편에게 억압받는 것보다 훨씬 심한 형태의 억압을 초래한다. 남편이 얼마나 점잖고 존경할 만한 사람인지에 관계없이 가정 주부는 공적 생활(사회 노동)로부터 배제되어 있다. 이들에게 여성의 억압은 남성에 의해서가 아니라 자본주의적 구조에 의해 생산되는 것이므로 자본주의적 양식을 계급적 연대를 통해서 철폐함으로써만 비로소 여성은 해방될 수 있다는 것이다.

여성에 대한 억압의 문제와 관련하여 급진주의자들은 마르크스주의를 비판하면서, 여성 억압의 원인은 인간의 재생산에 기인한다는 점을 강조한다. 대표적 급진주의자인 파이어스톤(Sulamith Firestone)은 『성의 변증법』(1970)에서 여성 예속에 대한 마르크스주의적 분석은 경제결정론이라고 배격한다. 여성의 예속의 원인은 계급이 아니라 '성' 자체에 기반한다는 것이다. 이들은 생물학적 가족 제도를 폐기함으로써 여성의 억압을 제거할 수 있다고 믿는다.

그렇다면 마르크스주의와 급진주의의 주장대로 여성 억압의 원인은 '계급'과 '성'뿐일까? 역사적으로 착종된 많은 모순의 갈등 속에서, 과연 어떤 패러다임이 적절한 대안으로 제시될 수 있을 것인가? 근대적 이성 중심의 사유인가? 근대 이후 유토피아적 기대를 불어넣었던 진보, 자율, 해방, 주체 등의 역사적 사유를 통해서 여성도 비로소 인간으로 자리매김할 수 있는 것인가? 아니면 이러한 거대 담론에서 주장하는 계급, 역사, 성, 혁명과 같은 거시적 서사에서 벗어나 다양성과 차이를 강조하면서 해체를 강조하는 포스트모더니즘의 새로운 합리성에서 그 대안을 찾을 수 있을 것인가?

그러나 정작 대등한 주체를 생산하기도 전에 주체를 해체하자는 전략이 포스트모더니즘의 핵심이라면, 이것은 그 이면에 자본주의적 본질을 외면한 채 방법만을 내세우는 포스트모던적 유토피아에 다름아닐 것이다. 유행처럼 받아들인 '포스트모더니즘'의 마력이 '신드롬'처럼 우리 사회의 모든 문제를 분석하는 태도는 '차이'만 남겨두고 '연대'는 버릴지도 모른다. 아직도 세계적으로나 국내의 사정을 보면 인권이나 평등 같은 계몽적 담론이 필요한 정치적 현실이 있다. 또한 인종이나 민족 이전에 단지 여성이라는 이유만으로 여성을 철저하게 여성으로만 내몰고 있는 사회화된 성차별과 성별 구분이 존재한다면, 다시금 우리는 성적 주체의 형성에 대해 이야기해야 할 필요가 있다.

이러한 문제 의식과 관련하여 '성'과 '계급'을 중심으로 한 논의는 여전히 유효하며, 해결되지 아니 한 여성 문제를 다루는 중요한 기제로서의 의미를 갖는다고 할 수 있다. 왜냐 하면 섹슈얼리티에 대한 논의와 더불어 가부장적 이데올로기와 성적 주체를 구성하는 물질적 토대로서의 자본주의를 제대로 분석할 때, 현재의 성적 억압과 여성 예속에 대한 본질적 요소와 관계들이 그 모습을 드러내리라고 보기 때문이다. 이것은 페미니즘과 포스트마르크스주의 혹은 페미니즘과 포스트모더니즘의 관계에서 당연히 주목해야 할 주제들이기도 하며 페미니즘의 활로를 모색하기 위한 과정이기도 하다. 이제 계급과 성에 대한 논의가 갖는 함의와 그 한계를 살펴봄으로써 무엇이 적절한 패러다임으로 가능할지를 모색해보기로 하자.

2. 계급 모순과 마르크스주의

우리는 자본주의 사회가 계급 사회라는 사실과 집단으로서의 여성이 억압받고 있다는 것에 대체로 동의할 수 있을 것이다. 그런데 과연 억압의 물적 토대가 무엇이냐라는 물음에는 한마디로 답하기 힘들다. 왜냐 하면 크리스틴 델피의 말대로 자본주의가 주된 적인지, 남녀의 신체 구조가 주된 적인지는 여전히 논의의 주된 대상이기 때문이다. 또한 남녀의 생리적 차이만으로 남과 여를 구분하여 모순 관계로 규정하는 것에는 무리가 따르기 마련인데, 그것은 동일한 여성 안에도 하나의 범주로 묶을 수 없는 여성 사이의 계급 차이가 있기 때문이다.

여성이 하나의 계급을 형성한다는 주장은 서구 급진주의 페미니즘과 마르크스주의 이론가들 사이에 논쟁을 불러일으킨 바 있다. 마르크스주의자들의 급진주의에 대한 반대 이유는 하나의 계급으로서의 여성이 남성에 대항하는 것은 진정한 계급 투쟁을 분열시키는 결과를 낳을 수 있다는 관점에 기인하고 있다. 단지 여성이라는 정체성이 남성과 적대적으로 되어야 한다는 필연성으로 된다는 것이 아니라는 주장이다.

여기에서 엥겔스가 자신의 책 『가족, 사유 재산, 국가의 기원』(1884)에서 말하는 자본주의 사회에서 여성이 갖는 억압의 원인을 간단히 줄여보자. 역사적으로 부의 사유화가 증가함으로 해서 사적 소유가 확립된다. 사적 소유는 일부일처제를 통해 상속되고 관리되어야 한다. 이 과정에 여성이 담당하는 가사 기능을 보조적인 것으로 인정한다. 이것이 최초의 계급 대립이다. 이러한 계급 대립으로부터 벗어나려면 사적 소유를 폐지해야 하며, 그 방법은 여성이 생산에 참여함으로써 가능한 것이다.

엥겔스는 여성의 노동력 참여와 가사 노동의 집단화를 여성 해방의 선결 조건으로 파악하고 있다. 여성 종속과 억압은 자본주의 조직화의 결과이므로, 여성은 임노동자와 프롤레타리아 계급의 성원이며 그 계급 성원으로서 변화를 위해 투쟁해야 한다. 이 과정에서 성차는 점차 사라질 것이라는 게 엥겔스의 전망인 듯하다.

전통적 마르크스주의자들에 따르면 자본주의 하에서 여성의
억압은 사회적 생산이라는 공적 영역에서 여성들이 배제되고
있기 때문에 생긴다는 것이다. 엥겔스는 아내의 해방을 위한
최초의 조건은 여성들을 공적 영역으로 들어가게 하는 것이라
고 주장한다. 여성들이 임노동의 과정에 충분히 들어간다면 여
성 억압의 물적 토대도 없어진다는 것이다.

임노동자로서 공적 산업에 종사하는 여성들은 새로운 형태
의 소외를 겪게 되겠지만, 그들은 임노동의 체계를 전복시키고
공산주의의 전제 조건인 사회주의를 건설함으로써 소외를 극
복하기 위한 투쟁에 '남성'들과 함께 동참하게 될 것이라는 점
을 강조한다. 즉, 여성과 남성이 적대적 관계가 아니라 사회적
으로 긴장 관계에 있는 계급 관계가 기본 모순이라는 것이다.

실제로 우리 사회를 보자. 평생 가사 노동과는 거리가 먼 '사
모님'이 있는가 하면 하루 종일 가사 노동에 종사하는 전업 주
부도 있고, 직장에서 밤늦도록 일하는 여성 노동자들도 있다.
이 경우에 마르크스주의적 관점은 단순한 여성의 차원만으로
는 해결되지 않는 현실의 모순을 보여준다고 할 수 있다.

그러나 이러한 접근은 여성의 문제를 자본주의 사회의 생산
관계 차원에서만 해석함으로써 자본주의에 선행하는 남성 지
배를 간과한 비역사적 측면이 있다. 마르크스나 엥겔스가 각
역사 단계마다 거기에 상응하는 모순 관계로서의 사회 관계가
존재한다는 것을 간파함으로써, 그 핵심에 노동과 자본의 모순
이 존재한다고 주장한 것은 중요한 대목이다. 하지만 이들은
여성이 아내나 어머니인 경우이건 그렇지 않은 경우이건 그들
이 자본주의 사회에 완전히 참여할 수 없었던 모순을 인식하지
못했다. 노동 계급이 인종, 민족, 종교, 직종, 산업 혹은 기타 요
소들로 분리되어 있건 그렇지 않건 간에, 그들이 남녀의 성으

로 분리되어 있다는 사실에는 변함이 없다.

그렇다면 마르크스나 엥겔스에게서 평균 노동자의 개념 속에 성 의식이 빠져 있는 것은 아닌가? 또한 여성들간의 계급 차이는 어떻게 설명해낼 것인가? 여성이 노동 계급으로 포섭될 때 과연 성적 구분과 차별은 사라지는가? 단지 여성이기 때문에 가정(가사 노동)과 사회(임노동)에서 겪는 차별과 억압의 원인은 무엇인가? 노동에서 왜 여성은 가사 노동으로 내몰릴 수밖에 없으며, 그나마 가사 노동의 대가는 평가 절하되기 일쑤인가? 남자가 집안일을 하면 바깥일을 못한다고 빠져나가면서, 여자가 바깥일에 치중하면 살림 못한다고 비난하는 이율배반 속에 깔려 있는 이데올로기의 정체는 무엇인가? 이러한 문제들은 엄연히 자본주의 사회에서 여성들이 겪는 계급적 차별이면서도 그것을 넘어서는 모순들과 착종되어 있다.

예컨대 한국 사회에서 가사 노동을 전담하는 전업 주부의 경우 가사 노동이 가치를 창출하느냐의 여부는 접어두고라도, 그들이 전업 주부라는 이름으로 겪는 차별은 허다하다. 한국 사회에서 전업 주부들이 경제권을 얼마나 행사하느냐라는 질문에 많은 사람들은 월급 관리를 다 주부가 하는데 무슨 소리냐고 반문한다. 그러나 이들이 법적인 문제에 직면했을 때, 과연 실제로 얼마나 권한을 발휘할 수 있는가를 보면 한국 사회의 권력 지형도를 실감하게 한다.

한국여성민우회에 접수된 여성 차별의 사례 중에는 직장이 있어도 할부로 차를 구입하려고 할 때 남편이 보증을 서야 혜택을 받을 수 있다는 이야기가 있다. 또한 전업 주부들이 하루 아침에 가장 노릇을 해야 할 때, 금융 거래나 손해 배상 청구 소송 또는 이혼 소송을 제기할 때 우리 사회가 그들의 경제적 지위를 얼마나 낮게 평가하는지를 알 수 있다. 상속 재산 중에도 배우자의 협력으로 이루어진 공유 재산이 포함되어 있는데

이 점을 현행 법제는 고려하고 있지 않다. 전업 주부들의 가사 노동에 대한 평가는 손해 배상에서도 여실히 나타난다. 실제 금전적인 소득이 없는 전업 주부의 경우 소득액의 입증이 곤란해 손해배상액 산정 시 법원에서 가사 노동에 대한 경제적 가치를 객관적인 자료로 인정하지 않고 있다.

가사 노동에 대한 실제적 평가와 가치 판단의 기준이 얼마나 엉성한가를 법원의 한 판례를 통해서 알 수 있다. 교통 사고로 사망한 주부에게 법원이 손해 배상을 산정하면서 피해자가 10년 전부터 지병을 앓고 있어 가사 노동의 일부만 수행했다고 보고 배상액의 20%을 경감한 것이다. 결국 가사 노동의 가치를 구체적으로 산출해 적용하는 것은 외면하면서 가사 노동 가치를 삭감하는 일은 과감하게 실천한 셈이다.

다시 엥겔스로 돌아가보자. 그가 보기에 가사 노동은 자본주의적 생산 양식에 속하지 않기 때문에 자본주의적 특성(자본과 노동의 관계)으로부터 벗어나 있다. 결국 자본주의 사회에서 소외는 특수한 생산 관계에 있으므로, 여성들이 임노동의 과정으로 편입된다면 여성 억압의 물적 토대는 사라지게 될 것이라는 것이 엥겔스의 예측이다. 육아의 사회화를 통해 이용자의 경제적 능력과는 무관하게 여성이 사회 노동에 참여할 수 있도록 해야 하며, 생산 수단을 공동 소유함으로써 단일 가족은 더 이상 사회의 경제적 단위로서 존재하지 않게 된다. 즉, 생산의 사회화는 남성에 대한 경제 의존을 탈피하게 할 것이며, 그 결과 남성 지배 토대도 사라지게 된다는 것이 그의 주장이다.

요약컨대 엥겔스에게서는 임금이나 노동 시간, 노동 조건을 위한 경제 투쟁을 통해서만 여성 해방을 가져올 수 있는 것이다. 왜냐 하면 자본주의 사회에서는 어떠한 개혁도 '선택의 자유'나 '기회의 평등' 그리고 '업적에 대한 보상'이라는 명목 하에 오히려 억압을 은폐시킴으로써 여성의 특수한 억압을 신화화하기 위한 상징에 불과할 뿐이기 때문이다.

그렇다면 명실공히 자본주의가 지배하는 한국 사회에서 경제 투쟁을 통한 가사 노동으로부터의 해방은 가능할까? 실제로 요즘과 같이 핵가족, 노령 부부만의 독립된 가정이 늘면서 가사 노동에서 주부가 해방된다는 것은 직장에 다니거나 다시 말하면 임노동에 종사하거나, 대체 노동력을 통해서 이거나다. 아니면 철저한 가사 노동의 사회화를 이루는 것일 텐데 한국의 직장 여성 노동의 현주소는 어디쯤일까?

모 신용카드 회사의 정직원 수는 1000명. 계약직 사무원의 수는 1300여 명으로, 전부 여직원이다. 정직원과 계약 직원 사이의 노동 강도는 별반 차이가 없지만, 정작 계약 직원의 임금은 정직원의 1/3에서 1/2 수준에 불과하다. 신자유주의의 열풍에 따른 시장의 유연화 전략은 여성을 '최후에 고용되며, 최초로 해고되는 사람들'로 만들고 있다. 대졸 여성의 취업문은 갈수록 좁아지고, 여성 노동자들에 대한 결혼·임신·출산 퇴직이 강요된다. 반면 기혼 여성들은 생계를 꾸려나가기 위해 경제 활동을 해야 한다. 그러나 연령 제한과 여성에 대한 터부가 심한 노동 시장에 진출하는 것은 말처럼 쉽지만은 않다. 여성 노동자의 80% 이상이 아르바이트, 도우미 등의 임시·일용직, 파출부, 청소원 등 특수 고용직에 해당하는 비정규직군을 이루고 있다.

한국 사회에서 '남자가 먹여 살린다'는 가족 임금 이데올로기만큼이나 지배적으로 노동 시장을 관통하고 있는 통념은 '여성의 일과 남성의 일은 따로 있다'는 식의 성별 분리 이데올로기다. 그렇다고 모든 여성이 하나의 범주로 묶여 계급적 차원에서 연대할 수 있는 것도 아니다. 얼마 전 영국의 한 언론은 직장에서 기혼 여성이 다른 상관으로부터 겪는 차별의 시선이 더욱 크다는 보고를 하고 있어 화제가 된 적이 있다. 이렇듯 자본주의적 시장 원리와 남성 중심적 이데올로기가 절묘하게 혼재된 현실에서 여성 노동권 확보와 평등이 과연 엥겔스식의 분석과 실천으로부터 얼마나 가능할지는 생각해볼 문제다.

3. 성적 모순과 급진주의

앞에서 살펴보았듯이 인종과 민족, 계급의 모순을 넘어서 있는 또 하나의 모순이 존재하는데, 그것은 바로 성적 모순일 것이다. 이 점을 주목했던 대표적 급진주의 페미니스트인 파이어스톤은 자신의 책『성의 변증법』을 통해 "성 계급(sex class)은 보이지 않을 정도로 뿌리가 깊다"고 하면서, 마르크스주의가 제시한 역사에 대한 동력을 계급에서 성으로 대체하려 했다. 파이어스톤에서 성(sex)은 곧 계급(class)이다. 그녀는 엥겔스의 역사유물론에 관한 정의를 남녀의 생물학적 분화를 포함시켜 패러디하면서, "임신 때문에 남녀간에 최초의 노동 분업이 출현했다"고 본 엥겔스의 관점에 동의한다. "역사유물론은 성의 변증법에서 모든 역사적 사건의 궁극적 원인과 가장 큰 원동력을 찾는 역사의 과정을 보는 방식이다. …… 그리고 경제적·문화적 계급 제도로 발전한 성에 기초를 둔 최초의 노동 분업에서 역사적 사건의 원인을 찾는 방식이다." 또한 파이어스톤은 밀레트(Kate Millet)와 유사하게 가부장제를 자본주의나 어떤 다른 생산 양식과도 분석적으로 독립된 근본적인 지배 체계로 파악하였다.

그렇다면 파이어스톤의『성의 변증법』에 나타난 여성 해방 이론의 기본 방향과 연구 방법은 무엇인가? 그녀는 성 불평등을 종식시키기 위해서는 성차별주의가 어떻게 생겨났고 어떻게 진화되었으며 어떤 기제들로 작용되어 왔는가, 즉 그 역사적 계보에 대한 이해를 먼저 요구한다. 파이어스톤은 마르크스와 엥겔스의 계급 대립의 분석 틀을 차용하면서, 더불어 마르크스와 엥겔스의 '경제' 개념을 '성' 개념으로 대체한다.

그는 성적 모순의 강조점을 드러내기 위해 몇몇 기본 패러다임을 비교 분석하고 있다. 그가 비교 분석하는 입장들을 살펴보면, ⓐ 푸리엔과 오웬 ⓑ 마르크스와 엥겔스 ⓒ 초기 여성 해방론자 등으로 나눠진다. 파이어스톤이 보기에 ⓐ들은 현존하는 사회적 불평등, 계급 특권과 착취가 단순히 선의의 미덕에 의해 폐지된다고 주장하는 한계를 갖는다. ⓑ들은 역사 분석의 변증법적이고 유물론적인 방법을 통해서 정체된 형이상학적 관점을 탈피하는 것이 목표며, 그 현실적 기초는 '경제 구조'로 귀착된다. ⓒ는 남성 특권과 착취가 없어지는 세계를 상상하고 있다. 그래서 파이어스톤은 ⓒ를 지양하고 ⓐ의 분석 틀을 가져오는데, ⓐ의 이론적 근거가 현실에 있지만 단지 부분적인 것이라고 보고 인간 사회 억압의 심층적인 분석을 위해서는 경제 외에 성(sexuality)을 포함시켜야 한다는 것이다. 왜냐 하면 ⓐ와 ⓒ는 어떻게 사회적 불의가 진화하고 유지되어 왔는지, 그리고 어떻게 제거될 수 있는지를 현실적으로 이해하지 못했기 때문에 문화적 진공 사태인 유토피아에 머무르는 한계를 갖는다는 것이다.

이와 같은 비판을 토대로 파이어스톤은 '성' 그 자체를 근거로 역사의 유물론적 관점을 발전시키는데, 성적 계급은 생물학적 현실에서 직접적으로 발생한 것이라고 규정한다. 마르크스와 엥겔스에게서의 경제적 계급과는 달리 여기서는 파이어스톤은 생물학적 가족이 가지고 있는 특성을 분석하고 있다. 그렇다고 권력의 성적 불균형이 생물학적 기초에 있다는 인정이 곧바로 여성의 패배를 승인하는 논리가 되는 것은 아니다. 왜냐 하면 우리는 더 이상 동물이 아니기 때문이다. 그러므로 자연적인 것에 목매달면 안 된다. 자연적인 것이 필연적으로 인간적인 것은 아니기 때문이다. 이런 이유에서 파이어스톤은 자연성을 제거해야 된다는 결론을 도출한다.

이제 성 계급의 제거는 여성의 혁명과 생식 조절 수단의 (일시적) 점유를 요구한다. 다시 말하면 여성에게 그들 신체의 완전한 소유권을 되돌려주는 것, 인간 생식의 수단을 점유하는 것, 출산과 양육에 관한 사회 제도 및 새로운 인구생물학이 요구된다. 이렇게 함으로써 자연 생식은 인공 생식으로, 양육은 어머니에게서 소집단의 다른 사람에게로, 노동 분업은 노동 폐기에 의해 종식되므로 생물학적 가족간의 권력 체계가 붕괴하기에 이른다.

이 점과 관련하여 파이어스톤은 프로이트주의와 여성해방론이 서구 문명의 가장 독선적인 시대, 즉 가족 중심성과 과장된 성적 억압으로 특징지어지는 빅토리아 시대에 대한 반응이라고 설명한다. 그녀가 보기에 프로이트의 업적은 성을 재발견한 것이며, 성을 근본적인 생명력으로 본 것이다. 프로이트는 어린 아이 때 리비도가 구조화되는 방식이 개인의 심리를 결정한다고 말한다. 그러나 프로이트는 사회적 관계에 관해서는 논의하지 않은 채, '순수 과학'의 전통에서 심리학적 구조를 관찰하고 있다. 프로이트의 오이디푸스 콤플렉스에 따르면, 핵가족 내에서는 주인인 아버지에게 어머니 그리고 아이들은 노예처럼 예속된다. 따라서 여성과 아이들이 완전히 독립하게 되는 것은 가부장제뿐만 아니라 생물학적 가족까지 완전히 제거하는 일이다.

파이어스톤은 가족의 통합성이라는 이익을 위하여 모든 개인에게 요구되는 이 (프로이트의) 성적 억압이 개인을 신경증 환자로 만들 뿐 아니라 널리 퍼진 문화병을 만든다는 것을 지적한다. 만일 우리가 가족을 분해해버리면, '쾌락'을 '현실'에 예속시키는 것, 즉 성적 억압은 그 기능을 상실하게 될 것이다. 그녀가 보기에 프로이트주의는 반동적인 목적, 즉 인위적인 성별 역할 제도에 맞게 남녀를 사회화시키는 것을 위해 역전된 셈이다.

한편, 파이어스톤은 아동기 숭배의 분석을 통해 그것과 억압과의 연관성을 밝히고 있다. 즉, 아동기는 가족 개념의 변형 과정에서 생겨난 것이고, 아동기의 설정은 가족 제도의 유지에 봉사하기 위한 것이다. '아동기의 신화'(의존)는 '여성의 신화'(모성)로 연결됨으로써, 여성 해방과 아동 해방이 동시에 함께 이루어져야 한다. 이것은 아동기의 신화를 깸으로써 여성 억압의 본질인 출산과 양육에서 벗어나려는 전략이다.

파이어스톤은 가부장제 핵가족의 기원과 아동기의 신화의 형성 과정을 다음과 같이 설명한다. 즉, 여성의 억압은 일부일처제가 아니라 여성의 출산 생리에서 출발한 것이며, 가족이란 용어는 로마에서 가장이 아내, 자녀, 노예를 지배하는 사회 집단을 지칭하는 것이라고 말한다. 가족은 중세에는 존재하지 않았고 14세기로부터 점차로 진화한 것이다.

아동기라는 개념 또한 현대 가족의 부산물로 발달한 것이다. 현대 가족의 발달이란 통합된 사회가 자기 중심적인 사회로 바뀜에 따라 부부 단위 안에서 아이의 존재 가치가 중요하게 부각된 것이다. 이 과정에 아이들은 어른들과는 다른 종처럼 나타나는데, 아이들은 무성적(無性的) 천사가 되고 그들의 성적 유희는 비정상적인 것으로 규정되기에 이른다. 따라서 현대 핵가족의 발생은 그것의 부속물인 아동기와 함께 아동의 의존을 확장하고, 아동의 의존을 중시함으로써 여성의 모성에의 속박도 확장되게 한다. 결국 자녀 출산과 양육의 숭고함이 강조되는 것이다.

앨리슨 재거(Alison M. Jagger)는 급진주의 페미니즘이 강조하는 성적 모순의 환원주의를 경계하면서도, 이들의 공헌은 그 동안 배후에 숨겨져 있던 것을 가시화하고 이전에는 인식되지 않았던 인간 사회와 인간 본성의 성적 구조화에 초점을 맞춘 것이라고 평가한다. 급진주의 페미니즘 입장에서 보면 모든 사회에서 인구의 반(여성)은 나머지 반(남성)에 의해 지배당하고 있는 것이다. 모든 여성이 피지배자로서의 공통된 억압의 경험을 갖는다는 것은 여성이 성에 의해 규정되는 하나의 계급이라는 급진주의 페미니즘의 입장을 뒷받침해주고 있다.

그러나 성이 하나의 계급이라는 규정만으로는 자본주의 하에서도 지속적으로 관통하고 있는 가부장적 이데올로기를 설명해내기 힘들다. 예컨대 아프리카, 중동, 동남아시아 등 30여 개국의 1억이 넘는 여성들에게 4세부터 결혼 직전까지 행해지는 할례 의식은 성적 모순과 함께 이슬람 문화와 역사 속에 뿌리깊게 이어져오고 있는 가부장 이데올로기의 전형이라 할 수 있다. 할례는 여성 성기의 음핵을 잘라내는 것인데, 이것은 여성의 성적 쾌감을 저하시켜 남성에 대한 정절을 지키게 해준다는 가부장적 통념에 기초하고 있다. 근본적으로 할례는 종교보다는 가부장적 경제와도 밀접히 연관되어 있다. 할례는 여성의 몸에 대해 여성 스스로 통제하고 결정할 수 있는 자율권을 완전히 박탈하는 비인간적 악습이다. 그럼에도 불구하고 여성을 계속해서 할례에 순응하게 만드는 가장 큰 요인은 압제적 가부장제에 대한 두려움이다. 또한 경제적 자립이나 교육 혜택이 전무한 상황에서 순결의 징표인 할례를 통해 결혼에 매달릴 수밖에 없는 구조적 요인도 작용하고 있다.

그러므로 급진주의자들이 남녀간의 생물학적 차이의 문제를 제기하는 것은 중요하지만, 이것이 생물학적 환원주의로 빠져버린다면 섹스와 젠더를 구분한 그 동안의 페미니스트들의 성과조차도 위협하는 결과를 낳는다고 볼 수 있다. 성은 계급과의 긴장 관계에 있으면서, 가부장적 이데올로기라는 요소와도 상호 관련되어 있기 때문에 어느 한 요소만으로 결과된다는 견해에는 한계가 있다. 또한 파이어스톤이 강조하는 성 계급이 실제로 여성들 사이에 존재하는 차이를 어떻게 설명할 것이며, 성 계급이라는 하나의 범주로 여성을 묶을 수 있는지도 문제로 남는다.

4. 계급과 성을 넘어서

계급과 성의 논의가 여성들 사이의 민족적·인종적·성적 차이를 모두 포괄할 수 있는 것은 아니다. 계급이 여성 문제를 다룰 수 있는 유일한 개념 틀이 아니라는 것도 분명하다. 하지만 성과 계급이라는 주제를 통해서 자본주의적 가부장제 하에서 여성이 어떻게 성 계급으로 형성되는가를 살펴보는 계기를 확보한다는 점은 중요한 성과일 수 있다.

그럼에도 불구하고 변증법에 기초하고자 했던 마르크스와 엥겔스의 방법이 오히려 여성의 문제에서 경제적 심급의 차원에 머물면서 겪게 되는 경직성은 한계처럼 비쳐진다. 생물학적 차이가 거의 논의되지 않은 것이라든지, 이데올로기적 측면이 부각되지 않은 것 또한 성별에 따른 근본적 차이를 간과하는 비변증법적 결과로 나아갔던 것은 아닌지 생각해볼 일이다.

이러한 마르크스와 엥겔스의 방법과 관련하여, 팻 암스트롱(Pat Armstrong)과 휴 암스트롱(Hugh Amstrong)은 모든 이론과 분석에서 성차가 핵심적이라는 사실을 마르크스주의가 인정해야 한다고 주장한다. 이들은 '계급' 외에도 '성'을 의식하는 정치경제학과 성 외에도 계급을 의식하는 페미니즘을 지향하는 방법을 제안한다. 이들은 마르크스주의는 '성 없는 계급(sexless class)'을, 그리고 페미니즘은 '계급 없는 성(classless sex)'을 넘어서야 한다고 제안한다. 이 명제는 성과 계급의 딜레마를 극복하려는 변증법적 모색으로 보인다.

이들의 관점은 두 가지 의미를 갖는다고 할 수 있다. 첫째, 여성 종속이 자본주의에 선행한다는 것을 인정하지만, 가부장제라는 용어가 현실의 많은 종속적 형태를 은폐하려 한다는 것을 발견한 점이다. 따라서 가부장제를 자본주의 양식에 내재적인 것으로 이해함으로써 우리는 여성 종속에 관한 더 많은 통찰력을 얻을 수 있게 된다. 둘째, 노동 계급이 여성과 남성으로 구성되어 있다는 것을 강조한 점이다. 노동 계급의 가구는 양성간의 긴장과 통합으로 이루어진다는 현실을 인식하게 함으로써, 창조적 노동 계급의 투쟁은 그 자체의 모순적 발전을 파악하는 데 있다는 중요한 사실을 지적한 것이라 할 수 있다.

자본주의가 지속되는 한 여성 종속이 계속될 것이라는 마르크스주의에 동의할 수 있다. 그러나 한 발 더 나아가서 자본주의의 붕괴가 반드시 여성 종속을 소멸시키지는 않는다는 전망이 가능하다. 그러므로 남녀가 현실을 이해하고 변화시킬 수 있는 변증법적 분석을 확대하는 데 전략의 핵심이 주어질 때, 마르크스주의 변증법의 온전한 의미가 살아날 수 있을 것이다.

한편, 파이어스톤과 같은 급진주의 페미니스트들은 여성들이 공유하는 생물학적으로 결정된 임신 및 양육 경험이 여성들을 계급화한다고 보는 한계를 갖는다. 이들은 사회적 성의 철폐(gender free) 혹은 성이 없는 사회(sexless society), 모권제 사회를 주장하기도 한다. 파이어스톤은 성이 없는 사회는 시험관 아기를 필요로 하게 될 것이며 다형적인 성에 의해 특징지어지는 '공산주의적 무정부 상태'가 될 것이라고 한다. 그리고 위티그(Monique Wittig)는 '여성'은 페미니스트들이 거부해야 할 사회의 구성물이라고 한다. 또한 마지 피어시(Marge Piercy)는 자신의 공상 과학 소설인 『시간의 벼랑에 선 여인』 속에서 가정이 경제 단위뿐만 아니라 생물학적으로도 제거된다는 목표를 강조한다. 그 결과 개인은 사적인 재산과 사적인 자녀를 소유하지 않는다는 것이다.

급진주의자들은 사회 변혁을 위해서 여성이 강요된 어머니 역할과 성적 노예 상태로부터 탈피할 필요성을 강력하게 주장한다. 이들의 과제는 여성이 자신들의 육체에 대한 지배력을 재확보하는 것이다. 이들에게 결혼은 강요된 모성과 성적 노예제를 가장 강력하게 확산시키는 것이기 때문에 가장 중요한 억압 제도 가운데 하나다. 강요된 모성과 성적 노예로부터 벗어나는 방법은 결혼이라는 가부장적 제도를 부정하는 것이다. 그러나 일부 급진주의자들은 결혼의 제도보다 훨씬 부정적인 관계로 이성애라는 제도를 꼽는다. 이성애는 가부장제를 지탱하는 뿌리이기 때문에 진정한 급진주의자들은 레즈비언을 옹호한다. 또한 급진주의 여성들은 가능한 한 가부장제로부터 독립된 완전한 공동체를 영위하려고 한다.

그러나 급진주의가 진정으로 여성 해방의 길을 제시해주고 있는가? 급진주의의 이념과 실천은 사회 변혁의 중요한 역할을 담당함에도 불구하고 다음과 같은 문제점 또한 갖는다고 할 수 있다. 첫째, 성 계급에 대한 논의가 생물학적 본질주의로 경도됨으로써, 그것이 고정되고 불변하는 성적 차이를 갖는 것으로 간주되는 측면이 있다. 파이어스톤의 성의 변증법은 성이 어떻게 역사적으로 구성되어 왔는가에 초점이 맞추어져야 한다. 그래야 진정으로 변증법의 본질을 살려내는 것이 아니겠는가. 둘째, 이론이 더 보강되는 실천이어야 한다. 급진주의자들은 끊임없이 남성과 여성을 이분법적으로 구분하면서, 남성이 여성을 어떻게 노예화시키는지를 폭로해왔다. 그러나 남성이 왜 그렇게 하는가에 대한 이론적 분석은 아직 부족하다고 할 수 있다.

셋째, 자신의 육체에 대한 여성의 통제를 지나치게 강조한 측면이다. 이렇게 이해한다면 여성들이 가부장제 하에서 그들의 신체를 통제할 수 있는 방법은 레즈비언이 되는 것이다. 배타적인 레즈비어니즘은 강요된 모성과 성적 노예로부터 여성을 자유롭게 할 수 있음이 사실이다. 그러나 레즈비어니즘은 여성 자신의 성과 출산에 대한 완전한 통제권을 위하여 남성과의 성관계를 선택하고 출산을 선택할 수 있다는 사실에 더 적극적으로 도전하고 있지 못하다. 넷째, 분리주의의 한계다. 제한된 분리주의는 건강하고 필수적이다. 그러나 분리주의의 보편화는 필연적으로 그 내부에 계급 차별적이고 인종 차별적인 측면을 간과하는 오류를 범할 수 있다. 흑인이나 소수 원주민들, 동성애자들만의 힘으로 사회를 변혁할 수 없듯이 여성들도 그들만의 힘으로 사회 변혁을 이룰 수는 없다. 관건은 남성이든 여성이든 누가 여성주의적 시각에 더 철저하게 입각해 있느냐일 것이다.

우리는 지금까지 계급만으로도 성만으로도 해결될 수 없는 사회와 역사의 모순에 대해 살펴보았다. 여성과 남성이 진정한 인간으로 동등하게 설 수 있는 사회는 아마도 계급과 성을 넘어서는 패러다임을 통해서 가능하지 않겠는가 전망해본다.

그렇다고 해서 포스트모더니즘이나 포스트구조주의적 입장에 서 있는 일련의 페미니스트들이 주장하는 대로, '여성'이나 '페미니즘'이라는 범주 설정조차도 거부하는 해체론적 시도가 그 해결점은 아니라고 본다. 이들은 기존의 페미니즘이 여성 문제의 원인을 하나의 범주로 환원시켜보려고 하는 본질주의 내지는 근본주의라고 비판하면서 새로운 주체의 정치학을 구성하려 한다. 주체는 다양한 담론과 주체 위치를 통해 복합적으로 구성되기 때문에 '성'이나 '계급' 혹은 인종과 같은 하나의 지위 요인에 국한되어 형성되지 않는다는 것이다. 한마디로 페미니즘 진영 내에도 다양한 스펙트럼이 존재한다는 말이다.

그러나 계급과 성을 넘어 서는 대안적 패러다임을 계급과 성을 해체하자는 논리로부터 얻어내자고 하는 데는 분명한 한계가 있다. 여성이 주체적 존재로 섰느냐는 것도 문제이거니와, 해체의 논리가 자본주의 하에서의 여성 노동의 이중적 본질을 온전하게 드러내줄 수 있는 것도 아니기 때문이다. 성과 계급을 넘어선다는 것은 둘 다 부정하는 해체의 논리가 아니라, 둘의 범주를 현재의 생산 양식과 관계하여 변증법적으로 다루어야 한다는 것을 의미한다.

지금 세계는 신자유주의, 초국적 자본주의 체제 안에 편입되었다고 해도 과언이 아니다. 여성, 남성 할 것 없이 모두가 자본주의 역사 체제 안에 있다. 현재의 존재적 위치를 분석하지 않고 해방과 평등을 논할 수는 없다. 따라서 우리 사회의 경제 구조와 정치적 이데올로기 등은 여성 문제를 다룰 때 당연히 맞물려 나올 수밖에 없는 것이다. 이런 이유에서 성적 주체와 계급의 문제는 함께 다루어야 할 중요한 주제며, 둘의 모순이 변증법적으로 지양될 때 계급과 성을 아우르는 대안이 마련되지 않겠는가.

□ 생각해볼 문제

① 아직도 아시아, 아프리카 등의 일부 이슬람 문화권에서는 한 해 1억 명 이상의 4세 이상 소녀들이 '여성 할례'를 당하고 있다. 이러한 현실을 가능하게 하는 요소가 무엇인지를 생각해보고 대안을 제시해보자.

② 여성들이 출산과 양육으로부터 자유롭게 될 수 있는 구체적 대안은 무엇인지를 토론해보고, 그 결과로서 새롭게 모습을 드러내는 가족 제도의 형태는 어떤 것일지 생각해보자.

③ 제3세계의 흑인인 여성과 백인이면서 선진국의 여성인 경우, 또 가사 노동과는 거리가 먼 '사모님'과 그 사모님 집에 파출부로 고용되는 '아줌마' 그리고 '여성 노동자'의 경우에 어떻게 여성으로서의 연대가 가능할지를 토론해보자.

□ 더 읽어야 할 책

▷ 프리드리히 엥겔스, 『가족, 사유 재산, 국가의 기원』

자본주의 사회에서 여성이 갖는 억압의 원인을 분석한 책. 계급 대립으로부터 벗어나려면 사적 소유를 폐지해야 하며, 그 방법은 여성이 생산에 참여함으로써 가능한 것이라고 해석한다.

▷ 슐라미스 파이어스톤, 『성의 변증법』

급진주의의 대표적인 저작. '성' 그 자체를 근거로 역사의 유물론적 관점을 발전시켜야 한다는 주장. 파이어스톤에게서 성은 곧 계급이다. 성적 계급은 생물학적 특성으로부터 도출되는 것이므로, 자연성을 제거함으로써 여성 해방에 도달할 수 있다는 것이 핵심.

▷ 엘리 자레스키, 『자본주의와 가족 제도』, 김정희 옮김, 한마당, 1996

자본주의 사회로 들어서면서 사회적 생산이 이루어지는 공적 영역과 여성들의 개별 노동이 행해지는 곳인 가족이 완전히 분리되었고, 이 때문에 여성은 사회로부터 분리되었다고 분석한 책.

▷ 미셸 바렛 외, 『페미니즘과 계급정치학』, 신현옥 · 장미경 · 정은주 편역, 여성사, 1995

여성 억압의 원인을 계급으로 보는 마르크스주의적 시각과, 마르크스주의를 경제결정론으로 비판하면서 성별 분리의 이데올로기적 측면을 강조하는 입장들을 비교 분석. '성과 계급' 논쟁을 중심으로 '성 없는 계급', '계급 없는 성'을 모두 지양해야 한다는 것이 핵심적 메시지.

제4장
주체적 남성, 타자화된 여성, 상호적 인간

□ **주제어**

주체, 타자, 사회적 자아, 여성의 타자화, 길들여진 여성, 여성도 주체다, 상호 주체적 인간

1. 주체란? 타자란?

사람들은 누구나 수많은 타인과 관계를 맺으며 살아간다. 그리고 타인과 맺는 관계 양태는 다양하다. 비근하게 형제-자매, 부모-자식 같은 혈연 관계, 스승-제자, 부부, 친구 같은 자유로운 선택 관계, 고용인-피고용인 같은 계약 관계, 주인-노예 같은 지배-예속 관계 등이 있다. 어느 누구라도 많은 관계 중에서 타인에게 예속되는 관계에 속하기를 원하진 않는다. 그래서 사람들은 자신의 의사와 무관한 혈연 관계 이외에, 사회에서 형성되는 자유로운 선택 관계와 사회 계약 관계를 관계 맺기의

지반으로 삼는다. 여기에서는 당사자들 모두가 평등하고 자유로운 인간이라고 인정된다. 인간의 존엄성을 실현하려면 예속을 거부하는 자유 계약이 관철되어야 한다. 그러나 우리 사회의 이면에는 예속 관계가 남아 있다.

일단 당사자들이 자유롭고 평등한 관계를 맺는다면, 다양한 관계의 중심에 서 있는 자는 기본적으로 '나'다. 관계 형성을 위해서는 어떤 형태로든지간에 '나'와 맞서 있는 '타인'을 필요로 하지만, 만약 이 세상에 내가 없다면 그 많은 타인과 그 많은 관계가 무슨 소용이 있겠는가! 그러므로 관계의 중심은 수많은 타인과 맞서 있는 '나'다.

나는 자기 중심적으로 행동하는 이기적이고 고립된 자아를 지니기도 하고, 타인을 배려하는 사회적 자아를 지니기도 한다. 인간은 이기적으로 행동하지만, 아무리 이기적으로 행동해도 타인과 관계 맺는 일을 근본적으로 거부할 수는 없다. 그래서 '나'는 언제나 이미 타인과 관계 맺고 있는 '사회적 자아'다. 나는 타인과의 관계 속에서 나의 자유와 양심에 대한 성찰을 하고, 나에 대한 자각을 하게 된다.

그런데 타인과 만나는 내가 자유롭지 못하다면 어떤 일이 벌어질까? 타인은 나의 부자유를 악용하여 나를 지배하고, 내가 능력을 발휘할 기회를 박탈할 것이다. 그러므로 나는 자유로운 존재여야 하며, 주어져 있는 상황에서 자유롭게 결단을 내리고 그에 대한 책임을 지는 인격적 자아여야 한다. 이런 자아를 '주체'라 한다. 주체는 자기 앞에 주어져 있는 불안한 실존적 상황 속에 자신을 던져서(기투하여) 반복적으로 스스로를 도야하는 자유롭고 양심적인 존재다.

이러한 주체와 대립하고 있는 자는 '타인'이다. 모든 인간은 나에게 타인으로 다가온다. 타인은 나와 대등하고, 나와 동일한 자유와 인격을 지니며, 나와 동일하게 행위에 대한 결단을 내리고 책임을 지는 자다. 그러므로 '타인' 또한 주체인 나와 동일하게 '주체'다. 타인은 '주체인 나'와 자유롭게 계약을 맺을 수 있는 '또 하나의 주체'다.

그러나 사람들은 타인과의 관계를 부자연스럽고 불평등한 형태로 만들기도 한다. 인간들간에는 형님-아우, 선배-후배 같은 위계가 형성되어 있고, 동기생들끼리도 카리스마 내지 강압적 요구를 드러내기도 한다. 사람들 사이에서 어쩔 수 없이 형성되는 선-후배, 스승과 제자, 고용자와 피고용자 같은 질서는 사회를 유지하는 원동력이다. 그러나 강압적인 형태를 띠게 되면 오히려 사회 질서를 깨트리게 된다. 그런데도 왜곡된 형태가 정당한 질서로 간주되어온 경우가 많다. 특히 남성과 여성 간의 위계가 그러하다. 이런 모습은 동네 어린이들의 공놀이에서도 쉽게 발견된다. 또래 아이들은 자유롭게 공놀이를 하는 것처럼 보인다. 그러나 공놀이를 시작한 후에 놀이를 지속하려면 조정자 내지 리더가 필요하며, 그들 가운데 리더 역할을 하는 자가 나타난다. 리더는 아이들의 행동을 질서지우기도 하고, 아이들에게 놀이를 강요하기도 한다. 그리고 남아는 놀이에 참여하는 데 반해, 여아는 주위에서 구경을 하거나 치어걸 역할을 하기가 십상이다. 설령 여아가 놀이에 참여해도 리더가 되는 것은 주로 남자다. 거기에는 지배-예속이라는 의식적이고 살벌한 단계까지는 아니어도, 왜곡된 위계가 무의식적으로 적용되고 있다.

인간이면 누구나 자유롭게 결단하고 행위하는 '주체'이지만, 은연중에 강요와 억압이 일어나면서 자유로운 관계는 왜곡된다. 이때 만약 타인이 '주체성'을 상실하고, 주체에 의해 지배당하고 소외당하면, 타인은 주체에서 '타자'로 전락한다. 타인이 설령 자신을 주체라고 소리 높여 주장해도, 누군가에 의해 지배당한다면 타인은 주체가 아니라 '타자'다. 주체와 맞서 있는 타인은 알게 모르게 '타자'로 전락한다. 타인의 타자화는 '왜곡된 계약 관계', '지배-예속 관계'에 의해 형성된다.

인간이 타자화되어 지배-예속 관계로 전락하는 모습은 인생사에서 다양하게 나타난다. 단지 자유로운 관계로 간주되기 때문에 예속성을 간파하기 힘들 뿐이다. 가장 대표적인 경우가 '남성과 여성' 사이에 형성되는데, 남성에 의해 타자화된 여성의 모습은 아주 자연스러워 보여서, 사람들은 남성에 의한 여성의 예속에 대해서는 무관심하게 지나쳐버린다. 그러므로 여성의 타자화를 비판하는 보부아르의 혜안에 주의를 기울일 필요가 있다. 이때 보부아르(S. de Beauvoir)의 비판은 주체-타자 모델의 근간을 마련한 사르트르(J. P. Sartre) 사상에 기초하고 있으므로, 사르트르가 주체-타자 관계를 어떻게 이해하고 있는지를 먼저 살펴보자.

2. '주체-타자' 구조를 연출하는 사르트르의 '주체'

주변을 아무리 둘러보아도, 현대 사회에서 봉건 시대의 주인-노예와 같은 지배 예속 관계를 발견하긴 힘들다. 그러나 타인의 자유를 억눌러서 자기 임의대로 하려는 타자화는 여전히 잔존하기 때문에, 주체의 타자화를 인간 관계 전체로 확대시킨 철학자도 있다. 프랑스 실존주의 철학자 '사르트르'는 '모든 관계에서' '타자', '예속', '소외'를 찾아낸다. 그에게는 중심에 서 있는 나를 제외한 타인은 모두 '타자'로 전락한다.

인간 관계는 '주체인 나'와 '주체인 타인'이 만나는 '주체-주체' 관계여야 한다. 그러나 사르트르에게 '주체-주체 관계'는 본래적으로 불가능하다. 왜냐 하면 관계가 형성되는 곳, 그 어디에서나 '주체-주체 관계'에서 시작하는 듯이 보여도, 일단 관계가 형성되면, 양자 중 한쪽이 반드시 타자가 되는 '주체-타자 관계' 내지 '타자-주체 관계'가 정립되기 때문이다. 그의 철학에서는 양자 모두가 주체가 되는 '상호 주체적 인간 관계'는 불가능하다.

가령 부부 사이인 진실이와 성민이가 손을 잡는 경우를 생각해보자. 그들은 서로 손잡기를 원하기 때문에, 둘 다 주체적으로 손을 잡는다. 그들의 손잡는 행위는 '주체-주체 관계'의 표현이다. 그들은 동일하게 주체다. 그러나 사르트르가 보기에는 그렇지 않다. 진실이가 성민이의 손을 잡으려 할 때, 만약 그가 손잡을 수 있는 형태를 만들어주지 않으면 그의 손을 잡을 수 없다. 그녀는 성민이가 만든 손 모양에 자신의 손 모양을 맞추어 밀어넣는 것이라서, 성민이가 만든 손의 구조에 영향을 받는다. 진실이의 행위는 주체적이고 자발적인 듯이 보여도, 알고 보면 성민(타인)이의 행위와 자유에 자신을 맞추는 수동적 '타자'로 전락한다. 손을 잡을 수 있는 형태를 만든 성민이가 주체가 된다.

애초에 성민이를 주체로 세운다고 해도 마찬가지다. 성민이가 자신을 주체라고 생각해도, 성민이는 진실이에 의해 금세 타자가 되어버린다. 성민이가 주체로 설 때 진실이는 타자가 되지만, 오히려 진실이에 의해 성민이 자신이 타자가 된다. 사르트르는 이런 식으로 모든 관계를 '주체-타자 관계' 내지 '타자-주체 관계'로 환원시킨다.

자유로운 주체들은 자신이 타자가 되지 않기 위해 지속적으로 투쟁한다. 그러면서 주체는 현재의 상태보다 더 나은, 더 발전된 미래를 지향해나간다. 더 나은 미래를 실현하기 위해 결단하고, 더 나은 상태 속으로 자기를 던짐으로써, 주체의 자기 발전과 초월이 이루어진다. 그런데 자기 초월을 위해서는 결국은 '타인의 자유를 탈취'하여 타인을 '타자'로 만들 수밖에 없으므로, 타인과의 관계가 형성되는 곳, 그 어디에서나 타자화 및 자유의 탈취가 일어난다. 내가 주체로 선다 해도, 어느 순간에 나 자신 또한 타자가 되기 때문에, 사르트르의 인간관에서 미래로의 자기 기투와 자기 초월의 꿈은 좌절된다. 나는 타인을 타자로 만들고, 타인은 나를 타자로 만든다.

모든 인간 관계를 주체-타자 관계로 만들면서 서로의 자유를 탈취하는 상황을 사르트르는 '시선'에 빗대어 서술한다. 내가 타인을 타자로 만든다는 것은, 타인에게 나의 시선을 보내어 타인을 규정하는 것이다. 이와 반대로 타인의 시선은 나에게로 와서 나를 규정하고 나를 타자로 만든다. 타인의 시선은 나를 타자로 만들지만, 동시에 나를 규정하고 나의 존재 근거가 된다. 이를 상세히 설명하기 위해 예를 들어보자.

"다세대 주택에 이사간 어떤 남성이 우연히 현관문 안쪽에 옆집을 들여다볼 수 있는 조그만 구멍이 있음을 발견했다. 그는 호기심에 들떠, 구멍을 통해 옆집을 몰래 훔쳐보았다. 구멍 안쪽에는 X가 살고 있었다. 그는 매일 X를 주시했으며, 그러는 사이에 X의 사생활과 행태를 속속들이 알게 되었다. 이를 알 리 없는 X는 자기 집에서 자유롭게 집안을 배회했다. X를 지켜보는 남성은 그 재미 속으로 탐닉해 들어갔다. 그런데 구멍을 들여다보는 어느 날, 갑자기 현관문 밖에서 발소리가 났고, 그는 화들짝 놀라서 자신이 무슨 짓을 하고 있는지를 순간적으로 반추해보게 되었다. 이런 상황인데도 그 남성은 구멍을 계속 들여다보았으며, 발소리나 현관문을 여는 소리가 나지 않아도 타인의 시선을 의식하면서 항상 불안감을 느끼게 되었다."

사르트르에게 인간은 이처럼 '구멍 들여다보기'와 같은 상황에 던져져 있다. 구멍을 들여다보는 자는 구멍을 발견한 남성이다. 그는 구멍 안쪽을 보고 즐기는 주체다. 반면 X는, 자신이 구경거리가 된 것도 모르면서 살아간다. X는 자신도 모르는 사이에 남성에 의해 훔쳐봄을 당하는 자, 소외되고 타자화된 자가 되어 있다. 사르트르에게 인간 모두는 자각하지 못하는 사이에 X처럼 이미 타자가 되어 있다.

이때 구멍 속을 훔쳐보는 '남성'은 X와 달리 '타자'로 전락하지 않고 항상 주체로 남아 있는가? 그렇지는 않다. 남성은 X를 주시하는 자유로운 주체처럼 보이지만, 현관문을 여는 자에 의해 얼마든지 들킬 수 있기 때문에, 자신도 훔쳐봄을 당하는 구조 속에 있다. 누구라도 갑자기 현관문을 열 수 있으며, 때로는 X가 문을 열 수도 있다. 그래서 남성은 훔쳐보면서도 동시에 들킬지도 모른다는 불안감에 시달리는 것이다.

인간은 이렇게 훔쳐보지만 동시에 훔쳐봄을 당하는 '구멍 뚫림'이라는 타자화 구조 속에 던져져 있다. 주체는 자신의 방문처럼 걸어 잠글 수도 들키지 않는다는 보장도 없는 '현관문 상황'으로부터 벗어날 수 없다. 설령 구멍이 뚫려 있는 곳이 현관문이 아니고 열쇠를 걸어 잠근 자신의 방이라고 가정해도, 남성을 훔쳐보는 구멍을 사실은 X(타인)도 남성(주체) 몰래 가지고 있다. 이런 상황으로부터 남성은 도망칠 수 없다.

여기에서 사르트르에게는 훔쳐보는 자나 X는 모두 남성이다. 그러나 여성도 훔쳐볼 수 있고 훔쳐봄을 당할 수도 있다. 인간이면 누구나 타인을 훔쳐보는 '주체'이지만, 동시에 누구나 타인에 의해 훔쳐봄을 당하는 '타자'로 전락하는 구조 속에 있기 때문이다. 그러나 사르트르가 보기에 주체의 자격을 갖춘 자는 남성이다. 여성은 훔쳐보는 입장에서도 그리고 훔쳐봄을 당하는 입장에서도 고려되지 않는다. 그에게서 여성은 주체가 아니기 때문에 주체의 대립 항인 타자도 될 수 없다. 여성은 주체-타자 모델에 적용될 수 있는 존재가 아니라고 보기 때문에, 훔쳐보는 자도 남성으로서 주체이고, X도 또 다른 형태의 남성으로서 주체다.

3. 사르트르의 주체-타자 관계가 지닌 한계

사르트르에게 타인과 관계를 맺는다는 것은 언제나 '타인의 타자화'를 의미한다. 아니면 주체인 자신이 타자가 된다. 남성 인간은 주체이지만, '타자로 전락'하고, 다시 '주체로 전환'하는 순환 구조를 반복한다. 주체-주체로 만나도 타인은 순식간에 타자로 떨어지고, 주체는 타인의 자유를 빼앗고 왜곡한다. 주체가 타인과 맺는 이러한 관계는, 『존재와 무』(1943)에 의하면, '마조히즘'과 '사디즘'이라는 성적 태도로 압축되어 설명된다. '타인과 맺는 모든 구체적 관계'는 이 '기본 관계의 변형'이다. 그런데 사르트르의 이러한 성적 태도를 프로이트(S. Freud)식 성적 충동으로 오인해서는 안 된다. 왜냐 하면 사르트르의 성적 욕망과 성적 혐오는 타인의 자유와 주관성을 빼앗느냐 아니면 빼앗기느냐에 초점이 맞춰져 있기 때문이다. 그리고 협력, 투쟁, 경쟁, 약속과 같은 구체적 행위들은 프로이트가 말하는 식의 성적 태도는 아니며, 특수한 역사적 상황에 의존한다. 그러나 구체적인 행위들도 근본적으로는 두 가지 성적 태도와 연관성을 지니기 때문에, 모든 관계는 마조히즘과 사디즘이라는 원초적인 두 태도의 변종이다.

일반적으로 마조히즘은 자기 자신을 괴롭히고, 자기에게 가혹한 행위를 하는 데서 쾌락을 느끼는 태도다. 사디즘은 남을 괴롭히고 남에게 가혹 행위를 하는 데서 기쁨을 느끼는 태도다. 사르트르에게 마조히즘은, 내가 주체가 되어 타인을 사랑하는 데서 출발하는 데도 불구하고, 타인에 대한 사랑이 끝내는 나에 대한 가혹 행위로 나아간다. 그에 따르면 ―2절에서 말했듯이― 나의 시선은 타인을 규정하며 타인의 존재 근거가 된다. 나의 규정과 존재를 위해서는 그와 반대로 타인의 시선이 요구된다. 그렇다면 나의 자유를 확장하려면 나의 규정이 확장되어야 하고, 규정 확장을 위해 타인의 시선 확장과 자유 확장이 요구된다. 나는 타인의 자유를 빼앗아서 나에게 동화시키려고 하지만, 나의 규정과 존재 확장을 위해 오히려 타인을 주체로 세우고, 타인의 자유를 확장시켜야 하는 역설적 상황에 처하게 된다. 그래서 주체는 자신을 타자의 자유에 동화시키게 된다.

이런 모습의 전형이 타인에 대한 '사랑'이다. '사랑하는 나(주체)'는 '사랑받는 자(타인)'를 '사랑'한다. 이때 나는 주체가 된다. 그러나 주체는 자신이 사랑하는 타인으로부터 '사랑'을 얻기 위해, 타인을 '유혹'해야 한다. 유혹을 하려면, 자신의 자유와 주관성을 전면에 내세우기보다는, 오히려 자신이 타인에 대한 전면적 굴종 상태로 들어가야 한다. 사랑을 얻기 위해 타인 앞에서 자신을 타자로 만들면서 주체 자신을 완전히 상실하는 태도가 바로 마조히즘적 태도다. 이것은 자신에게 가혹하게 하는 '피학적 행위'로 나타난다.

사디즘은 타인에 대해 가혹 행위를 하는 것인데, 사르트르는 '타인에 대한 무관심'에서 출발한다. 사디즘은 타인에 대한 무관심과 자기 중심적 태도에서 출발하지만, 결국에는 타인에 대한 '가학적 가혹 행위'로 귀착한다. 마조히즘적 태도에서 타인에게 보내는 사랑이 좌절되고, 타인을 자기에게 동화시키는 데 실패할 경우, 주체는 돌연히 방향을 바꾸어 사디즘적 태도를 취한다. 즉, 타인의 자유를 거부하고, 타인에게 자기의 시선을 보내어 타인을 타자로 만들어버린다. 타인에 대해 무관심한 태도를 취하는 주체가 타인을 타자로 만드는 것은 타인에 대한 직접적인 가혹 행위나 타인에 대한 지배욕 때문에 생겨나는 것은 아니다. 그러나 결과적으로는 그런 것들이 산출되기 때문에, 사디즘은 주체들간의 지배-예속 관계를 산출하는 기반이며, 인간 관계는 그 연장선상에 있다.

그렇다면 인간이 타인과 맺는 관계는 모두 '주체-타자 관계'

로만 전락하는가? 이에 대한 대답 이전에 타자 관계는 누구에게나 기본적으로 저주스러운 것이다. 왜냐 하면 인간은, 자신이 주체로 서면 자신의 주체성을 인정해줄 사람이 없는 외로운 주체로 남거나, 이와 반대로 타인을 주체로 세우면 자신은 즉시 타자로 전락하고 소외되는 상황에 처하기 때문이다. 사르트르의 주체는 이렇게 외로운 주체로 남는다는 한계를 지닌다.

따라서 '주체-타자' 관계, '타자-주체' 관계로만 전락하여, 한쪽이 다른 쪽을 예속시키는 사르트르의 주체는 타인과의 상호 공존과 상호 인정을 위해 '주체-주체' 관계로 발전해야 한다. 타인 또한 주체며 나와 동등하게 자유와 실존적 결단을 지닌 자임을 인정해야 한다. 이런 식으로 사회적 인간들끼리의 상호 인정과 상호 주체적 관계를 강조하는 사람은 독일 관념론 철학자 헤겔(G. W. F. Hegel)이다. 헤겔은 『정신현상학』(1807)에서 주인과 노예가 자유를 보존하기 위해 목숨을 건 투쟁을 하는 모습을 보여준다. 이 속에서 노예는 자신도 자유로운 존재라는 자각을 할 뿐만 아니라, 자신이 지닌 다양한 능력을 발견하게 된다. 주인과 노예의 인정 투쟁 속에서 예속 관계를 거부하는 구조가 나타난다.

사르트르가 지닌 또 하나의 한계는 '남성과 여성의 관계'에서 나타난다. 그는, 모든 인간 관계는 '주체-타자' 구조로 전락하기 때문에, 인간이 타자로 전락하는 것을 전적으로 피할 수 없다고 본다. 그럼에도 불구하고 그에게 주체는 언제나 '남성'이다. 남성은 타자로 전락하기는 하지만, 기본적으로는 '주체'며, 주체로의 복귀 가능성을 지닌 '이성적 존재자'다. 그러나 사르트르는 여성 또한 주체일 수 있다는 점에 대해서는 관심이 없다. 여성도 이기적-사회적 결단력을 지닌 주체인 데도 불구하고, 그에게 여성은 남성 주체와 같은 자유로운 주관성도, 자기 발전을 위한 기투와 자기 초월도 불가능한 존재다. 여성은 생물학적 성이 남성과 다르기 때문에, 남성처럼 이성적 주체도, 이성적 관계도 지닐 수 없다. 그에게서 여성은 남성과 같은 '이성적 존재자'가 아니라, 남성과 성적 관계를 맺는 한갓 '성적 존재자'일 뿐이다.

성적 관계에서는 자기 초월과 자기 발전을 위한 이성적 관계가 연출되지 않는다. 이성적 존재자는 과거를 답습하거나 정신이 단순히 육화되는 태도를 비판하면서, 장차 도래할 미래로부터 오는 충격과 발전을 기획하고 현실화시키는 자다. 그러나 여성은 이성적 존재자가 아니라 성적 존재자이므로, 미래로부터 오는 '자유롭고 자기 초월적인 주체'가 될 수 없다. 남성과 성적 관계로만 만나는 여성은 남성과의 관계에서는 주체-타자 관계를 연출할 수 없기 때문에 주체가 될 수 없지만, 동시에 주체의 또 다른 얼굴인 타자도 될 자격이 없다. 사르트르에게 타자는, 달리 표현하면, 주체로 반전되는 또 다른 주체이기 때문에, 만약 여성을 타자라고 한다면, 그것은 또한 여성이 주체임을 시인하는 것이나 마찬가지다. 여성은 엄격하게 말하면 타자도 될 수 없다. 그에 반해 남성은 ― 여성과는 성적 관계로 만나고, 다른 남성과의 관계에서 타자로 전락하는 경우가 있긴 해도 ― 기본적으로는 '주체'다.

사르트르가, 여성은 본래적으로 주체가 아니라는 주장을 그의 책에서 강하게 부각시키지는 않지만, "주체는 언제나 남성에게만 국한된다"고 말할 수 있는 곳들이 많다. 그에게 여성은 악이며 저주스러운 것으로 간주되며, 근본적으로는 주체가 아니다.

사르트르의 이런 태도를 더 극단화시켜, 남성은 언제나 '주체'이고, 여성은 언제나 남성에 의해 타자화된 존재라는 주장을 펼치는 사람은 보부아르다. 보부아르는『제2의 성』에서 남성처럼 여성도 '본래는' '주체'이지만, '현실적으로는' 남성에 의해 타자화되고, 타자화된 대우만을 받는다는 것을 비판하기 위해, '남성은 주체, 여성은 타자'라는 도식을 창출해낸다.

4. 타자로 규정되는 여성

　보부아르는 인류 역사를 거슬러 가면, 여성은 언제나 타자였고, 그 타자성이 오늘날의 일상 생활 속에 속속들이 배어 있다고 주장한다. 인간은 근본적으로는 주체이지만 타인과의 관계에서 '타자로의 전락'과 '주체로의 전환'이 반복된다고 보는 사르트르는 '주체'라는 말에서 '여성'을 암암리에 배제했다. 그렇기 때문에 남성-여성 관계에서 남성은 본래적으로 '주체'이지만, 여성은 본래적으로 '타자'며 자립성을 지니지 못하는 존재라는 도식성은 기본적으로 사르트르에게서도 나타나고 있다. '여성'이 이성적 존재자가 아니라 단순히 '성적 존재자'라는 주장은 여성을 영구히 타자로 만드는 것이며, '여성의 본래성이 타자임'을 주장하는 것이다. 여성은 주체가 되지 못하고 영원한 타자라는 진단은 사르트르에게서만 간취되는 것은 아니다. 남성과 여성의 자립성 문제를 '아담과 이브'의 관계로 비유하면서, 여성이 남성에게 종속되어야 하는 근거를 성경에서 찾는 사람도 있다. 신이 '남성' '아담'을 먼저 만들었기 때문에, 남성은 여성 없이도, 여성과의 관계 없이도 독자적 존재성을 지닌다는 것이다. 그에 반해 여성은 남성의 갈비뼈로 만들어졌기 때문에, '여성' '이브'는 자신의 존재성을 남성 없이는 생각할 수 없으며, 그로 인해 여성은 '원래 자립성이 없다'는 것이다. 그래서 여성은 자율적이고 자립적인 존재성을 지니지 못하며, 자신의 가치와 규정조차도 남성에게 일임하고 의존하는 영원한 타자에 지나지 않게 된다. 여성의 출생을 종교적으로 해석하는 태도에서도 여성은 언제나 '남성의 타자'며, 그래서 남성에게 복종해야 하는 자로 나타난다. 보부아르는 철학자들조차도 여성관에서는 종교적 관점과 동일한 태도를 지니며, 여성을 예속적이고 부자유한 타자'로 취급해왔다고 비판한다.

여성이 이렇게 타자로 간주된 데에는 물론 여성 자신의 책임도 크다. 일차적 책임의 발원지는 남성이고, 남성의 권력 구조와 부당한 근거이겠지만, 그에 편승하는 여성들 또한 여성을 타자로 고착시키는 데 일조한다. 보부아르는 많은 경우 중에서 경제적 의존을 예로 든다. 봉건 시대의 영주는 가신으로서 한 집안뿐만 아니라, 그에게 부속해 있는 식솔들을 경제적으로 뒷받침해주고 보호해주는 것을 의무와 명예로 알았다. 그런데 물질적 보호를 받는 사람들은 반대 급부로 그의 지배 하에 들어가거나 그에게 충성을 맹세해야 한다. 여성은 영주가 만들어놓은 '물질적 보호'와 '예속'을 '동시에' 받아들임으로써, 자신이 처하게 될 경제적 위험을 회피하게 된다. 회피의 대가는 경제적 사회적 권한을 영주에게 일임하는 것이고, 영주의 명령을 충실히 따르는 '타자'가 되는 것이다. 그러므로 여성은 영주인 "남성 앞에서는 주체가 될 수 없다". 경제 문제를 해결하기 위해 고군분투하는 가운데 얻게 될 여성의 자유로운 결단과 기투, 실존적 고뇌들은 사라진다. 그리고 그 가운데서 나타날 자기 발전과 자기 초월은 편안한 삶을 추구하는 여성 자신에 의해 포기된다. 이런 여성은 '여자를 타자로 만드는 남자와 공모 관계'를 형성한다. 남성들에 의해 부당하게 형성된 여성관과, 남성과 공모하는 그리고 남성과 공모할 수밖에 없는 여성 자신의 행태는 여성을 '타자'로 만들고 고착화시키는 요인이다.

물론 현대에 들어와서 기존 질서에 대한 거부가 가속화되고, 특히 신세대, N세대가 등장하면서 그 동안 인간에게 절대적이고 본질적인 것으로 간주되던 것들이 180도 전환되어, "인간에게 절대적으로 본질적인 것은 없다"는 사고가 팽배해졌다. 그래서 지금까지 고정되어 왔던 본질적 여성다움(여성성)에 대한 이해도 달라졌고, 여성의 타자성을 벗겨내는 현상들도 두드러지게 나타난다. 그 동안 남성의 전유물로 생각되던 분야에서 여성도 탁월한 능력을 발휘하고 있다. 남성도 생각, 의복, 헤어스타일 등에서 여성을 모방하고, 여성적 취미들을 가지려고 노력하다보니, 여성화된 남성이 오히려 인기를 누리는 현상도 어렵지 않게 찾아볼 수 있다. 비록 보부아르는 21세기를 경험하진 못했지만, '고정된 여성성'은 인류 시초부터 없었으며, 역사적 사건과 사회 변천 속에서 형성된 여성성이 마치 여성에게 본질적인 것처럼 덧씌워지고 강요되었다고 지적한다. 여성이 본질적으로 '타자'라고 생각하는 것도 여성의 예속이 계속되면서 형성된 역사적 산물이다.

여성은 '본래적으로는 타자'가 아닌 데도, '타자로 길들여져온 것'이다. 여성이 길들여진 것에 대해 비판하면서, 여성도 남성과 동등하게 주체라고 주장하는 보부아르는 '여성이 주체'임을 입증하기 위해 여러 근거들을 제시한다. 그녀는 여성을 '타자'로 만들고 정당화하던 이론을 찾아내어 그 허구성을 드러낸다. 여성의 타자화를 논증하는 관점은 대표적으로 세 가지로 분류된다. 생물학적 조건, 정신분석학적 견해, 유물론적 입장이 그것이다. 이것들은, '여성이 타자라는 근거'를 제시하는 것처럼 보이지만, 어떤 것도 근거를 제대로 제시하지 못하고 있다.

이것을 입증하기 이전에 보부아르는 『제2의 성』 서론에서 먼저 "여자란 무엇인가?"라는 질문을 던지고, 그리고 "나는 여자다"라는 말을 전면에 내세운다. 왜냐 하면 그래야만 여성이 처한 상황을 가장 적합하게 파악하고, 그에 대한 대책 또한 성실하게 마련할 수 있다고 보기 때문이다. 그녀 자신이 이렇게 '여자'라고 말하는 근거는 무엇인가? 그것은 육체가 지닌 '생물학적 조건' 때문이다. 그녀의 정신적 높이와 깊이 그리고 활동 영역은 한때 사르트르와 더불어 프랑스 지성계를 대표했지만, 그녀의 육체는 '난소를 지니며, 2세를 출산할 자궁'을 지니기 때문에 '여자'다. 인간은 출생 시 주어지는 암컷과 수컷이라는 생물학적 성 구분을 근본적으로 거부할 수도 없고, 그로부터 벗어날 수도 없다. 그래서 생물학적 성을 무시하는 것은 그녀가 보기에도 불성실한 태도다. 그러나 보부아르는, 여성이 지니는 '사회적 특징들'이 육체적으로 여성이라는 '생물학적 특징'으로부터 도출된다는 주장과, 그로 인해 여성이 생물학적으로 '남성보다 열등하다'는 주장에 대해서는 단호하게 반대한다. 왜냐 하면 생물학적 성은 인간에게 주어지는 어쩔 수 없는 조건이지만, 여성의 타자화와 여성의 종속이 생물학적 특징에 의해 정당화될 수 없기 때문이다. 여성의 타자화와 종속은 생물학에 근거를 두고 있는 것이 아니라, 역사적 사회적 변천의 결과로 나타난 역사적 누적물이다. 달리 말하면, 그것은 역사 전개 속에서 형성된 계기들이기 때문에 얼마든지 교정할 수 있고 또 개선되어야 할 문제다.

5. 여성의 타자화 근거에 대한 보부아르의 비판

생물학적 성과 사회적 성을 긴밀하게 연결하면서 생물학적으로 여성인 자는 사회에서 타자일 수밖에 없다고 주장하는 자들을 보부아르는 강력하게 비판한다. 그리고 주체는 고정된 본질을 지니는 것이 아니라, 자기 초월을 위한 기투 속에서 자신을 새롭게 형성한다는 사르트르의 주체관을 그녀는 여성에게도 똑같이 적용한다. 보부아르는 여성에게 본질적인 여성성은 없으며, 계속되는 기투와 변화 속에서 여성도 주체가 된다는 것을 여러 장치를 통해 증명하려 한다. 이를 위해 그녀는 여성의 타자화를 정당화하는 근거인 생물학적 조건, 정신분석학적 견해, 유물론적 입장을 순서대로 고찰하고 비판한다.

세 가지 관점 중, 여성이 타자라는 근거를 "생물학적 조건"을 통해서 정당화하는 사람들이 제시하는 핵심 내용은 무엇인가? 그것은, 남성이 활동적이고, 여성이 수동적인 것은, 인간 모두가 태어날 때 이미 결정되어 있는 '생물학적 성 구별'에 기인한다는 것이다. 생물학적 조건에 치중하는 사람들은 생물학적으로 남성인 인간은 사회적으로도 적극적, 공격적, 활동적 남성성을 지니며, 수동적 인간을 지도하고 지배하는 특성이 당연히 나타난다고 생각한다. 그래서 생물학적으로 여성인 인간에게는 소극적, 방어적, 수동적 측면과, 그와 관련하여 타인에 대한 배려, 부드러움, 헌신, 봉사적 요소가 자연스러워 보인다는 것이다.

남성들은 이런 주장을 어떻게 정당화하고 있는가? 인간 누구나 하나의 생명체로 탄생하려면, 생물학적으로 '정자와 난자가 결합'해야 하지만, 남자가 생산하는 정자는 난자를 향해 돌진하는 매우 활동적인 것이다. 그래서 정자를 산출하는 남자는 정자처럼 활동적이고 능동적이며 생명력이 강하고, 마치 생명 창조자인 것처럼 간주된다. 그에 반해 여자가 생산하는 난자는 제자리에서 정자를 기다린다. 그래서 난자는 활동성이 결여되며, 난자를 산출하는 여자 또한 난자처럼 수동적이고 고요하며, 단지 정액을 살찌게 하는 부차적 가치만을 지닌다고 생각된다. 정자와 난자의 활동성의 정도에 비추어, 아리스토텔레스와 헤겔을 비롯한 서구 철학자들은 남성에 비해 여성이 열등하다고 주장해왔다.

그러나 난자가 없으면 생명체 탄생은 불가능하다. 남성이든 여성이든 모두 '정자와 난자의 결합' 없이는 생겨날 수 없다. 그러므로 아무리 능동적인 남성도, 아무리 수동적인 여성도 두 요소의 결합체며, 두 요소를 모두 지니고 있다. 결합 재료와 질료 차원으로나 우생학적으로나, 남성이 여성보다 우월하다고 말할 수 있는 근거는 없다. 게다가 정자와 난자의 활동 및 성분을 분석해보면, 난자 또한 본질적으로는 원소며 그 핵의 활동에서는 능동적이다. 표면상으로만 수동적으로 보일 뿐이다.

발생학적 측면에서도 두 성의 수태 과정과 태아 초기의 성장 과정은 동일하게 진행된다. 남성과 여성은 동일한 세포에서 진화해왔고, 배아 상태의 태아가 성장하는 과정에서 핵 현상도 유사하다. 게다가 수태 이후 14일까지 배아는 남성과 여성의 구분이 나타나지 않는다. 14일이 지나서야 남아인지 여아인지, 아니면 쌍둥이로 분열될 것인지가 결정된다. 이런 구분은, 정자와 난자가 결합할 때부터 영향을 미치는 수태 조건에 따라 달라진다. 따라서 생물학적 요인뿐만 아니라 환경적 요인이 남성과 여성을, 남성성과 여성성을 결정하는 중요한 요인인 데도 불구하고, 생물학적 조건에 지나치게 치중하는 사람들은 환경적 요인을 간과하거나 무시해왔다.

환경적 요인의 중요성을 천명할 때, 인간 이외의 다른 종을 예로 들면 논증력과 설득력을 높일 수 있다. 가령 개미와 꿀벌은 유충 상태에서는 아직 성이 결정되어 있지 않다. 암컷으로 만들 것인지, 아니면 성적 성숙을 저지시켜 일개미, 일벌, 수컷으로 만들 것인지는 군 집단의 사회적 조건을 파악하고 있는 성충 개미와 성충 꿀벌이 집단의 상황을 고려하여 결정한다. 출산을 담당하는 암컷으로 만들기로 작심하여 선택된 유충에게는 다른 유충과 달리 특별한 영양식이 주어진다. 벌은 출산을 담당하는 여왕벌에게만 로열 제리를 주며, 로열 제리가 지닌 고농도의 영양분은 여왕벌을 일벌과 달리 신체도 우람하고, 죽을 때까지 출산을 할 수 있는 암컷을 길러내는 힘이 된다. 로열 제리를 공급받지 못한 벌들은 일벌과 수컷으로 키워진다.

인간과 다른 종의 생물학적 성 구별은 사회적 조건과 영양 상태라는 환경적 요인에 의해 좌우된다. 그러므로 생물학적 성 구별은 선천적인 것이 아니며, 후천적 환경적 요인의 영향을 받는다. 생물학적 조건으로는 여성이 타자임을 명확하게 입증할 수 없다.

생물학적 요인 이외에도 여성이 타자라는 근거를 제시하는 "정신분석학적 견해"는 프로이트가 주창한 리비도(성적 충동)의 강도와 페니스 소유 여부를 강조한다. 남성은 여성보다 성적 충동이 강하며, 특히 유아기 때 남아에게 나타나는 리비도의 강렬함이 남성의 능동성과 사회성 발달의 기제가 된다는 것이다. 그리고 여성은 성적 충동이 약하며, 그래서 소극적이라는 것이다. 이에 대해 보부아르는, 인간들이 유아기의 리비도 내지는 그로 인한 콤플렉스를 과연 얼마나 기억하고 있는가라는 의문을 던진다. 게다가 여성의 성욕과 쾌감 지수 또한 상당히 높으며, 여성에게는 질 쾌감 이외에도 클리토리스 쾌감도 중요하다고 본다. 그러나 후자를 과소 평가하는 경향 때문에, 여성에 대한 이해가 불충분하고 왜곡될 여지가 높다. 보부아르가 보기에, 정신분석학적 견해에서 더더욱 문제가 되는 것은 '인간을 가장 인간답게 하는 실존적 자유와 자기 초월'을 성욕으로 환원시켜 설명하는 지엽적 태도다. 사르트르의 주체관에 비추어 본다면, 성적 충동을 인간 이해의 결정적 요인으로 간주하는 것 자체가 주체성을 포기하고 타자로 전락하는 태도다. 남성이 지니는 '이성적 존재자'의 측면과, 자유로운 자기 선택과, 미래로부터 오는 충격에 의한 자기 발전 및 초월은 성적 존재자 내지는 프로이트의 성적 충동으로는 설명되지 않는다. 사르트르의 마조히즘과 사디즘에서처럼 실존적 자유가 성적 태도와 연관성이 있다 해도, 성욕과 실존을 등치시키는 것은 잘못이다. 인간 관계를 성적 태도와 유사하게 설명할 수는 있다 해도, 사르트르의 인간 관계는 기본적으로 이성적 관계이기 때문이다.

그리고 여성은, 페니스가 없기 때문에, 성적 충동과 성적 심정을 조절하지 못하면 페니스가 거세될지도 모른다는 거세 콤플렉스가 발생하지 않으며, 게다가 성장 과정에서 페니스 선망 태도가 나타난다는 프로이트의 주장도 비판하는 보부아르는, 페니스 부재에 대한 애석함이 3세 이후의 '페니스 선망'으로 전개되는 것은 아니라고 본다. 실제로 소녀들은 남성의 페니스를 보면서 '혹'이나 '툭 부러질 것 같은 살막대'라는 생각을 갖기도 하고, 페니스에 대한 징그러움이나 무관심을 노골적으로 드러내기도 한다. 따라서 성적 충동의 강도와 페니스 소유 여부를 통해서 '여성이 타자'임을 입증하려고 하는 관점 또한 정당성을 확보하기가 힘들다.

여성을 타자로 만드는 세 번째 관점인 "유물 사관의 입장"에서는 인간을 역사적 존재로 간주한다. 이것은, "인간은 사회적 역사적 조건과 계기들에 의해 형성되는 실존적 존재"라고 보는 보부아르의 주장과 배치되지 않는다. 두 주장에서 동일하게 중요한 것은 과거를 단순히 답습하지 않고, 미래로부터 오는 변신을 꾀한다는 점이다. 이렇게 해서 구성된 인간 사회는 반자연적이다. 인간은 자연을 있는 그대로 수동적으로 수용하지 않고, 자신에게 맞도록 개조하고 변형시키는 역사적 존재다. 그러므로 여자 또한 '난소와 자궁'이라는 생물학적 성을 가진 유기체로만 한계지워서는 안 된다. 유물 사관을 펼친 엥겔스는 『가족의 기원』에서 이런 측면을 '경제적 사회적 관계'에 따라 달라지는 '여성의 육체에 대한 해석'을 통해 보여준다. 신체적으로 여성은 남성보다 약하다. 여자의 육체적 연약성은 야수를 사냥해야 하는 시절에는 여성의 약점으로 간주되었고, 마치 이것이 여성의 열등성을 입증하는 것처럼 보였다. 그러나 인간은 지속적인 기술 개발을 통해, 육체적 힘의 강도가 지닌 중요성을 여지없이 무력화시킴으로 해서, 총알 한 발, 버튼 한 개에 의해 야수를 극복할 수 있게 되었다. 기술 개발에 따른 생산력 증진과 경제적 성장이 여성의 약점을 보완함으로 해서, 여성도 야수를 사냥하는 부류에 합류하게 되었다. 이런 방식으로 사회 경제적 변천에 따라 인간, 특히 여성에 대한 이해와 평가가 달라지는 역사적 시각이 중요하다.

그러나 근본적으로 인간의 총체적인 모습은 기술 개발과 그로 인한 경제적 토대의 변화로는 설명되지 않는 측면들이 있다. 여성들은 그런 문제 이전에도 '타자', 그로 인한 '종속과 지배' 문제 때문에 시달려 왔다. 그런 문맥에서 프로이트의 성적 일원론도 엥겔스의 경제적 일원론도 여성의 타자화를 완전히 설명하지 못하기 때문에 보완해야 할 여러 문제점을 지니고 있다. 엥겔스식 해석을 받아들이면, "기술 개발이 이루어지지 않았다면 여성이 힘의 열세 때문에 열등하다"는 주장이, 그래서 "여성은 타자다"라는 주장이 정당한 것으로 받아들여질 위험이 있다. 그러므로 남성과 여성을 단순히 힘의 우위를 가지고 평가하는 태도 자체가 잘못된 것이다.

그리고 엥겔스의 또 하나의 문제점은, 여성이 남성에게 예속되고 여성 불평등이 생겨나는 것은 사유 재산 제도의 발생과 자본주의의 대두 때문이라는 주장이다. 그러나 역사를 거슬러가 보면, 여성은 사유 재산 제도와 관계없이 언제나 남성에게 예속되고 부당한 대우를 받아왔다. 여성의 타자화와 예속은 경제적 조건으로만 설명할 수 없는 그 어떤 것이 있다. 달리 말하면 육체적 힘의 문제 이전에, 경제적 관계 문제 이전에, 인간에게는 근원적으로 '타자 범주'와 '타자에 대한 지배 의지'가 있으며, 이것을 바꾸어 생각하면, '타자가 되지 않으려는 주체 의식'과 '자기 초월적인 실존적 하부 구조'가 있다는 것이다. 이것은 우회적으로는 생물학적, 정신분석학적, 유물론적 측면들과 모두 연관되어 있지만, 세 가지 관점 중의 한 관점으로 환원시킬 수 없는 독자성을 지니고 있다. 인간은 타자가 아닌 '주체'가 되고자 하는 욕구가 있으며, 이를 실현하기 위한 기도 속에서 타자화를 거부한다.

6. 여성은 타자가 아니다

여성을 타자로 규정한 이론들이 정당성을 지니지 못한다는 것이 밝혀졌으므로, 이제 다음처럼 말할 수 있다. "여성은 타자가 아니다." 여성은 '타자'가 아니라, 역사적 전개 속에서 "타자로 길러져온 것"이다. 인간은 역사적 존재라서, 사회와 역사의 변천을 통해 얼마든지 변화될 수 있고, 얼마든지 새로운 모습을 형성할 수 있다. 그래서 여성 또한 주어진 상황에서 자신을 스스로 만들어가고 변화시킬 수 있는 가능성을 지닌다. 여성에게 본질적인 것은 출생 시에 이미 결정된 채 주어진 것들이라고 하지만, 그런 결정성과 소여성은 단지 역사적 과정 속에서 여성에게 덧씌워진 것이다. 그러므로 여성은 타자가 되기를 거부해야 한다.

이때 타자가 되는 것에 대한 거부는 자신뿐만 아니라 타인에게서도 마찬가지로 이루어져야 한다. 자신이 주체로 서고 주체로 인정받는 것은, 타인 또한 주체이고 주체로 인정받는 구조에서야 비로소 참되게 실현되기 때문이다. 게다가 여성들이 타자이기를 거부하기 위해서는 여성을 타자로 만든 기존 사고와 사회 구조를 갱신해야 하는데, 이것은 여성들이 연대하여 집단적 저항을 할 때 가능해진다. 연대하는 여성들 안에서 만약 앞서와 같은 '주체-타자' 관계가 재현된다면, 연대하는 의미가 사라진다. 그러므로 한쪽이 다른 쪽을 일방적으로 억압하거나 강요하는 타자화 구조를 벗어나서 인간 모두가 '주체-주체 구조'를 이루어야 한다. '인간 모두가 서로 주체임을 인정하는 상호 주체적 인간'이 바로 여성들이 꿈꾸는 모습이다. 그러므로 여성들이 연대할 때, 만약 사르트르가 말한 주체-타자 구조를 고수한다면, 연대 가능성은 전적으로 상실된다. 사르트르의 관점을 그대로 고수하면, 그의 주체관을 모델로 삼고 있는 보부아르 또한 사르트르가 지닌 한계에 발목잡힐 위험이 있다. 여성 모두가 주체로 서기 위한 연대의 길에서 여성은, 서로가 주체임을 인정하는 상호 인정 구조를 형성하면서 서로에게 '자매애'를 느껴야 한다. 그래야 오늘날 남성-여성 관계 속에 만연해 있는 지배-예속적 상황을 벗어날 수 있다.

그리고 하나 덧붙여 주의할 점은, 보부아르가 사르트르의 주체를 중시하다보니 남성화되는 것에만 가치를 부여하고 여성적 특징들은 무시하는 경향이 있다는 점이다. 이것은 여성을 무시하는 결과를 낳을 위험이 있다. 그러므로 주체-주체 모델과 더불어 '남성적 특징'과 '여성적 특징' 모두를 소중히 여기는 태도를 지녀야 한다.

□ 생각해볼 문제

⒈ 아버지는 무서운 사람이고, 어머니는 부드러운 사람인가? 일반적으로 아이가 말을 듣지 않을 때, 어머니는 아이를 달래다가 나중에는 "아버지에게 이를 거야!"라든지, "저녁에 아버지가 오면, 너 혼날 줄 알아!"라는 식으로 말한다. 이것은 아버지(남성)가 어머니(여성)보다 더 힘이 있고 더 높은 위치를 차지하고 있음을 의미하는 것이 아닐까?

⒉ 집안 일을 도맡아 하며 소소한 결정을 내리는 사람은 주로 어머니(여성)다. 그러나 집안 대사를 결정할 때는 아버지(남성)의 의견이 더 영향력을 가진다. 여성은 대사(大事)를 결정할 만한 주체적 능력이 없어서 이런 일이 일어나는가? 여성은 남성의 주체적인 결정에 따라야 할 만큼 이성적 결단력이 부족한 타자인가?

⒊ 남성과 여성의 능력은 다른가? 남성이 잘할 수 있는 일과 여성이 잘할 수 있는 일은 다른가? 남성은 사회 활동에 적합하고, 여성은 가사 노동과 육아에 적합하다고 흔히들 생각한다. 그래서 사회에서 뛰어난 능력을 발휘하는 여성이 있어도, 여성이 요직에 앉거나 그룹의 리더가 되는 것에 대해서는 불신을 드러낸다. 그러나 독자적으로 벤처 사업을 이끌어 성공한 여성이 있는가 하면, 유능한 요리사가 된 남성도 있다. 그렇다면 지금까지 집안 일에만 묶여 있던 여성은 남성 사회로부터 배제되고 타자화되어 왔던 것은 아닌가?

□ 더 읽어야 할 책

▷ 장 폴 사르트르, 『존재와 무』, 삼성세계사상

인간 삶에서 나타나는 불안을 심층적으로 분석하는 가운데, 존재의 의미를 탐구하는 실존주의의 고전이다. 인간 실존을 존재 이해와 존재의 본질 이해의 수단으로 삼던 태도를 비판하고, 실존은 본질에 앞선다라는 주장을 통해 기존 형이상학을 재해석한다.

▷ 시몬느 드 보부아르, 『제2의 성』, 을유문화사

여성을 타자로 만드는 이론들과 여성에 대한 일상적 편견을 집대성하고, 그에 대한 무근거성을 문학적 필체를 사용하여 비판한다. 여성 또한 실존적인 주체로서 자기 초월을 할 수 있는 존재임을 밝힌다.

▷ 공지영, 『무소의 뿔처럼 혼자서 가라』, 푸른숲

남성 중심적 사고 방식과 생활 방식 때문에 결국 불행해지는 세 명의 여성들의 고뇌와 그 극복 과정을 그린다.

▷ 헨릭 입센, 『인형의 집』

인형처럼 살던 로라가 어느 날 자아를 갖게 되면서, 자신의 삶의 방식을 거부하는 내용이다. 로라는 자신을 인형으로 만들어서 주체성을 상실하게 하는 남편에게 과감하게 반기를 들면서 자신의 자립성과 가치를 강조하고 집을 뛰쳐나온다.

제5장

남근중심주의 신화와 상징

□ **주제어**

유아 성욕, 남근 선망, 오이디푸스 콤플렉스, 거세 콤플렉스, 리비
도, 무의식, 도덕적 초자아, 상상계, 상상계적 유토피아, 상징계, 상
징적 질서, 팔루스

1. 왜 프로이트가 문제인가 : 남근중심주의 신화의 기원

옛날 선사 시대 유물을 보면 이 유물들은 대개 생명의 신비
와 암암리에 연관되어 있다. 동서양을 막론하고 남성의 힘의
상징인 거대한 남근(男根) 석상이 도처에서 발견되고, 또 풍요
와 생산을 상징하는 배가 부른 돌로 된 여신상도 볼 수 있다.
선사 시대에는 남성, 여성의 성적 특성과 상징의 조형물이 둘
다 나타나는데, 역사를 거듭하면서 유독 남근 석상에서 비롯되
는 남성성이 부각되는 것은 왜일까. 배부른 여신상들은 다산을

기원하는 소망 말고는 다소 우스꽝스러운 모습으로 사람들에게 비쳐질 뿐이며, 신비롭거나 권위의 상징으로 각인되어 오지는 않은 듯하다. 반면에 육중한 남근석에 대한 숭배는 각 지역마다 약간 다른 모습으로 변형되어 꾸준히 있어 왔다. 우리나라에서도 예로부터 아들을 낳으면 대문에 빨간 고추를 주렁주렁 매다는 풍습이 있었다. 남근 숭배에 대한 역사적 전통이 꾸준히 진행되어 왔다는 증거다. 현대 산업 사회의 문화에서 남성 성기에 대한 즉물적인 숭배와 우상의 풍습은 직접적으로 나타나지 않고, 상징적인 의미로 더 깊숙이 자리하고 있다.

그렇다면 남성과 여성은 성기의 형태로, 생물학적으로 해부학적으로 원래 구분될 수밖에 없는 것일까? 생물학적 남성, 여성의 구분이 남성성, 여성성의 심리 형태에도 그대로 적용된다고 보아야 할까? 남성성, 여성성의 심리 형성은 어떤 식으로 이루어지는 것일까? 아이가 태어나서 가족 속에서 성장할 때 아들은 어머니와 친하고, 딸은 아버지에 더 애착을 보일 경우가 종종 있다. 그것을 우리는 최근 들어 흔히 '오이디푸스 콤플렉스'에서 비롯되는 현상이라고 자주 들어왔다. 이러한 현상이 인류 전 역사에 걸쳐 보편적으로 일어난다고 보기는 어렵지만, 근대 산업화 이후 핵가족 제도가 정착되면서 가족 구성원들간의 관계를 남성성, 여성성의 기제로 풀어서 설명할 때는 일견 타당해보이기도 하다. 이처럼 가족 구성원 속에서 남성성과 여성성의 성 심리가 발달한다는 것을 최초로 주목한 사람은 바로 오스트리아 비엔나의 정신분석학자인 지그문트 프로이트(S. Freud)다.

꿈의 해석, 무의식과 리비도 등의 개념은 프로이트를 대변하는 얼굴이다. 프로이트의 유아 성욕, 남근 선망, 오이디푸스 콤플렉스 등의 개념은 신성한 학문의 영역에 하나의 스캔들이 되기까지 하였다. 그러나 무엇보다도 페미니즘에서 프로이트 이론은 결코 간과할 수 없는 영역이 되었다. 남성과 여성의 문제에서 특히 남성성과 여성성이라는 성 심리의 문제에서 프로이트는 하나의 고전이 되었다. 아마도 이제까지 서양철학에서 다루어왔던 인간(Man), 남성도 아닌 여성도 아닌 탈성화된 중성적 보편자인 인간에 — 그러면서도 암암리에 이 보편적 인간에 남성만 포함시켰던 — 남성, 여성의 성을 찾아준 사람이 프로이트일 것이다. 더욱이 프로이트는 근엄한 철학사적 풍경 속에서 사소한 영역인 가족의 문제를 인간의 본질 규명에 주요 변수로 놓음으로써 여성 억압에 관한 새로운 통찰력을 제공한다.

프로이트가 페미니즘 혹은 남성 / 여성 문제에 우선 결정적으로 기여한 점은 남성성과 여성성의 성 심리 발달은 어떻게 다른가를 고찰했다는 데 있다. 남성과 여성은 생물학적으로 다른 성기를 갖고 태어나지만, 남성성과 여성성이 형성되는 것은 생물학적 특성보다는 그것에 의해 야기되는 성 심리가 어떻게 발달되는가에 따라 달라짐을 보이는 것이다. 그래서 프로이트는 생물학적 결정론을 피해가는 듯했으나, 결과적으로 성 심리 발달을 성기 중심으로 환원시킴으로써 생물학적 결정론으로 환원하고 말았다. 이제 그가 가족 생활 속에서 어떻게 남성성, 여성성의 성 심리를 획득하게 되는지 그 과정을 살펴보기로 하자. 물론 이때 가족의 모델은 유럽 20세기 초반의 부유한 중산층의 전형적인 핵가족이다. 그러니까 이 모델은 근대 자본주의 문화를 공유한 가족의 모델이다.

프로이트 이론이 20세기초 학계에 엄청난 반향을 일으킨 것은 특히 「성적 이상」, 「유아의 성욕」 그리고 「사춘기의 변화들」이라는 논문이 수록된 『성욕에 관한 세 편의 에세이』(1905) 저서에서 비롯된다. 프로이트는 이 에세이에서 유아의 성적 충동이 특별히 외적 자극 없이도 어린이들에게서 정상적으로 작동하는 것이라는 견해를 밝혔다. '성적 욕망'이 자아 형성에서 중요한 기제로 작용하며 더욱이 남성성, 여성성 형성에 핵심적임을 밝혔다. 이 초기 저작은 해를 거듭하면서 다소 수정을 거듭하였다.

프로이트의 남성성, 여성성 개념 형성에서 결정적인 저작은 비교적 후기에 저술된 두 논문이다. 프로이트는 그의 유명한 두 논문 「오이디푸스 콤플렉스의 해소」(1924)와 「성의 해부학적 차이에 따른 심리적 결과」(1925)에서 남아와 여아가 어떻게 남자 어른의 심리, 즉 남성성, 여성성을 획득하게 되는지를 잘 밝히고 있다. 이때 프로이트가 만들어낸 주요 개념으로는 오이디푸스 콤플렉스, 거세 콤플렉스, 남근 선망(penis envy), 초자아의 형성 등이 있다. 여기서 오이디푸스 콤플렉스는 프로이트가 그리스의 3대 비극 작가 중의 한 사람인 소포클레스의 비극 가운데 '오이디푸스왕' 이야기에서 소재를 따온 것으로, 이성 부모에게 느끼는 자식의 근친 상간적 심리 욕구를 나타낸다. 프로이트는 어린아이가 성장 과정에서 오이디푸스 콤플렉스를 어떻게 극복하는가에 따라 남성적 심리와 여성적 심리가 결정적으로 형성된다고 보았기에, 오이디푸스 콤플렉스는 남성성, 여성성 형성에 가장 핵심적인 개념이 되었다. 프로이트는 전성기기에서 성기기의 전반부(3~5세) 그리고 잠복기를 거쳐 사춘기로 가는 과정에서 남아와 여아의 성 심리 발달 과정을 다르게 그리고 있다.

우선 남아의 경우를 보자. 남아는 전성기기에서 성기기로 들어가면서 그 이전에 형성된 어머니에 대한 밀착된 관계를 지속한다. 더 나아가 이러한 어머니에 대한 친밀감은 더 강해져서 아버지를 자신의 경쟁 상대로 여기게 되면서 오이디푸스 콤플렉스를 겪는다. 그런데 남아는 여아와 달리 자신의 성기가 잘릴 것이라는 위협에 자주 직면하면서 거세 공포에 시달리게 된다. 이 위협은 처음에는 잘 먹혀 들어가지 않지만 자기 또래의 여자아이나 여동생의 성기를 우연히 목격하고, 그것이 거세된 것으로 생각하면서 거세 공포는 위력을 발휘한다. 거세 공포에 직면한 남자아이는 어머니에 대한 성적 충동을 거두고 아버지의 권위에 굴복하면서 초자아를 형성해나간다. 이러한 프로이트의 설명은 대단히 성기 중심적이다. 더욱이 남성은 성기가 있는 것으로, 여성은 성기가 부재하는 것, 거세된 것으로 간주한다. 여기서 이제 여아에게는 남아에게 없는 특이한 심리인 '남근 선망'이 생겨난다.

여자아이는 남자아이의 성기를 본 후 자신에게 페니스가 없다는 것을 알고 '페니스 선망'에 빠지며 여기서 남성 콤플렉스도 발생한다고 프로이트는 설명한다. 페니스 선망 개념은 특히 많은 페미니스트들에게 거부감을 불러일으키는데, 이러한 도식 자체에는 이미 남근 중심적인 프로이트의 가정이 깊게 깔려 있기 때문이다. 페니스 선망 개념은 더 나아가 여아의 성 정체성과 자아 형성에 결정적인 영향을 끼치는 것과 연결된다. 프로이트는 여아가 페니스 결여 때문에 남성 콤플렉스에 걸려 여성을 경멸하고 남성적인 활동을 지향하려고 하며, 어머니에 대한 초기 사랑의 감정이 질투와 미움으로 전이된다고 본다. 그래서 전성기기 때 남아나 여아나 똑같이 어머니에게 의존적이던 경향이 여아에게는 아버지에게로 향하게 되어 여아의 오이디푸스 콤플렉스는 아버지의 아이를 갖고 싶어한다는 갈망으로 나타난다는 것이다. 남아와 달리 여아에게는 거세가 이미 일어난 사건으로 보기 때문에 거세 공포가 이미 배제되어 초자아 형성이나 생식기 조직화가 일어나는 강력한 동기가 없다고 설명한다. 이 때문에 여아는 남아보다 훨씬 더 약한 초자아 형성의 동기를 가질 수밖에 없으며 언제나 여아는 작은 남자로만 남을 뿐인 것으로 그려지고 있다.

이러한 프로이트의 설명은 물론 그 당시 19~20세기까지 강력하게 작동하고 있는 서양 유럽의 가부장제 가족 문화를 중심으로 한 것이다. 그러면서도 신경증적, 히스테리적인 정신 이상의 치료에서 '성'의 역할이 차지하는 비중의 중요성을 임상 치료를 통해 증명하려고 한 프로이트의 정신분석학 이론은 문명 속에서 억압되고 은폐된 욕망의 현주소를 밝혀주고 있다. 특히 가부장제 문명권 속에서 성적 기호의 '억압'과 '은폐'의 기원에 대한 천착은 여성 문제에 상당한 시사점을 주고 있는 것이 사실이다.

물론 프로이트의 이러한 이론이 범세계적으로 특히 동양 문화권에 어느 정도 설득력이 있는지를 정확히 가늠할 길은 없다. 그러나 우리도 어렸을 때 특히 할아버지들이 손자의 '고추'를 만져보면서 남자아이에게 암암리에 남성 성기가 힘의 상징이 된다는 것을 과시한 광경을 자주 보아왔다. 또 할머니들은 남자아이들이 여자들이나 들락거리는 부엌에 들어오면 '고추 떨어진다'고 하면서 남성이 여성들만의 영역에 오는 것을 금기시하고 남성 성기를 신성시해왔다. 이러한 경험을 미루어볼 때 우리 문화권에서도 확실히 남성 성기는 어렸을 때부터 남아, 여아의 경험에 특별한 의미로 각인되어 왔음을 짐작할 수 있다. 이처럼 세계 문화권 도처에 퍼져 있는 가부장제 문화의 한 중요한 기호가 남근에 대한 숭배라는 것을 프로이트는 간접적으로 증명한 셈이다.

이러한 프로이트 이론은 후에 많은 페미니스트들에게 긍정적, 부정적으로 상당한 영향을 미쳤다. 남성성, 여성성의 성 심리 발달 과정을 무의식, 리비도, 오이디푸스 콤플렉스 등으로 설명한 그의 이론에서 가장 논쟁거리가 되는 것은 프로이트가 과연 남근 중심주의에서 한 발짝도 벗어나지 않았는가 하는 점이다. 예를 들면 남근 선망, 오이디푸스 콤플렉스 개념 등은 그 당시 가부장제 사회를 정당화하기 위한 프로이트의 심리가 무의식적으로 반영된 것인지, 아니면 프로이트가 가부장제 사회가 형성된 기원을 단순히 설명하려는 의도에서 이러한 개념들을 사용한 것인지는 여전히 논쟁거리로 남아 있다.

2. 라캉의 프로이트 계승과 발전 : 상상계와 상징계

남근중심주의, 남근 신화의 기제가 인류를 통해 지속적으로 작동해왔음을 현대를 사는 사람들은 별로 부인하지 않을 것이다. 그럼에도 불구하고 이러한 기제가 인류 문화, 사회 제도를 통해 자아정체성과 사회, 제도적 가치관 형성에 어떻게 끊임없이 작용해왔는가는 여전히 수수께끼로 남아 있었다. 가부장제의 기호가 삶의 세부적이고 미묘한 부분에 이르기까지 여러 모습을 바꿔가며 꾸준히 살아남을 수 있었던 것의 원인은 무엇일까. 이를 마르크스적 페미니즘에서 설명하듯이 단순히 경제적인 설명, 즉 생산 수단을 점유한 남성에 의한 모계 사회의 폐지 그리고 부권 사회의 성립만으로 설명할 수 있을까. 더군다나 현대 후기 산업 사회의 대단히 복잡 미묘한 구조 속에서 이러한 경제적인 설명에 치중한 부권 사회의 존속의 이유를 복합적으로 캐내기는 어렵다. 이런 면에서 다양한 문화적, 심리적, 이데올로기적 기제로 문제를 풀어가야 할 것이다. 라캉의 이론은 이러한 의문에 상당한 정도로 대답을 제공한다.

라캉(J. Lacan)의 이론이 페미니즘에 끼친 영향은 프로이트만큼이나 크다. 프로이트의 이론이 남성, 여성의 문제 해명에 공헌한 면과 또다시 남성 중심주의로 회귀해버리고 만 면을 서로 무게를 달아보면 어느 쪽이 더 무거울까. 생물학적, 심리학적 조건과 사회 제도적 상징적 의미가 서로 밀착된 관계에 있고, 특히 프로이트의 오이디푸스 콤플렉스, 남근 선망 등의 개념을 사회 제도, 권력, 법적 장치의 상징적 의미로 읽어낸 라캉은 프로이트의 정신분석학을 언어, 상징의 문제와 연관시킴으로써, 흔히 프로이트가 빠졌다고 하는 생물학적 결정론이나 생물학주의에서 벗어났다고 평가된다. 특히 라캉은 프로이트의 무의식을 언어, 상징의 틀로 해석하려는 강력한 동기를 철학의 출발점으로 갖는다.

라캉의 철학 이론이 프로이트에게서 강하게 영향을 받은 것은 자아 형성의 모델에서 분명하게 드러난다. 프로이트의 오이디푸스 콤플렉스, 거세 콤플렉스 등의 주요 개념이 라캉에게도 유효하게 쓰인다. 그러나 프로이트와 라캉의 차이는 자아, 주체, 성이 형성되는 과정에서 단적으로 드러난다. 프로이트에게서 자아, 주체, 성이 생물학적, 심리학적 발달 과정에 따라 형성된 자연적 결과라면, 라캉에게서 자아, 주체, 성 등은 사회적으로 생산된다. 즉, 라캉에게는 분명 구조주의의 영향과 면모가 뚜렷하게 보인다. 라캉에게서는 근대 주체의 통일되고 완성된 동일성을 지닌 자아의 모습은 없다. 자아가 유아기 때부터 형성되는 것이라는 측면은 프로이트와 공통적이지만, 이 자아가 형성되는 과정은 프로이트와 차이가 있다.

프로이트에게서는 주체, 자아가 남아, 여아로 분명히 생물학적으로 나뉘어 있고, 남자아이로서의 주체, 자아를 중심으로 하여 여아의 설명이 부차적으로 부가된다. 또 페니스의 유무에 따라 남아, 여아가 뚜렷하게 구별된다. 도덕적 초자아의 경우에도 남아는 이러한 도덕적 초자아를 지닌 자로, 여아는 이러한 자아의 결여태로 설명된다. 확실히 프로이트는 남성중심주의, 남근중심주의를 전제하고 있다.

프로이트와 다르게 라캉에게서는 생물학적으로 결정된 자아는 없다. 라캉은 남성이 도덕적으로 완성된 초자아이고, 여성이 그에 비하면 결여태라는 것을 전제하지는 않는다. 자아는 상징화된 기호의 맥락에서 위치지워진다. 라캉에게서 자아를 설명하는 기제는 '욕망' 개념이다. 욕망은 '결핍'을 이미 전제하고 있다. 우리가 무엇인가를 욕망한다는 것은 무엇이 결핍되어 있기 때문에 욕망한다. 라캉이 자아, 주체를 설명하는 주된 기제인 욕망 개념은 근대 철학자 헤겔의 주인과 노예의 변증법에서 타자로부터 자신을 하나의 독립된 주체로 '인정'받기를 원하는 '인정 욕망'과, 프로이트의 무의식 내에 자리하고 있는 삶의 원동력으로서의 '성 충동(리비도)' 개념에서 기원한다. 그러나 라캉의 욕망하는 주체, 자아는 이들의 자아와 다르다.

라캉은 아이가 태어나는 구조 속에 이미 욕망의 기제가 작동하고 있다고 본다. 아이의 탄생은 원초적 동일성으로부터의 '분리'를 의미한다. 분리는 전체성에 대한 상실이고, 이 상실감, 결핍감은 끊임없이 전체성에 대한 욕망으로 지속적인 효과를 발휘한다. 결핍된 존재로서 끊임없이 욕구하는 주체인 라캉의 자아는 자신의 주인이 되어 자신을 지배하는 근대적인 통일된 자아와는 근본적으로 다르다. 이 자아는 의식 외부에 자기도 모르는 '무의식'에 의해 끊임없이 지배당하는 자아다. 프로이트의 무의식의 막강한 힘을 인식한 라캉에게서 자아는 늘 틈이 있고 분열되어 있다. 이러한 자아의 기본 구조에 대한 이해를 통해 라캉의 자아형성론을 살펴보고 이 이론이 페미니즘에 미친 영향을 가늠해보아야 할 것이다.

자아가 형성되는 첫 번째 단계의 영역을 라캉은 '상상계'로 부른다. 이 시기는 다른 이름으로 거울 단계라고 불리기도 한다. 이 기간을 라캉은 생후 6개월부터 한 18개월 정도로 상정하고 있다. 처음 태어나 아직 말을 배우지 못하고 신체적으로도 완전히 단련하지 못한 어린아이는 자기가 처음 대하는 대상, 즉 어머니 혹은 유모 등을 자기와 동일시한다. 이는 마치 어린아이가 처음에 거울을 대할 때 거울 속의 나와 거울 밖의 나를 구별하지 못하고 똑같이 생각하는 것을 연상하면 된다. 아직 언어의 질서를 습득하지 못한 유아는 세상과 일정한 거리 속에서 자신을 들여다볼 수 없다. 다시 말하면 아직도 자기를 돌보아주는 어머니로부터 분리를 겪지 않은 원초적인 동일성의 상태에 빠져 있는 단계다. 이 시기에 유아는 아직 자아를 형성하지 못한, 어머니와 밀월 관계에 놓여 있다. 이 시기는 마치 프로이트의 전 오이디푸스 단계와 유사한 단계라 할 수 있다.

이때 유아는 아직 자아를 형성하지 못한 단계로 이 자아는 자신과 타자를 구별하지 못함으로써 상상적 질서 속에 빠져 있다. 유아는 여전히 어머니와 자신을 동일시한다. 이를 라캉은 유아가 타자와 자신을 동일시하는 식으로 완전히 오해를 하고 있다는 '오인의 구조'로 설명한다. 즉, 유아는 세상의 객관적인 구조와 질서를 전혀 모른 채 전적으로 상상의 질서 속에서 안착해 있을 뿐이다. 유아가 타자를 자신으로 오해함으로써 이 유아는 상상의 질서 속에서 '상상적인 자아'를 만들어내고 있다.

이러한 오해에서 비롯된 오인의 구조는 전적으로 자아가 타자로부터 소외되어 있는 결핍의 구조다. 이 오인의 구조는 아이가 동일성만이 지배하는 상상계의 질서와 전혀 이질적인 질서인 상징계와 만나면서부터 깨진다. 이러한 이질적인 질서의 개입, 침투는 '언어'를 통해 이루어진다. 라캉이 상상계의 단계를 18개월 정도로 상정한 것도 아마 아이가 이 무렵부터 말을 막 배우기 시작한 때문일 것이다.

이러한 자아는 라캉에게서 상상계적 질서와 다르게 이미 존재하고 있는 상징계적 질서의 간섭에 의해 파괴된다. 상상계적 질서에 침투해 들어와 그 질서를 파괴하는 것은 '아버지의 이름'에 의해서다. 이러한 아버지는 '법'의 이름으로 또 '팔루스 (Phallus)'의 상징으로 등장한다. 아버지의 법, 제도에 의해 형성된 세계가 바로 '상징계'다. 팔루스는 아이가 자기의 욕망, 어머니를 독점하려는 욕망을 금지시킨다. 여기서 어머니와 아이의 거울 관계는 깨어지고 팔루스, 즉 아버지의 장소의 등장으로 아이는 현실 세계로 편입된다.

라캉의 '팔루스'는 페미니스트들에게 종종 오해와 분노를 상당히 불러일으킨 개념이다. 그렇다면 프로이트의 페니스와 라캉의 팔루스는 어떻게 다른가. 단적으로 팔루스는 페니스가 아니다. 팔루스는 생물학적인 신체 기관을 의미하는 것이 아니다. 팔루스는 상징적인 것으로 특권을 부여받은 기표다. 팔루스는 상징계에서의 권력, 법으로 기능한다. 그런데 라캉의 주체가 근대적인 통일된 주체가 아니라 결여와 욕망의 구조를 지닌 분열된 주체이기 때문에, 팔루스는 남아든 여아든 도달할 수 없는 큰 타자로서의 권력을 상징할 뿐이다. 팔루스는 남근의 상징이기는 하나, 생물학적으로 남성이라고 해서 팔루스를 소유하는 것은 아니다. 남아든 여아든 팔루스 앞에서 결여의 인식을 갖는다. 이 면에서 프로이트보다는 라캉이 훨씬 더 페미니즘적 해방의 비전에 많은 시사점을 던져준다고 상당수의 페미니스트들은 평가한다. 팔루스는 생물학적 남성성, 여성성과는 무관한 상징화된 권력의 이름일 뿐이다. 여기서 고정된 주체의 개념은 해체된 것이다. 그럼에도 불구하고 라캉에게서 또 여성은 남성과 다른 모습, 다른 자리로 그려지고 위치지워진다.

3. 남근 신화의 기원에 대한 해체와 대안

프로이트와 라캉의 작업을 통해 정신분석학이 성 정체성, 특히 자아 형성의 과정에서 결코 간과할 수 없는 이론임이 밝혀졌다. 그러나 여전히 우리에게 의문으로 남는 것은 왜 페미니즘은 정신분석학적 기제를 필요로 하는가 하는 점이다. 정신분석학적 기제를 피하고서는 도대체 성 정체성의 문제를 해결할 수 없는 이유는 무엇인가 하는 의문점 하나와, 그럼에도 불구하고 정신분석학적 기제가 암암리에 전제하고 있는 페미니즘에 유해한 요소는 무엇인가 하는 점 두 가지다.

그렇다면 정신분석학적 기제를 활용하면서도 페미니즘에 유해한 면과 유용한 면을 발굴하는 것이 중요한 문제가 아닐까. 정신분석학적 기제는 성 정체성, 자아정체성 형성의 과정을 심리적, 상징적으로 밝혀준 것은 분명하나, 여기에는 그만큼 무시할 수 없는 전제가 있다. 이른바 '남근중심주의 신화'가 그것이다. 프로이트에게서는 악명 높은 '페니스 선망' 개념은 남아, 여아의 어린아이의 성 정체성 형성 과정 설명에서 가장 핵심적인 개념이다. 라캉에게서는 '페니스'가 '팔루스'라는 상징적 의미로 전화하기는 했으나, 여전히 상징계적 질서의 우위에서 자아 형성이 설명된다.

이제 프로이트나 라캉을 통하지 않고서는 성 정체성 형성이라는 비밀의 문에 들어갈 수 없다는 것을 현대 많은 이론가들은 동의한다. 특히 성 정체성 형성을 중심 문제로 삼고 있는 현대 페미니스트들은 프로이트나 라캉의 정신분석학적 이론에 상당한 빚을 지고 있다. 이들의 경향은 대체적으로 정신분석학적 이론을 긍정적으로 보려는 입장과 이를 대단히 비판적으로 수용한 입장 두 가지로 나뉜다. 우선 정신분석학 이론을 긍정적으로 보려는 입장을 검토해보자.

줄리엣 미첼(J. Mitchell)과 낸시 초도로우(N. Chodorow)는 프로이트 이론을 무조건적으로 혹독하게 비판한 이론가들은 아니다. 처음에 프로이트의 정신분석학 이론이 남성중심주의적 신화의 전제를 짙게 깔고 있었기 때문에, 많은 페미니스트들은 정신분석학 이론을 일방적으로 공격하고 비판하거나 이 이론을 아예 외면해버리고 말았다. 그에 비하면 미첼은 『정신분석과 페미니즘』(1974)에서 정신분석의 방법론과 그 성과를 일정 정도 긍정적으로 검토하고 있다. 그렇다고 미첼이 프로이트의 정신분석학의 기본 전제들을 다 받아들인 것은 아니다. 미첼이 제시한 견해 중 주목할 대목은 '전 오이디푸스 단계의 성욕'과 '전 오이디푸스 단계의 어머니와 오이디푸스 단계의 아버지'에서 밝힌 전 오이디푸스 단계가 여성의 성 심리 발달에서 중요한 국면임을 프로이트가 강조한 면이다. 프로이트가 암묵적으로 전제한 남성 중심적 편견으로 인해 어머니와의 밀월 관계를 지닌 전 오이디푸스 단계가 평가 절하되고 그 때문에 전 오이디푸스 단계인 여성적 문화와 오이디푸스 단계인 남성적 문화 간의 대립을 상정할 뿐만 아니라, 전 오이디푸스 단계를 극복한 오이디푸스 단계를 우월한 중심 문화로 간주했다는 것이다.

초도로우는 이러한 미첼의 견해와 궤를 같이 하면서 프로이트 이론을 가장 적극적으로 긍정적으로 검토한 페미니스트일 수 있다. 초도로우는 오이디푸스 단계와 전 오이디푸스 단계로 자아 형성의 과정을 나눈 프로이트의 이론을 긍정적으로 수용하였다. 그러나 페미니스트로서 초도로우가 프로이트 이론을 전적으로 수용한 것은 아니다. 초도로우는 프로이트 이론에 깔려 있는 남근중심주의적 사고를 거두기 위해 전 오이디푸스 단계를 주목한다. 초도로우가 전 오이디푸스 단계에 주목하는 이유는, 전 오이디푸스 단계에서는 남성성, 여성성의 고정된 성 정체성이 분화되지 않고, 양성성의 모습을 지니고 있다는 점에서다. 또 전 오이디푸스 단계에서는 여아가 오이디푸스 단계에서 보이는 어머니에 대한 적대적 감정을 보이지 않기 때문이다. 초도로우의 이러한 작업을 페미니즘에서 긍정적으로 검토할 수 있는 이유는 프로이트의 전 오이디푸스 단계, 오이디푸스 단계 자체의 이원성을 그대로 인정한 상태에서 남근중심주의의 신화의 맹점을 지적할 수 없기 때문이다.

이들과 달리 신프랑스 페미니스트들은 정신분석학 이론에 상당 정도 비판적 수용의 입장을 취하고 있다. 엘렌 시수(Helene Cixous), 뤼스 이리가라이(Luce Irigaray), 줄리아 크리스테바(Julia Kristeva) 등은 오랜 기간 동안 정신분석학적, 심리 언어학적 훈련을 축적한 지적 경험을 갖고 있다. 이들의 작업이 현대 페미니즘 문제에 중요한 역할을 하는 것은 이들이 단순히 프로이트나 라캉의 작업을 계승하고 발전시킨 것이 아니라, 페미니즘적 시각에서 이들 이론을 변형, 비판하고 나아가 해체시키고 있기 때문이다. 즉, 정신분석학과 페미니즘의 만남 자체는 피할 수 없으나 이들은 이 만남 자체를 다른 방식으로 전환시킬 수 있는 가능성을 모색하고 있다. 다음에는 이제까지의 서구의 사유 체계가 남성중심주의, 로고스중심주의임을 통렬히 비판하면서, 페미니즘적 시각에서 새로운 사유의 가능성을 논하고 있는 뤼스 이리가라이의 작업을 통해 정신분석학과 페미니즘의 새로운 접합의 모습을 살피고자 한다.

뤼스 이리가라이는 심리언어학을 전공한 정신분석학자다. 이러한 훈련을 거친 이후에 이리가라이는 이 전공을 무기로 하여 서양철학 전반에 암암리에 깔려 있는 남성중심주의의 전제를 들추어내고 이들 질서의 임의성을 지적한 후, 이 질서를 전복하고 교란함으로써 새로운 질서 형성을 기도한다. 이러한 새로운 질서를 형성하기 위해서는 이전의 남성중심주의, 남성성, 남성적 관점과는 다른 것을 찾아야 한다. 즉, 남성 중심적인 시각으로부터 여성적인 것을 해방시키고, 남성적 관점을 기준으로 해서 남성에 비해 열등하고 부족한, 결핍된 것으로서가 아닌 여성의 관점, 여성적인 것, 여성성을 찾아야 한다. 왜냐 하면 프로이트의 남근 중심적 사고에 따르면 남아만이 오이디푸스 콤플렉스 단계를 극복하고 상징적 질서의 표상인 아버지를 닮아 법이 지배하는 사회의 중심 인물로 등장하고, 반면에 여아는 여전히 페니스 선망의 복잡한 심리 속에서 도덕적 초자아를 형성하지도 못한 채 '작은 남자'로 남성의 결여태로만 남아 있기 때문이다.

이리가라이의 작업은 우선 프로이트 정신분석학에 깔려 있는 남성중심주의적 사고의 시각을 폭로하는 데 있다. 그녀의 기념비적인 박사 논문 『타자인 여성의 반사경(*Speculum of the other woman*)』(1974)은 라캉 프로이트학파로부터 그녀를 즉각 제명시키는 결과를 낳았다. 반사경(Speculum)의 라틴어 어원은 specere로 '들여다보는' 거울을 뜻한다. 반사경이란 원래 산부인과에서 이 반사경(반사경은 산부인과에서 여성의 질 검사에 쓰이는 오목 거울로 된 의학 도구를 가리킴)을 통해 여성의 몸을 검시하는 기구다. 이 기구는 여성의 몸의 구조의 특성을 세밀하게 살피는 여성의 시각이 들어가 있는 한 상징적 틀을 의미한다고 하겠다. 이러한 반사경의 시각을 통해 보면 남성의 시각이 볼 수 없는, 남성의 시각에서 가려진 관점이 드러나게 된다. 이리가라이는 이러한 반사경의 시각을 통해 프로이트가 여성을 비이성적인 존재로, 결핍되고 거세된 남성으로 규정하고 있음을 폭로한다. 앞서 보았듯이 프로이트는 어린 소녀를 독자적인 여성으로 보지 않고, 남성 성기가 거세된 작은 남자로 보았다.

이리가라이가 설정한 '반사경'과 라캉이 유년기 시절에 유아에게 설정한 상상계 단계에서의 '거울'은 서로 다른 기능을 갖는다. 이리가라이에 따르면 라캉의 거울은 남성을 중심으로 하여 남성적 자아만을 비추고 그 자아를 탈출할 수 있는 기제로만 작동할 뿐이며, 이 거울에서 여성의 모습은 그저 남성의 결여태로만 남겨지기 때문이다. 라캉의 경우, 상상계와 상징계는 서로 다른 질서를 갖고 있다. 라캉은 여전히 상징계의 질서를 아버지의 법의 질서로 상정함으로써 프로이트의 남근 중심적 전제를 그대로 답습하고 있다. 프로이트가 상상계의 질서 속에서 소년은 오이디푸스 콤플렉스의 단계를 극복하고 상징계로 진입하지만, 여아의 경우는 모호한 오이디푸스 단계를 거치면서 상징적 질서를 습득하지 못한다고 한 것을 라캉 역시 재현한 셈이 된다. 이리가라이는 프로이트와 라캉의 정신분석학적 기제를 받아들이기는 하되 그 구조 속에서 부차적으로 혹은 결핍된 형태로 된 여성의 특성에 의문을 제기한다. 유아기적인 상상계의 질서를 탈피해서 상징적 질서인 아버지의 법을 습득해야 어른이 되는 경우는 남아의 경우이고, 여아는 여전히 상징적 질서로 진입해도 주변부로, 타자로 남는다면 여성의 고유성을 마련할 틈새를 이리가라이는 오히려 '상상계'에서 마련하려고 한다. 다시 말하면 상징적 질서 이전의 상상계 속에 활용되어 있지 않은 가능성을 여성의 본성과 연결시켜 발굴해내려는 것이다. 서양철학 전반, 서양 사유 체계 전반이 최근 많은 포스트 모더니스트로 불리는 사상가들에 의해 '이성중심주의'라고 불리면서 비판된 적은 많으나, 그 이성중심주의가 알고보니 '가부장제 사유 체계'의 다른 얼굴이었다는 점은 비로소 이리가라이를 위시한 페미니스트들에 의해 밝혀진 셈이다.

그렇다면 왜 이러한 이성중심주의를 가부장제 사유 체계라고 단정할 수 있는가. 이리가라이는 『반사경』에서 남성 중심의 사유가 여성을 어떻게 부정적인 존재인 결여태로 규정하는지를 보여준다. 이리가라이에 따르면, 여성은 남성 주체의 '반사화'에 의해 요구된 부정적인 것이다. 프로이트와 라캉의 이론에서 '거울'은 자아 인식 과정에서 필수적인 것이다. 그러나 이 거울은 가시적인 것만을 비추어줄 뿐이고, 이 거울은 가시적 질서의 중심에 있는 남성을 비출 뿐이지, 여성이 갖는 숨겨진 성적 특수성은 전혀 비추지 못하고 있다. 그 거울 속에서 여성은 남성의 결핍, 부재로만 나타날 뿐이다. 그래서 이리가라이는 프로이트나 라캉의 자아 인식 과정에서 남성만을 비추는 '거울'과는 다른 여성의 몸을 비추는 '반사경'이 필요함을 역설한다. 여성의 몸을 비추어주는 반사경은 남성 중심적인 거울처럼 자기를 반사하는 것과 달리 여성의 몸에 밀착해서 여성의 몸의 특유한 감각을 매개해주는 역할을 한다.

이제까지 서구철학사에서 플라톤을 아버지로 하여 쓰여졌던 남성의 동일성의 거울은 타자를 비추지 못하고 자기 자신만을 비추고 그 자아는 거기에 심취한 나르시수스에 불과한 것이 되어버렸다. 또 거울 이면에서 의식의 내면으로부터 무의식을 길어올렸던 프로이트의 자아의 거울, 그리고 욕망하는 자아가 결여태로서 끊임없이 자신을 채워가기를 갈망했던 라캉의 욕망의 거울은 나르시수스처럼 타자를 수용하지 못한 채 시들어버릴 수밖에 없을 것이다. 남성 중심적인 거울에 비추어질 수 없는 여성의 특수한 몸은 '차이'와 '틈새'를 면밀히 검사하는 반사경에 의해 비로소 생기를 얻게 되고 되살아난다. 이러한 이리가라이의 작업으로부터 우리는 이제 새로운 철학사 쓰기를 할 수 있는 강력한 동력을 얻는다.

4. 새로운 탈주 : 해체와 전복

프로이트에게서 비롯된 정신분석학적 기제는 현대 문화를 이해하는 데 필수적인 통로가 되었다. 이 속에서 인간은 보편적 인간으로서의 중성 혹은 무성으로서가 아닌 각자의 성, 남성과 여성의 얼굴을 찾아 갖게 되었다. 그러나 이러한 얼굴에서 양각은 남성으로, 음각은 여성으로 나타나, 남성의 얼굴, 목소리, 논리를 통하지 않고서는 여성의 얼굴과 목소리와 모습을 온존하게 드러낼 수 없게 되었다. 이러한 남성 중심의 자화상의 논리에서 탈주하지 않는 한 인간의 얼굴에서 여성은 영원히 그림자로만 남게 된다.

 이제 양각에 대한 음각으로서가 아닌, 남성의 거울이 아닌 여성의 반사경에 의해 여성은 자신의 존재를 드러낼 필요가 있다. 이리가라이를 비롯한 신프랑스 페미니스트들이 라캉을 비판하는 이유는 아버지의 법칙, 즉 상징적 질서가 주된 질서며, 여기서 여전히 남근 중심적 사유가 견지되고 있기 때문이다. 이라가라이가 거울 대신에 반사경을, 상징계, 아버지의 법칙 대신에 상상계와 상상계적 유토피아를, 남성의 법칙적 언어보다는 여성의 몸의 특성에 기반한 여성적 글쓰기를 제시하는 것은 남성 중심적, 가부장제 사유 체계로부터 벗어나겠다는 뚜렷한 목적에서다. 즉, 이러한 체계에 대한 대항, 저항을 다른 질서와 사유 체계를 통해 모색하고 중심과 주변의 위계지워진 질서를 교란하고 전복하겠다는 의도를 지닌다.·

 그런 의도에서 이들은 주로 여성의 몸과 성적 특성에 기반한 '여성적 글쓰기'에 주력하고 있다. 이러한 여성적 글쓰기는 그 이전 시대의 여성의 보살핌, 배려 등에 호소한 여성우월주의적 요소와는 일정 정도 차이를 보인다. 보살핌, 배려 등의 이론에서는 남성적 질서, 논리가 갖는 폭력적이고 공격적인 면을 고발하고 비판하기는 했으나 남성적 질서에 대한 도전, 해체, 전복의 의도는 뚜렷이 갖고 있지 않기 때문이다.

 그렇다면 여성적 글쓰기는 어떠한 전복의 효과를 갖고 있는가? 이들은 가부장제 질서와 다른 모권제적 전통의 회복을 기도하고 있는가 아니면 전통 가치 체계를 전복할 의도를 더 강하게 갖고 있는가. 이리가라이의 경우 '여성의 성'에 대하여 재평가를 한 기본 이유는 새로운 질서를 마련하는 데 있다. 이러한 질서를 여성의 성, 여성의 문화, 여성성 등과 연관해 설명할 필요가 있다. 그러나 여성성을 너무 강조한 이리가라이의 경우 '차이'를 절대화하는 함정에 빠지지 않는지는 여전히 심각하게 생각해볼 문제다. 이 차이의 논리를 전통 이분법적 사유 체계의 경계를 흔들고 교란하는 효과로 이해할 때 비로소 그 함정으로부터 벗어날 수 있다.

그렇다면 이제 우리가 가야 할 길은 어디인가? 양성적인 문화로 가야 하는가? 아니면 양성성이 여전히 이분법적인 억압 체계의 악습을 떨쳐버릴 수 없다면 이마저도 해체해야 하는 극단적인 길로 가야 하는가? 여기서 남근 신화의 상징과 체계에 대한 강한 전복의 기도는 보이나 그 다음 길이 어디인지는 다소 모호하다. 그렇지만 남근중심주의 신화를 깨기 위한 끝없는 저항과 전복의 논리는 우리가 여전히 견지해야 할 무기다. 우리는 전통의 고정화된 사유의 길로 되돌아가서는 안 될 것이고, 차이를 절대화하는 함정의 길로 빠져서도 안 될 것이다.

□ 생각해볼 문제

① 생물학적으로 구별되는 남성과 여성은 심리적으로도 다른 정체성이 형성될 수밖에 없는가? 남성성/여성성의 이분법적 가치 체계는 '전인적 인격 형성'에 도움을 주는가, 방해가 되는가?

② 오이디푸스 콤플렉스를 거친 남아에게 도덕적 초자아가 형성되는 데 비해 여아는 그렇지 못하다는 프로이트의 이론을 어떻게 평가할 것인가?

③ 아버지의 법으로서의 상징계는 가부장제 사회를 현대 사회의 문화적 기제로 정당화한 것에 불과한 것이라는 견해에 대해 생각해보자.

④ 오이디푸스 콤플렉스, 유아 성욕 등의 프로이트 이론은 동양 문화, 특히 유교적 가치를 지닌 우리 사회에도 적용될 수 있는가?

⑤ 현대 산업 사회에 알맞은 인간형은 남성성과 여성성의 장점을 골고루 갖춘 양성성의 인간이라는 견해가 있다. 이 견해는 남성성과 여성성의 이분법적인 억압의 구조를 종식시키는 데 얼마나 기여할 수 있을까? 또 이러한 견해는 자본주의 사회에서 더 많은 이윤을 착취하기 위한 논리를 뒤에 숨기고 있다는 견해에 대해서도 토론해보자.

□ 더 읽어야 할 책

▷ 소포클레스, 『오이디푸스왕』

그리스 3대 비극 작가 중의 한 사람인 소포클레스가 쓴 영원한 고전 비극의 하나다. 고대 그리스 초기에 신과 영웅과 인간의 운명이 교차하는 가운데 인간이기 때문에 겪는 비극적 상황이 잘 묘사된 책으로, 프로이트가 오이디푸스왕의 일화에서 오이디푸스 콤플렉스를 만들어내, 인간의 근친 상간적 심리에 대한 대표적인 비유로 자주 쓰인다.

▷ 프로이트, 『성욕에 관한 세 편의 에세이』, 열린책들

프로이트의 유아 성욕, 남근 선망, 오이디푸스 콤플렉스 등 기본 개념들이 잘 설명되어 있는 몇 편의 짧은 논문으로 구성된 책이다. 그 중에서 특히 「오이디푸스 콤플렉스의 해소」, 「성의 해부학적 차이에 따른 심리적 결과」, 「성욕에 관한 세 편의 에세이」, 「성적 이상」, 「유아기의 성욕」, 「사춘기의 변화들」 등은 성 심리 발달의 이해를 위해 필수적으로 읽어야 할 정신분석학적 글들이다.

▷ 라캉, 『라캉의 욕망 이론』, 문예출판사

국내에서 출판된 라캉에 대한 많은 책 가운데 라캉의 원전을 편역한 책이다. 여기 번역된 글들 중 제1부 라캉의 욕망 이론을 먼저 읽은 후, 제4부의 페미니스트 이론을 읽으면 라캉과 페미니즘 간의 관계를 보다 자세히 연구해볼 수 있을 것이다.

▷ 토릴 모이, 『성과 텍스트의 정치학』, 한신문화사

전반부에서는 여성적 글쓰기, 페미니즘 비평 등을 소개하고 있고, 후반부에서는 정신분석학적 훈련을 받은 신프랑스 페미

니즘의 텍스트를 독해할 때 필요한 주요 개념과 문제들을 비판
적으로 잘 제시하고 있다.

제 6 장

포스트모던 시대의 페미니즘과 여성 주체성

□ 주제어

근대성, 포스트모더니즘, 여성 주체성, 계보학, 거대 담론, 권력, 섹슈얼리티, 미시 정치학, 저항, 전복

1. 포스트모던 시대에 여성은 누구인가?

1980년대 후반 늦게는 1990년대 중반부터 우리 사회에 '탈근대' 혹은 '포스트모더니즘'이라는 말이 서서히 떠돌아다니기 시작했다. 사회주의의 몰락과 더불어 진보, 발전, 혁명 등의 '거대 담론'의 논의에 대한 열기가 식어가면서 표류하던 사상의 공백을 틈타 서양의 '포스트모더니즘' 담론이 재빨리 수입되었다. 수입된 포스트모더니즘은 유행하는 일종의 문화 상품처럼 빠른 속도로 우리 사회 여러 분야에 확산되었다. 그러나 서양에 비해 근대화의 기간이 상대적으로 상당히 짧았던 우리나라는

근대화를 향해 한창 매진하는 중이었다. 포스트모더니즘의 수입은 근대를 제대로 천착하지 못한 우리 실정에서는 다소 낯설고 버거운 감이 있었지만, 서구에서는 근대의 위기를 체험하고 근대의 밖에 서서 근대를 반성하려는 움직임이 가깝게는 1968년 이후부터, 멀게는 20세기초부터 있어왔다. 서양에서 근대 시대 자체를 반성하고 그 위기감을 표현한 것을 '포스트모더니즘'이라고 부른다. 포스트모더니즘은 가장 중점적으로 서양 근대에서의 주된 가치, 즉 근대성(모더니티)을 비판한다.

그렇다면 우선 서양에서 근대는 무엇이었는가? 그 근대에는 누가 어떻게 살았는가? 그 근대에도 역시 남성과 여성이 살았다. 그러나 남성과 여성이 둘 다 자유롭고 행복하게 잘 살았을까? 흔히 우리가 서양 중세의 이미지로 떠올리는 봉건의 암흑 시대에서는 남성, 여성이 둘 다 자유롭게 살았다고 생각하지는 않는다. 기독교의 천 년 왕국 속에서는 인간의 자유보다는 종교적 심성과 경건성이 더 강조되었다. 더욱이 잔다르크 같은 뛰어난 여성들이 마녀 재판으로 희생되는 그 살벌한 풍경 속에서 아마 여성은 더 살기가 버거웠을 것이다.

서양에서 르네상스와 종교 개혁으로 중세의 어두운 그림자가 거두어지고, 진보의 기치를 내건 계몽주의적 기획, 프랑스혁명의 자유, 평등, 박애의 정신 속에서 인간은 정녕 해방된 듯이 보였다. 그런데 이러한 기치 속에 탄생한 인간은 누구인가. 이 인간은 남성의 얼굴로 대표된 것이 아닌가. 인간의 얼굴에서 누락된 여성은 정녕 누구였던가. 결국 서구 근대의 계몽주의적 기획 속의 자유로운 인간은 누구였는가? 또 실제로 누구에게나 근대는 자유가 실현되고 평등이 확대된 유토피아 사회였는가? 서구 근대의 전성기가 지나고 근대의 황혼기가 찾아오고 어두운 니힐리즘의 그림자가 서구 근대를 휩쓸고 있을 무렵부터 인간의 문제는 다시 조명되기 시작한다. 서구 근대 사회의 주인

공과 조연, 중심에 있는 인간과 주변부에 있는 인간, 보편적인 얼굴을 지닌 인간의 실제 얼굴을 들여다보면, 그러면 인간의 문제를 남성/여성 문제로, 성적 차이를 두어 개입시킬 지점을 발견할 수 있다. 근대 사회의 주인공인 남성, 조연인 여성. 자유와 진보, 평등을 향한 거대한 근대화의 프로젝트에 왜 여성은 누락되었는가? 이러한 질문을 통해 근대를 비판하고 있는 포스트모던적 철학은 남성/여성 문제와 관련하여 여성에 유리한 시각을 제공한다. 근대 계몽주의적인 자유로운 인간의 범주에 여성이 실질적으로 다 빠져버렸기 때문이다. 그에 반해 포스트모더니즘에서는 여성에 관해 이야기할 수 있는 자리가 생길 여지가 있다. 그래서 이 시점에서 포스트모더니즘과 페미니즘은 일단 우호적인 만남을 시도해볼 수 있다.

탈근대적 시각이 페미니즘의 논의에 도움을 주는 것은 첫째, 보다 근원적으로 이제까지 당연시되어온 보편적인 가치에 도전하기 때문이다. '보편성'의 이름으로 회의될 수 없었던 많은 가치 기준들에서 주변자로 밀려나 있었던 주된 세력 중의 하나가 여성이기 때문이다. 과연 우리에게 이제까지 결코 흔들릴 수 없었던, 절대 불변의 것으로 인식되어온 가치들은 정말 타당한 것일까? 그 가치들은 과연 '누가' 결정한 것인가? 그 가치는 권력으로부터 자유로운 객관적이고 타당한 것인가? 여성은 이러한 가치들을 권력 구조 속에서 어떻게 위치지워져 왔는가? 하는 식의 질문은 근대적 프리즘을 통해서는 쉽게 물을 수 없었다.

둘째, 이제까지 서구의 페미니즘은 상당한 기간 동안 운동의 역사를 갖고 있었다. 주변자로, 타자로 머물러 있었던, 형체도 알 수 없고 정치적으로도 세력화할 수 없었던 '여성'들을 정치화시키고 세력화시키려고 노력했던 것이 이제까지 페미니즘의 운동의 주된 과제였다. 사실상 이러한 과제조차 제대로 해결되지 못하고 있는 것이 지금의 현실이기도 하다. 그런데 탈근대적 페미니즘은 이러한 페미니즘 운동에 일정 정도 반기를 들고 있다. 여성들을 하나의 단일한 주체로 묶을 수 있는지, 또 이러한 시도 자체는 근대적 기획의 연장은 아닌지 묻고 있는 것이다.

이러한 일련의 물음을 도전적으로 제기하는 이론을 포스트모더니즘과 페미니즘의 만남이라는 '포스트모던 페미니즘'으로 부른다. 물론 이러한 움직임에 단일한 한 가지 이름을 붙이기에는 포스트모던 페미니즘의 목소리가 너무도 다양하다. 그러나 서구 근대적 문화를 비판하고, 계몽주의적 기획 속에서 능동적인 인간, 주체를 상정했던 것에 대해 회의하는 포스트모더니즘과 공조할 수 있다는 의식을 포스트모던 페미니즘은 공유하고 있다. 그렇다면 서양 근대 문화의 비판을 선구적으로 했던 철학자들은 누구며, 그 기본 논의의 틀은 무엇인지 먼저 알아보아야 할 것이다.

이러한 문제 제기의 틀을 일차적으로 근대의 황혼기에 서서 서양 문화 전반, 특히 근대 문화를 비판했던 니체(F. Nietzsche)와 1968년 혁명 이후의 푸코(M. Foucault)를 통해 진단해보자. 그 다음 서구의 근대 계몽주의적 기획 프로젝트에 반기를 드는 포스트모던한 페미니스트들의 다양한 전략에 귀기울여보자.

2. 진리·지식·도덕에서 배제된 여성

우리에게 '신은 죽었다', '차라투스트라'의 이미지로 강렬하게 남아 있는 니체는 정신분석학자로 유명한 프로이트(S. Freud)와 함께 포스트모던한 문제 제기의 선구자다. 니체는 넓게는 소크라테스 이래로 서양 문화와 철학 전반을, 좁게는 서양 근대 문화와 철학을 가장 극단적으로 비판한 시대의 이단자다.

그가 쓰고 있는 글의 문체와 스타일이 상당히 비유적이고 은유적이어서 그의 텍스트들은 종종 문학적인 영역에서 에세이로 읽혀져온 것이 사실이다. 그러나 그가 서양 문화 전반에 퍼붓는 독설과 비판의 텍스트가 1960년대 프랑스철학자들에게 다시 읽혀지기 시작했다. 이른바 '니체 르네상스'가 도래하면서 그는 서구 근대 문화 비판의 선구자로 자리매김되기 시작했다.

그렇다면 니체가 포스트모던적 페미니즘과 만날 수 있는 가능성은 어디서 찾을 수 있는가? 그는 멀리는 2000년 동안의 서양철학의 주된 흐름을 비판하고, 가깝게는 서구 근대 문화, 철학을 비판한다. 그에 따르면 서양철학은 소크라테스, 플라톤 이래로 이성이라는 척도가 모든 진리를 계도하였다. 고대 그리스 시대에 나란히 살았던 냉철하고 균형 잡힌 아폴론적 인간과 자기 도취적인 황홀경의 디오니소스적 인간 중에 아폴론적 인간만이 살아남아 서양 문화를 주도해왔다는 것이다. 디오니소스적 인간은 잊혀지거나 망각되어야만 했고, 문화의 비주류에 숨어 있을 수밖에 없었다.

서양 근대적 인간은 아폴론적 인간을 닮아 있다. 냉철한 이성과 판단력을 지닌 계몽적 인간으로서의 남성은 암암리에 여성을 감성적이고 감각적인, 충동적이고 판단력이 흐릿한 불완전한 모형으로 그리고 있다. 여성은 디오니소스적 인간을 닮아 있다. 디오니소스적 인간은 숨을 죽이며 근대 문화의 주변부에 그림자로만 위치해 있을 뿐이다. 그러나 니체의 문화 비판을 유추해보면 이러한 그림은 자의적인 그림에 지나지 않다. 이러한 그림을 그린 철학자는 디오니소스적 인간 기질이 살아 있었던 비극적 예술을 무대에서 퇴장시킨 소크라테스라고 니체는 고발한다. 냉철한 이성적 인간이 무대에 전면에 등장하고, 충동적인 감성적 인간은 무대에서 사라져버렸다. 뼈(이성)와 살(감성)을 조화롭게 가진 인간은 사라진 셈이다. 이성과 정신만 강조된 남성, 육체적인 감성적 존재로 전락한 여성. 뼈와 살을 둘 다 가졌음직한 남성/여성 둘 다 근대에서는 일그러진 자화상을 지니고 있을 뿐이었다.

이제까지 인류의 역사가 주된 가치, 진리, 도덕에서 여성을 구조적으로 철저하게 배제시켜왔다는 문제 제기를 할 경우, 고개를 갸우뚱하는 사람들, 남성들이 적지 않을 것이다. 더 나아가 이러한 배제의 원인이 진리, 도덕 자체의 특성, 성격에서 기인한 것이라고 말하면 어불성설이라고 일축해버리는 남성들이 상당할 것이다. 오히려 여성들은 신체적 조건에서부터 유약하고, 그 심성에서도 남성 의존적이어서 주체적으로 설 수 없는 종족이기 때문이라고 서슴없이 말하는 남성들도 적지 않다. 그들은 여성들이 본성적으로 선천적으로 체질적으로 주체적인 존재가 될 수 없다고 단언한다. 여성들이 이제껏 역사의 주인공이 되지 못한 것은 여성들 자체가 객관적이고 보편적인 진리, 선한 행위를 실천하고 도덕적 규범을 준수할 수 있는 윤리적 능력이 결여된 때문이지, 진리, 도덕 자체에는 하등 아무런 하자가 없다는 것이 이제까지의 주장이었다. 그러나 과연 이러한 통념은 옳은가? 즉, 도덕, 가치, 진리는 누구에게나 보편타당한가?

우리가 니체의 전통 형이상학, 도덕론, 가치론에 대한 또 다른 기원에 입각한 비판에 귀를 기울일 수 있는 것은 바로 이러한 맥락에서다. 우리는 이제껏 선한 것, 참인 것의 특성, 징표를 지금 우리가 살고 있는 사회의 현상적인 것과 무관하게 그 자체로 참인 것, 선한 것으로 생각한다. 그 다음에 선한 것, 참된 것을 닮아 있는 특성을 지닌 것을 찾아보게 된다. 그러나 이러한 순서가 맞는 것인가. 우리가 진리, 도덕이라고 부르는 것은 아무 전제 없이 순수하게 진공의 공간에 있는 영원불변한 가치 기준이 아니라, 특정한 상황에서 형성된 후에, 그것이 마치 절대적인 것처럼 굳어지고 일원화되어버린 것은 아닌가. 이렇게 형성된 가치, 도덕, 규범 속에서 사람들이 길들여지고 그 기준 속에서 끊임없이 자기정체성이 형성된 것은 아닌가. 누군가는 자신들에게 쉽게 친화력이 있다고 생각되는 선한 것, 참된 것에 우위를 두고서 이러한 것들과 거리가 있는 것들을 구분하고 배제하여 악한 것, 결핍된 것으로 목록을 작성한 후, 이러한 규범들을 사회에 일사불란하게 적용하는 것일 수도 있다. 이러한 목록을 만든 자들은 대체로 그 사회에서 힘있고 권력을 지닌 자임에 분명하다. 예를 들어 강하고 힘있고 적극적인 성격을 지닌 사람은 동시에 진리의 수호자로 자처하는데, 이들이 원래부터 참되고 선한 사람이 아니라, 이들이 자신들에게 자연스러운 속성을 진리의 목록에 올려놓는 것에 불과한 것이다. 이러한 성격을 갖지 못한 무리들은 모자란 사람, 결핍된 사람에서 더 나아가 악한, 부도덕한 치한으로 관습적으로 규정된 것이다.

진리, 도덕은 힘과 권력을 지닌 사람들이 만들어낸 규범이며, 시대를 거듭하면서 그 기원은 습관 속에서 잊혀지고, 그 속에서 사람들은 그 기준을 사회적 규약, 습관과는 무관한 진리로 여기게 되었던 것이다. 즉, 진리, 도덕이 사회 속에서 형성된 것이 먼저며, 그 기원을 살펴야 문제의 상황을 알 수 있는 것이지, 진리, 도덕이 초시대적이며 보편적으로 선험적으로 있어온 것이 아님이 밝혀진 것이다. 이 맥락이 바로 니체의 진리, 도덕의 기원에 대한 계보학적 비판이다.

이러한 계보학적 비판의 맥락에서 보면, 여성은 끊임없이 역사 속에서 권력자인 남성이 만들어 낸 일의적이고 획일적인 가치 기준에 의해 수동적이고 부정적으로 규정되어 왔다. 여성들이 본성적으로 약한지, 도덕적 판단이 약한지, 진리를 탐구해내는 정신이 약한지는 알 수 없다. 다만 이제껏 역사에서 있어온 획일적인 진리, 가치, 규범의 기준이 여성의 존재, 본성을 마치 선천적인 본성을 지닌 것처럼 규정하고 끊임없이 이 이미지를 재생산해낸 것이다. 우리는 감히 진리, 도덕의 기준이 임의적이고, 특정 집단에 의해 배타적으로 형성되어온 것이라는 생각을 어찌 보면 니체 이전까지는 거의 도전적으로 생각해보지 못한 것이다.

물론 니체 자신은 원래 여성에 대해 대단히 혐오감을 갖고 있다고 전해지고, 그 때문에 니체는 흔히 반페미니트스적인 인물로 지목되어 왔었다. 그러나 니체 개인의 여성에 대한 취향이나 반감을 우리가 여기서 문제 삼을 필요는 없다. 중요한 것은 니체의 철학이 지닌 작업의 의미를 아는 것이다. 전통적인 진리, 도덕의 기준이 전혀 객관적이지 않다는 것을 그의 계보학적 작업 속에서 우리는 깨닫게 되었다. 이러한 니체의 작업은 현대의 대표적인 탈근대 사상가인 푸코에게로 이어진다.

3. 근대에서의 권력과 지식의 관계 그리고 성 담론

이제 니체의 계보학의 연구 방법론에 상당한 영향을 받은 푸코에게 와서 보편성과 객관성을 담보했다고 여겨진 진리, 지식 등의 문제는 새로운 국면을 맞이한다. 근대 계몽주의 이래로 구축되어온 객관적 진리, 지식 등에 의문 부호가 매겨진다. 이러한 의문, 회의에서 나오는 간접적인 효과로는 이러한 진리, 담론을 표방해온 주체가 근대 이성적 주체며 또 남성임이 밝혀진 것이라 할 수 있다.

물론 푸코 자신은 스스로를 페미니스트라고 자처한 적은 없는 것 같다. 그럼에도 불구하고 푸코의 작업이 의미 있는 것은 지식, 진리의 중립 지대란 없으며, 이미 권력과의 관계 속에서 진리, 지식이 얽혀 있음을 보인다는 것이다. 이렇듯 최근 들어 흔히 우리가 많이 들어온 권력과 진리의 얽힘의 관계는 무엇을 뜻하며, 또 이러한 푸코의 작업이 여성 문제에 어떤 시사점을 주는지를 알아보는 것이 핵심적인 문제일 것이다. 그렇다면 페미니스트들은 푸코의 책을 어떻게 읽어야 할까? 일단 포스트모더니즘과 페미니즘이 우호적으로 만날 수 있는 가능성을 긍정적으로 열어놓는 방향에서 논의를 시작해보자.

푸코는 프랑스의 대표적인 탈근대적 사상가다. 그는 1968년 프랑스에서 일어난 68혁명 이후 서양 근대 철학에 숨겨져 있는 지식과 권력의 밀착 관계, 서구 근대의 주된 담론에서 밀려나 있는 주변부 목소리에 귀를 기울이고 그 목소리를 주도적으로 발굴한 인물이다. 물론 이러한 푸코의 사상을 이해하기란 쉽지 않다. 더욱이 여성, 페미니즘의 문제와 관련하여 푸코에게서 크게 도움을 받을 수 있을지는 여전히 미지수다. 대체로 푸코 사상의 궤적은 크게 세 시기로 정리될 수 있다. 첫째로 고고학적 방법론의 시기, 둘째로 계보학적 방법론의 시기, 그리고 셋째로 윤리학적 주체에 대한 모색의 시기 등이다. 이러한 푸코의 세 시기 가운데 여성 문제에 특히 힌트를 얻을 수 있고, 페미니즘 문제를 진단할 수 있는 시기는 대체로 두 번째 시기다. 이 시기를 중심으로 푸코의 문제 상황을 정리해보고, 여기서 몇 가지 시사점을 얻어보자.

우선, 권력과 지식, 진리의 얽힘의 문제는 『감시와 처벌』을 중심으로 살펴볼 수 있다. 권력, 규율이 근대에 인간을 어떻게 감시했는가 그래서 어떻게 인간은 규율에 순종하게 되었는가 하는 문제를 숙지한 후, 『성의 역사』의 작업의 의미를 여성 문제와 관련하여 짚고 넘어가야 할 것이다. 『성의 역사』는 3권으로 씌어졌으나, 1권과 2, 3권 간에는 8년간의 공백이 있으며, 이후의 시기에 푸코는 윤리적 주체에 관한 문제에 집중하고 있다. 우리의 논의는 『성의 역사』 제1권을 중심으로 할 것이다.

『성의 역사』 제1권의 부제는 '앎에의 의지'다. 『감시와 처벌』

에서 감옥이 서양 근대에서 탄생하여 권력이 인간을 순종, 복종하게 한 맥락과 소재가 『성의 역사』에서는 '성'과 권력의 문제로 초점이 맞춰져서 은폐되고 비밀스럽고 미묘한 성의 문제가 우리의 담론에서 어떻게 논의되었는지 제시된다. 앎에의 의지에서 그 앎의 소재가 미시 담론으로 보이는 '성'의 문제인 것이다.

탈근대의 대표적 사상가로서 푸코가 논의의 출발점과 논점으로 삼고 있는 시점은 근대다. 『성의 역사』 제1권의 논의는 '억압 가설'에 대한 비판으로부터 시작된다. 근대에 권력은 항상 사람들에게 억압적인 기제로만 작용했는가. 마찬가지로 성에 대해서도 한결같이 사람들이 성은 억압되어 왔다고 이야기하는데, 과연 이 이야기가 맞는지 푸코는 자문하고 있다. 왜 이렇게 문제를 설정하는 것일까. 푸코가 노리고 있는 초점은 바로 근대의 지식, 담론 자체가 권력과 무관한 진공 공간 속에서 객관적으로 형성된 것이 아니라는 것을 보여주려는 것이다.

흔히 우리는 권력을 사람들을 통치하고 지배하고 억압하면서 규율적으로 작동하는 수단으로 생각해왔다. 그러한 규율과 권력은 늘상 사람들에게 부정적으로 작용하며 사람들은 권력으로부터 벗어나려는 행동을 한다는 식으로 이해해왔다. 그러나 푸코는 오히려 권력의 속성 속에 무한하게 규율을 증폭하는 힘이 있다고 말한다. 여기서 푸코의 근대 역사에 대한 거꾸로 읽기, 은폐된 그림 찾기가 시작된다. 푸코는 서양에서 특히 성 담론과 관련하여 고해성사, 고백의 가장 사소한 형태의 언술 형태 속에서 성적 담론이 증폭되고 확산되는 묘한 효과를 발견해낸다. 예를 들면 수도원에 가서 사람들이 신부들에게 자신들의 은밀한 체험을 고백하러 가는 경우가 많은데, 이러한 고해성사 속에서 성적 담론이 오히려 거꾸로 증폭되는 결과를 낳는다는 것이다. 수도원의 고해성사, 정신과 의사들에게 털어놓는 개인의 성적 체험은 이미 사소하고 은밀한 장소를 넘어 공공연하게 알려져서 공적 담론화한다는 것이다. 가장 사소하고 은밀해보이는 성에 관한 이야기가 담론화된다는 것은 이에 엇물려 정치적, 경제적, 기술적 선동이 일어남을 보인다는 것이다. 근대의 담론 자체가 권력의 생산적 속성과 맞물려서 무한히 자기 확산을 꾀해왔다는 것이다.

그래서 이제 서양에서는 고전주의 시대, 즉 17세기 중엽 이후 성 담론에 관한 '성의 과학'이 성립됨으로써, 근대 담론은 권력과 지식의 밀월 관계 속에서 나타난 산물임을 보여준다. 성의 과학의 성립 후 성적 욕망의 역사는 담론의 역사 속에서 이루어져야 하며 그에 따라 성적 욕망의 장치 속에서 담론과 권력의 관계가 해명되어야 한다. 이러한 푸코의 성 담론을 통한 근대 담론 읽기, 분석 작업은 지식의 이데올로기적 측면을 철저히 비판했던 마르크스의 작업보다도 더 극단적으로 지식의 객관성에 대해 정면 도전하는 측면을 갖는다. 이른바 지식의 객관성에 대한 근본적인 회의가 이루어지고 있으며, 지식 형성의 주체 역시 의문에 부쳐지고 있다. 푸코의 근대 역사, 담론, 권력에 대한 거꾸로 읽기 속에서 이제 근대의 모든 지식 체계는 다시 해석되지 않으면 안 된다. 이 주체, 이 지식 체계는 푸코가 명시적으로 말하지 않았지만, 남성의 얼굴임에는 분명하다.

이제 푸코가 남성 중심의 담론 지식 체계에 대한 비판을 한 맥락에서 푸코가 페미니즘적 전략에 통찰력을 제공한 측면을 살펴보자. 여기서 제기되는 주된 문제는 성 담론을 위시한 미시 담론에 왜 푸코는 주목했는지, 또 권력과 담론 간에는 관계 해명을 통해 남성 중심의 담론의 역사를 외곽에서 흔들 수 있는지를 질문할 수 있다. 무엇보다도 주체의 구성적 측면보다 고정된 주체를 특히 남성 주체를 흔들고 해체하려고 한 면에서 푸코의 논의는 페미니즘에 상당히 유용하다.

푸코의 지식, 담론, 권력 관계에 대한 이해는 남성과 여성 간의 권력 관계에 대한 새로운 분석의 틀을 제공한다. 예전에 사람들이 권력을 통치, 지배의 개념과 유사하게 이해했을 때 권력은 인간의 삶에 대한 거시적인 틀과 규율을 설정해주는 것으로 보았다. 그러나 푸코는 권력이 우리 삶의 아주 작은 부분에까지 세세하게 작동하고 있다고 봄으로써 '미시 정치학'으로서의 권력의 면모를 새롭게 제시한다. 권력의 그물망의 미시적 시각, 즉 푸코의 미시 정치학은 남성, 사회로부터 여성에게 가해지는 억압을 더 세분화시키고, 더 교묘화시키는 면을 드러내준다. 이는 특히 거대 담론에서 경제, 정치적인 억압의 단면이 변화되어, 문화적 미시 담론으로의 변화 속에서 작동하는 권력 관계를 읽게 해주는 장치다.

푸코는 근대 사회에서 기율, 규범이 미시 권력으로 작동함을 분석하였다. 그러나 여기서 푸코가 놓친 점은 권력의 작동 관계가 미세할 뿐만 아니라 그 역학 관계가 균일하지 않다는 점이다. 권력 관계를 이해하기 위한 푸코의 접근 방식이 페미니스트들에게, 여성들의 남성들과의 관계 및 여성들 서로간의 관계를 이해하는 데 필요한 새로운 통찰력을 제공한 측면은 분명히 있다. 예를 들면 남성과 여성 간의 관계에서 작동하는 권력 방식이 차이가 나는 것은 물론이거니와 또 여성들간에도 차이가 남을 살펴볼 수 있다. 제1세계의 중산층의 백인 여성과 제3세계 후진국의 극빈 상황에 있는 여성 노동자는 같은 여성이라도 힘과 권력에서 엄청난 간극이 있다. 그러나 그렇다고 권력의 생산적 속성, 권력의 미세한 그물망의 측면 때문에 남성에 의한 여성의 지배와 억압이 없다고 볼 수는 없다. 권력의 미세한 그물망을 통해 남성에 의한 여성의 지배, 억압이 더 교묘하게 심화되고 조정, 작동된다는 점을 푸코는 천착하지 못했다. 이는 푸코가 권력의 기본 성격을 단순히 억압적으로 파악하기보다는 권력의 생산적 속성과 그 편재성의 측면으로 파악한 때문에 권력의 역학 관계의 불균형을 간과하거나 사소하게 생각한 점에도 기인한다.

푸코는 『성의 역사』 제1권에서 권력의 특성을 정의하기를, 권력은 무수한 요소들로부터 그리고 불평등하고 유동적인 관계들의 상호 작용을 통해 행사되며 권력 관계는 다른 유형의 관계들(경제적 관계, 인식 관계, 성적 관계)로 표면화되는 위치에 있는 것이 아니라, 그것들을 내재하고 따라서 그러한 관계들에서 생기는 분할, 불평등, 불균형의 직접적 결과며, 거꾸로 이러한 차등화의 내적 조건이라는 것이다. 권력 관계는 단순한 금지 또는 갱신의 역할을 지닌 상부 구조의 위치에 있는 것이 아니라, 작용하는 거기에서 직접적으로 생산적인 역할을 수행한다.

이러한 권력의 특성에 대한 푸코의 이해에서 페미니즘이 전략적으로 주목할 수 있는 중요한 문제는 '저항'의 문제다. 푸코에 따르면 권력이 있는 곳에 저항이 있는데, 그렇기 때문에 저항은 권력에 외재적인 것이 아니다. 또 권력 관계는 다양한 저항점들과의 연관 아래서만 존재하여 이 저항점들은 권력망 도처에 존재하고 있다. 이러한 푸코의 저항 이론은 달리 보면 저항조차 권력의 내재적인 속성이기 때문에 저항에 대한 비관주의적 생각을 갖게 할 수도 있다. 그러나 푸코의 권력과 저항에 대한 설명은 조밀하고 국부적이며 다양한 양태의 권력 관계들, 예를 들면 남자와 여자 사이, 젊은이와 노인 사이, 부모와 자식 사이 등에서 보이는 권력의 모든 양태들에 대한 기술을 가능하게 하는 장점을 안고 있다. 이러한 이론이 여성 문제와 페미니즘에 적용될 경우 그 특성은 더 분명히 드러난다. 즉, 페미니스트로서는 권력이 지닌 모든 형태들을 알려고 하는 것이 가장 중요하다. 성에 초점을 맞춘 권력 관계들의 다양성을 알지 못한다면 권력 관계들의 연결망에 내재해 있는 저항 지점들의 범위를 놓친 채 분석할 수밖에 없을 것이며, 그러한 분석은 정치적 저항을 훼손시킬 것이기 때문이다. 따라서 푸코의 권력 개념과 그에 따른 저항과 저항점에 대한 분석은 각 주체가 서 있는 지점에 대한 구체적인 지형도를 제공해주는 유용성을 지닐 수 있다.

그러나 푸코에서 권력과 저항의 관계는 이처럼 간단하지 않고 상당히 미묘한 관계를 갖는다. 저항 자체가 권력의 한 속성이기 때문에 '저항'이 과연 전복적인 힘을 갖고 있는가 하는 데에서는 의구심이 간다. 저항의 문제에서 단적으로 푸코와 페미니즘의 성격과 지향점이 엇갈리게 된다. 푸코는 권력의 속성으로서 저항을 제시하는데, 그 난점은 과연 이러한 저항을 저항으로 볼 수 있는가 하는 점이다. 반면에 페미니즘에서 절대적으로 요청되는 것은 전복 행위로서의 저항이다. 그러나 이러한 저항의 성격이 갖는 난점은 '해체'로서의 전복에서의 저항이 '다른 질서'를 구축하는 행위로 회귀하게 될 경우, 저항이 다른 영역을 식민화할 위험성이 있지 않은가 하는 점이다.

4. 포스트모던 페미니스트들의 다양한 전략

서양 근대의 거대 담론을 비판한 연원을 철학사적으로 올라가서 니체와 푸코의 탈근대적 담론의 특징에서 살펴보았다. 물론 이 두 철학자들만이 유독 탈근대적 담론을 말한 것은 아니나, 이들의 작업 가운데 상당 부분은 페미니즘, 여성 문제와 엇물릴 가능성을 많이 안고 있다. 이제 앞에서 논의한 푸코가 페미니즘과 맺는 연관성을 더 심화시켜 포스트모던한 페미니스트들이 푸코에 대해 어떠한 평가를 내리고 있는지 비판적으로 살펴보기로 하자.

많은 페미니스트들 특히 포스트모더니즘의 지적 배경을 안고 있는 페미니스트들이 푸코의 주장에 관심을 기울여야 한다고 생각하는 몇 가지 이유 중에 페미니스트들이 푸코에 대해 상당히 우호적인 반응을 보이는 경우는 푸코 이론이 갖는 다음과 같은 함축 때문이다. 근대 거대 담론, 계몽주의적 담론에서 객관적인 영역으로 간주되었던 지식, 이성의 문제에 대해 푸코가 새롭게 제기한 권력의 문제를 통해 여성의 삶이 중심에서 배제될 수밖에 없었던 시각을 제시하고 있다는 점이다. 지식, 진리, 도덕에서 빚어지는 권력 관계를 이해하는 푸코의 접근 방식이 페미니스트들에게, 여성들의 남성들과의 관계 및 여성들 서로간의 관계를 이해하는 데 필요한 새롭고 생산적인 통찰력을 제공한다는 점이다. 즉, 페미니스트들은 젠더, 섹슈얼리티, 신체의 사회적 구성에 관한 이론을 발전시키는 데 암암리에 푸코의 권력 이론에 힘입은 바가 크다는 점이다. 왜냐 하면 푸코야말로 역사가 구성되어온 방식을 그 기원에서부터 계보를 찾아 올라가 그 역사가 해체될 가능성을 시사했으며, 또 현재의 권력 관계들을 분석하는 새로운 방식을 통해 다른 사회 구성에 관한 이론을 창시했기 때문이다. 이러한 푸코의 이론에 따르면 이제까지 인류 역사를 통해 지속되어온 가부장제 사회, 남성 중심의 권력 편재의 사회가 유일하게 진리이자 도덕적인 사회, 삶의 양식일 수만은 없으며 이러한 역사는 얼마든지 해체될 수 있다.

푸코 이론에 대한 페미니스트들의 우호적이고 긍정적인 평가와는 상반되게 푸코의 이론이 오히려 페미니스트들의 운동에 유해하고 페미니즘 운동의 지반을 와해, 해체시키는 측면이 있음을 지적하는 페미니스트들도 적지 않다. 더 세밀하게 말하면 푸코가 제기한 권력 관계 이론이 여성 운동에서 여성의 종속을 설명하는데 오히려 그 본질을 흐리게 한다는 면이다. 즉, 다양한 종류의 페미니즘에서 제기되어왔던 여성 종속의 본질과 요인의 몇 가지 중심 가설에 대해 오히려 푸코는 정면적으로 도전하고 있는 것이 아닌가 하는 혐의점이다. 즉, 푸코는 페미니즘에 도전하거나 심지어 페미니즘을 훼손한 것으로 평가받고 있다. 예를 들면 역사를 통해 여성만이 아니라 남성도 제도적으로 억압과 종속에서 자유롭지 못했기 때문에 유독 여성들만이 종속과 억압을 강조하고 페미니즘을 들고 나오는 것을 푸코는 은근히 불편해 했기 때문이다.

그래서 푸코의 권력 이론을 한 발짝 더 밀고 나가서 이제까지 근대적 삶 속에서 펼쳐진 권력 관계를 살펴보면, 유독 여성의 삶만이 종속된 것이 아니며, 가부장제라고 하는 것도 여러 가지 다양한 권력 관계의 얽힘 속의 하나가 될 가능성이 농후하다. 그러다보니 가부장제를 통해 여성의 억압과 종속의 본질을 목청 높여 외쳐왔던 페미니즘 운동의 작업 자체가 상대적으로 약화되거나 희석화된 모습을 갖게 된다. 게다가 푸코의 이론에 따르면 페미니즘 내에도 다양한 스펙트럼의 이론과 논리가 있음에도 불구하고 여성의 억압과 종속에 대한 페미니즘 운동 전체가 또 다른 권력 장치로 보아지거나 심지어 근대 계몽주의적 노선의 연장으로 비추어질 공산이 크다. 따라서 직접, 간접적으로 푸코는 사회적 삶의 본질에 관해 페미니스트들이 도달한 결론 중 많은 부분에 의문을 제기하게 된 셈이고, 성 차별적인 권력 관계를 변화시키기 위한 여러 가지 집단적 정치 전략을 붕괴시키는 결과를 초래하게 된다.

푸코 자신이 페미니스트들에게 직접적으로 도전하는 바는 없다. 오히려 그의 저술은 페미니스트 사상과 정치학에 특별한 함축적 의미를 주었다. 하지만 페미니스트들이 푸코에 항거하는 것은, 푸코의 저서가 지식, 권력의 본질에 대해 다른 각도로 생각할 수 있게 했음에도 불구하고 특히 남성들이 여성들을 지배한다는 페미니스트적 사고 방식에 대해 푸코가 의문을 제기하기 때문이다. 즉, 푸코식의 통찰력으로 권력 관계들을 살필 경우, 페미니스트 사고의 여러 중심 가설이 무너지기 때문이다. 여성의 예속, 여성적인 것의 평가 절하 등을 진리로 보아온 이제까지의 페미니즘의 논리를 푸코는 의도적으로 교란하고 전복시킨 결과를 가져온다. 왜냐 하면 푸코는 가부장제의 진상에 대한 페미니즘의 개념이 지닌 한계성와 엄격성을 들추어내며 페미니즘을 비판하기 때문이다. 그러나 페미니스트들은 중립적으로 간주된, 담론으로 생산된 진실 / 권력 / 섹슈얼리티에 대한 푸코의 분석이 남성적 관점임을 푸코가 인정하지 않은 점을 재비판한다.

푸코는 가부장제, 자본주의와 같은 권력의 추상적 구조를 해체하면서 권력이 부단히 창출되는 여러 가지 불안정한 방식을 강조한다. 푸코는 지배를 인정하나 권력을 어느 특정 집단에게 이익을 주는 체제로 연구하였고, 지배, 종속의 경험을 권력의 특정한 원천으로부터 유래하는 과정이기보다는 권력의 효과로 개념화하였다. 이 점은 페미니스트들에게 권력을 새로운 시각으로 볼 수 있게 했으나, 권력 개념의 근거 틀을 여성 자신의 체험담에 두고 있는 페미니스트들의 시각과 푸코의 시각 사이에는 틈새가 존재할 수밖에 없다는 점을 보여준다.

푸코의 저술은 젠더뿐만 아니라 신체도 사회적 구조물이라는 견해에 영향력을 발휘하였다. 성과 신체는 역시 권력의 역사적 결과물이자 사회적 세력에 의해 구성된 산물이며, 우리 자신을 본질적인 자기에 국한시키기보다는 다양한 사회적 정체성을 보유할 수 있는 가능성을 부여하였다. 이러한 주장은 그럼에도 불구하고 페미니즘에 여전히 유해할 수 있다. 이러한 푸코의 주장이 페미니스트들에게 지대한 관심을 가져왔지만,

정작 푸코 자신은 섹슈얼리티, 권력에 대한 언급을 무시하고 단순화하며 왜곡시키는 경향을 보이기 때문이다.

젠더, 섹슈얼리티, 신체가 사회적 구성물이라는 푸코의 생각에서 한 발짝 더 나아가 생물학적 본질주의에 빠지지 않기 위해 페미니스트들은 어떻게 하면 사회적 삶에 대한 설명을 생물학적 결정 요인으로 환원시키지 않고서도 우리가 느낌이나 물질적 삶을 설명할 수 있는가의 문제를 다시 한 번 제기하게 되었다. 신체와 성이 사회적 구성물이며, 권력의 효과로 생산된다는 푸코의 이론은 생물학적 본질주의의 비난에서 도피하고 싶어하는 사람들에게 매력적임에는 분명한 것이다.

페미니즘은 지식의 생산에서 중요한 지적 세력으로 발전하였으며 이 와중에 엘리트주의적 특성을 드러내었다. 그러나 젠더를 무시하고 여성을 무력하게 만들고 차이를 축소시키는 상대주의와 다원주의에 의해 좌초당할 위험에 처하게 되었다. 이제 페미니스트들은 푸코의 사유 방식이 여성들의 사회적 차별의 정치적 함의 등에 이용될 수 있을지 고려해보아야 한다. 페미니즘은 여성 해방을 위한 전지구적 운동에서 정치적 다원주의를 정당화시키는 철학적 전문 분야로 변모될 위험에 처해 있다. 이럴 경우 여성들은 계급과 종족, 신체적 도전의 정도, 성적 취향, 나이 또는 그 밖의 다른 사회적 차이에 대한 각기 나름대로의 치우친 특정한 관심에 따라 정치적으로 파편화될 수 있다.

푸코가 제기한 '누가 권력을 행사하는가? 어떻게? 누구에 대해서?' 등의 물음은, '권력이 어떻게 발생하는가'의 문제를 동시에 해결해야 한다는 면에서 기존의 권력 이론을 해체하는 특성을 지닌다. 푸코의 권력 해체는 나아가 페미니즘을 보편적 가부장제, 인종차별주의 또는 이성애주의 같은 경직된 개념들로부터 해방시킬 수 있다. 그러나 권력은 어디에나 존재하며, 어떤 차원에서는 모두에게 가능한 것임을 주장하는 푸코의 권력 해체 작업은, 여성들이 남성들, 다른 여성들에 의해 조직적으로 종속된다는 사실을 간과하도록 부추긴다. 페미니스트들의 권력 이론에 대한 푸코의 도전은 지적 여성에게 특권을 부여하기도 하고 경우에 따라서는 다양한 여성들간의 편차를 인정할 필요를 낳는 차이의 정치학을 붕괴시킬 여지도 충분히 있다.

5. 새로운 시대의 여성 주체성의 형성 가능성

여성 운동, 페미니즘 운동의 현재의 위상은 포스트모던 시대의 탈근대적 페미니즘의 시각과 연관해보면 상당히 모호하고 불투명하다. 왜냐 하면 근대 계몽주의적 노선의 연장선상에서 여성 운동 이론을 마련하는 근대적 페미니즘은 여성 운동의 전략을 담보해낼 여성 주체를 분명하게 내세우는 데 비해 탈근대적 페미니즘에서는 이러한 문제에 머뭇거리거나 단일한 여성 주체를 설정하거나 내세우는 데에 회의적이기 때문이다.

그렇다고 한다면 포스트모던 시대를 맞이하여 포스트모던적 경향, 즉 탈구축적이고 상대주의적인 노선에 전적으로 동조하지 않으면서 동시에 근대적 담론이 강하게 설정한 구성적인 단일한 여성 주체성의 범주에 갇히지 않을 가장 현명한 방법은 무엇일까? 푸코 등의 포스트모던적 전략이 고정된 본질, 규정된 자아, 주체 등을 비판하고 이를 해체하려고 했을 때, 포스트모던 시대를 맞이하여 여성 운동 진영은 이러한 전략에 망설임 없이 동의할 수 있을까?

여성 주체성의 범주는 여성 문제와 관련하여 특히 포스트모던한 시대에 와서 중요한 문제로 등장하게 되었다. 왜냐 하면 푸코 이래로 여성 주체라는 것을 설정하는 것이 아주 어렵게 되었고 더군다나 포스트모던한 시대에서 페미니즘을 주장하고 여성 주체성을 여전히 강하게 붙잡고 있는 것은 상당히 시대착오적으로 보일 수도 있기 때문이다. 그러나 포스트모던한 시대에 와서 여성 주체성의 문제는 페미니즘 운동의 현재 국면과 관련하여 더욱더 중요한 고리를 보여준다.

포스트모던한 시대에 여성 문제, 특히 여성 주체성의 범주 문제는 그야말로 아주 복잡하고 다중적인 국면들을 반영한다. 여기서는 근대적 페미니즘의 전략처럼 단일한 하나의 여성 범주로 여성 전체를 묶을 수 없는 것은 매우 당연해보인다. 그렇다고 여성이라는 주체가 해체되고 사라져버린 것은 아니다. 여성들간의 '차이'가 남성과 여성들 간의 '차이'만큼이나 벌어지고 다양해졌다고 보는 것이 옳을 것이다. 그러다보니 이제 여성 주체는 끊임없이 형성되고 해체되는 와중에 있다고 봄직하다. 전략과 전술 면에서 여성들끼리 그 국면에 맞게 이합집산의 형태로 보다 유동적으로 여성의 모습이 탄력적으로 바뀌면서 형성되어가고 있다고 볼 것이다. 그래서 여성 주체성은 남성적 논리에 회의와 저항을 하면서 그 문법을 해체하면서도 동시에 스스로를 고정화된 실체로 가두지 않고 그 국면마다 끊임없이 스스로를 창조하고 형성할 수 있는 자리로 마련되어야 할 것이다. 이제 포스트모던한 시대에 여성 주체성은 '해체적 형성'의 끊임없는 과정 속에 놓여 있다고 설정해야 설득력이 있을 것이다.

□ 생각해볼 문제

1 일반적으로 근대 계몽주의 운동 이후 인간은 자유로워지고 모든 굴레로부터 해방되었다고 평가된다. 그러나 여성 해방의 문제는 근대 이후에 보다 본격적으로 논의되었고, 근대 인간 해방의 주체에서 여성은 배제되었다. 근대화 과정에서 여성이 배제된 원인을 인간의 인식 능력과 사회의 법, 제도의 문제와 연관하여 논의해보자.

2 여성 해방 운동의 초기 여성 해방을 위해 전체 여성은 연대해야 한다는 목소리가 컸다. 그러나 여성간의 연대 못지 않게 여성들간의 차이가 중요하다는 문제 제기가 나오는 배경과 맥락에 대해 생각해보자. 또 우리나라 여성 해방의 현 단계에서 볼 때 여성들간의 연대와 차이의 문제 중 어느 것에 비중을 두어야 하는가?

3 여성 해방 운동에서 '여성'이라는 범주를 규정할 필연적인 이유가 있는가? 여성 해방 운동에서 '여성 주체성'의 문제가 왜 중요한가?

4 여성들은 이제껏 권력의 핵심에서 늘 배제되어 왔다. 남성을 중심으로 한 권력의 편제를 비판한 여성측에서 권력은 파괴하고 해체해야 할 부정적인 것인가, 아니면 여성들도 더 많은 권력을 얻기 위해 남성들보다도 더 노력을 해야 하는가?

□ 더 읽어야 할 책

▷ 니체,『비극의 탄생』, 청하

그리스 사회에서 왜 아폴론적 인간만 살아남고 디오니소스적 인간은 퇴각했는지에 대한 기원을 그리스 비극의 퇴장과 소크라테스적 이성적 철학의 등장으로 그린 책. 이 책의 비유를 통해 이성만 중시되고, 감성은 폄하되는 서구 문화의 한 편향을 읽을 수 있고, 더 나아가 남성, 여성에 대한 이분법적이고 임의적인 잣대에 대한 비유적인 비판도 찾아볼 수 있다.

▷ 니체,『도덕의 계보학』, 청하

우리가 알고 있는 도덕, 즉 선과 악의 가치의 기준에 의문을 제기하고 그 기준이 설정된 기원으로 거슬러 올라가 도덕의 계보를 밝힌 책. 선과 악의 기준 자체가 힘, 권력과 무관하지 않음을 보여줌으로써, 간접적으로 힘과 권력에서 열세에 놓인 여성이 늘 진리, 도덕으로부터 배제될 수밖에 없었던 근거를 잘 보여준다.

▷ 푸코,『성의 역사 1 ; 앎에의 의지』, 나남

서구 근대 이후에 권력이 세세한 영역에까지 침투하여 개인의 사사로운 삶, 특히 성의 영역을 지배한 모습을 그린 책. 특히 이 책 속에는 다양한 계층의 사람들 여성, 아이 등 사회적 약자에 대하여 권력이 어떻게 지배하고 관리해왔는지를 보여주고 있다.

▷ 라마자노글루,『푸코와 페미니즘』, 동문선

페미니즘과 푸코와의 그 긴장과 갈등을 다룬 논문집. 포스트모던한 페미니즘에 어느 정도 훈련이 되어 있는 페미니스트들이 푸코의 텍스트를 직접 분석하면서 푸코의 근대 권력에 대한 해체의 전략이 페미니즘에 유용한지 아닌지를 분석한 글들이다.

제2부
여성과 철학적 문제들

제7장

성차(性差)를 넘어서

□ **주제어**

성차, 섹스, 젠더, 성 이분법, 동성애, 젠더 패러디, 양성성

1. 차이의 강조, 차별의 심화

성차(性差)는 인간을 이해하는 가장 기초적인 범주로 받아들여져 왔다. 계급, 인종, 민족 그 어떤 범주도 성차만큼 우리 의식에 깊이 뿌리내리고 있는 것은 없다. 우리는 실제로 남녀가 사귈 때, 자녀를 양육할 때, 역할 분담을 할 때 성차적 인식에서 자유롭지 못하다. 자신의 역할이나 타인에 대한 평가에서 '여자니까, 남자라서'라는 경험적 논리를 사용한다. 성차에 대한 이러한 과도한 강조는 거의 대부분의 문화에서 찾을 수 있는 보편적인 현상이고, 성차의 보편성만큼이나 그것이 함축하는 차별도 보편적이며, 차이가 강조될수록 차별이 심화된 역사를 갖

는다. 여성들이 자신의 권리를 주장할 때면 보수적인 종교나 제도권의 과학은 성차별을 정당화하는 가부장적 가치관과 이론들을 만들어냈다. 남녀 불평등의 현실적 조건을 생물학적 숙명으로 받아들이게끔 하려는 것이었다.

사실 자연적 성차와 사회적 성차별은 그 경계를 선명하게 나눌 수 없을 만큼 얽혀 있다. 사회적 차별인데 자연적 차이로 인식되는 것들도 적지 않다. 여성이 감정적이라 위기 대처 능력이 떨어진다는 것은 자연적 차이 때문에 생겨난 것이 아니라 여성에게는 중요한 일을 맡길 수 없다는 사회적 차별의 결과다. 우주비행사나 군사 장교 중에 남성이 더 많은 것은 남성의 타고난 적성 때문이 아니라 그들에게 사회적으로 더 많은 기회가 주어졌기 때문이다. 실제로 여성과 남성은 생식에서 역할 분담이 이루어질 수밖에 없다. 그러나 그 이외의 대부분의 성차적 구분은 있어야 할 명분이 희박하다. '여자라서 또는 남자니까'라는 이분법의 출처는 여성과 남성의 몸이 아니라 여성과 남성의 권력 관계에서 찾아야 할 것이다.

그렇다면 성차는 얼마만큼 기본적인가. 성차는 어디까지가 자연적인 것이고 어디부터가 만들어진 것인가. 자연적인 성차 이외에 많은 부분이 사회적으로 형성된 것이라면 그러한 성차적 관념이 만들어진 권력의 지형도는 어떠한가. 성차는 인간을 설명하는 기본적인 지표를 넘어서 사회적 억압으로 기능하고 있지는 않은가. 성차는 남녀간의 차이를 밝히는 것을 넘어 차별을 정당화하고 강화하는 기제로 사용되고 있지는 않은가. 그리고 무엇보다 견고한 성차 인식과 엄격한 역할 분담은 우리 자신을 자유롭게 하는가. 이러한 물음들에 대한 접근은 남녀의 '모든' 차이는 생물학적으로 결정된다는 생물학적 결정론이 의심 불가능한 과학적 사실인지 의심하는 것으로부터 시작할 수 있다.

2. 생물학적 결정론과 남성적 과학

과학에 대한 일반적인 견해는 과학이 객관적이라는 것이다. 그런 이유로 성차에 대한 어떤 설명보다도 과학의 이름으로 이루어지는 것은 대중적 설득력을 갖고 남녀의 차이를 설명하는 강력한 증거로 채택되곤 한다. 그러나 성차에 관한 과학적 설명은 그것이 믿어지는 만큼 그렇게 객관적이지는 않다. 쿤(T. Kuhn)의 지적처럼 과학 이론은 자연에 대한 탐구이지만 그 시대의 사회적 요구에서 자유롭지 못하고 과학 공동체의 합의에 영향을 받는다. 과학은 한 시대의 과학 공동체가 받아들이는 패러다임에 부합할 때만 객관적인 것이 된다. 특히 자연을 다루는 어느 분과보다도 성차에 대한 과학적 연구는 사회의 요구에 민감하다. 물리학보다는 성차를 다루는 심리학이 일상의 구체적인 삶과 더 가깝기 때문이다.

물론, 인간의 성은 기본적으로 생물학적이다. 인류의 아담과 이브는 여성과 남성으로 사회화되기 전에 XX 염색체와 XY 염색체로 자연적 성을 부여받고 태어났다. 남녀의 염색체, 호르몬, 생식기, 생식 능력은 자연적으로 결정되고 여성과 남성을 구분해주는 기초적인 근거가 된다. 그러나 이러한 기본적인 차이 이외에 대부분의 성차는 실제로 자연적이기보다는 그런 것처럼 가장한 것이다. 한 사람이 어떤 성격을 갖고 어떤 직업을 선택하는가는 자연적인 성에 의해 결정되는 것이 아니라 사회화의 과정과 스스로의 선택에 의해 이루어진다. 따라서 성차를 둘러싼 담론 중 과장 없이 받아들여야 할 것은 사실 매우 적은 부분이다.

그러나 현실은 이와 달리 대부분의 성차가 타고날 때부터 부여받은 운명인 양 여기게 한다. 그리고 그러한 현실을 가져온 데는 남녀의 특정한 성차 구분을 정당화해준 과학 이론의 공적이 크다. 성차에 대한 부당한 과학적 분석은 과학의 전 영역에서 편린을 찾을 수 있으나, 그 중 가장 널리 알려진 것은 19세기 서양의 골상학에서 남녀의 성차를 설명하는 방식이다. 평균적으로 성인 남성 뇌의 무게는 1450g으로 여성의 1250g에 비해 무겁다. 골상학은 이러한 사실로부터 여성의 두개골이 남성보다 작으므로 여성의 지능이 남성보다 낮다는 결론을 추론했다. 그러나 인간의 뇌가 코끼리의 뇌보다 작고 아인슈타인의 뇌가 네안데르탈인보다 작지만 작은 쪽이 더 지능이 높듯이, 뇌의 크기와 지능 간에는 직접적 연관이 없다. 더 이상의 반론이 필요치 않은 문제지만 다시 언급하는 것은 이러한 설명 방식이 한때 유럽 지성계에서 통용되는 하나의 자연적 사실로서 받아들여졌기 때문이다.

남녀의 기질이 생물학적으로 결정되는 것으로 이해한 또 다른 예는 19세기의 생리학에서도 찾아볼 수 있다. 세포가 구성하고 종합하는 동화 작용과 분열하고 하강하는 이화 작용을 한다고 보고, 여성과 남성에게도 그 가설을 적용하였다. 즉, 남성은 이화 작용의 결과 적극적이고 능동적인 속성을 갖는 데 반해, 여성은 동화 작용의 결과 소극적이고 수동적인 속성을 갖는다는 것이다. 물론, 이화 작용과 여성 간에 어떤 인과 관계도 없으므로 세포 차원의 반응을 한 개체와 유비하는 것은 처음부터 문제가 있는 설정이다. 이제는 과학사의 뒤안길로 사라져버린 이론이지만, 중요한 것은 이 또한 한때는 객관성의 옷을 입고 과학으로 받아들여졌다는 점이다.

또한 성차에 대한 가부장적인 이론으로서 현재까지 영향력을 발휘하는 것으로 사회생물학을 빼놓을 수 없다. 사회생물학은 동물의 성 선택이나 성 행동을 인간에게도 적용하여 남녀의 성향을 설명한다. 즉, 동물의 세계에서 성 선택 과정을 순조롭게 하기 위해서는 수컷은 공격적인 데 반해 암컷은 수동적, 종속적이다. 인간도 '자연적'으로 이러한 성차를 가지므로 남성은 능동적이고 여성은 수동적이어서 각각 공적 영역과 사적 영역에 적합한 기질을 갖게 되었다는 것이다. 이는 동물의 행동 방식으로 인간의 행위를 설명한다는 점에서 인간 사회가 갖는 새로운 진화의 차원을 부정하는 문제를 갖는다. 그리고 더군다나 현재의 성 차별적인 제도가 자연의 최적 상태로서 거부할 수 없는 자연의 순리로 비쳐지게 한다. 사회생물학은 오늘날에도 영향력을 발휘하고 있고, 이와 같이 성차를 발명해내는 이론들은 가부장제가 사라지지 않는 한 계속해서 나타날 것이다.

그렇다면 앞서의 과학적 사례들이 객관성을 가장하면서도 사실은 여성을 폄하하는 시각을 갖게 된 이유는 무엇일까. 이는 그 동안 과학이 남성에 의해 주도되어 왔다는 사실과 무관하지 않다. 가부장제 내에서 과학적 가설로부터 평가에 이르는 전과정은 남성의 시각에서 '객관적'이었다. 물론 물리학을 연구하는 데 과학자의 성이 별다른 영향을 미치지는 않겠지만, 성차 연구는 상대적으로 사회의 가치가 개입되기 쉬운 영역이고 실제로 그러했다. 그간 과학의 연구 주체가 남성이다보니 그들의 관점으로 세상을 바라보고 가부장제의 가치 안에서 성차를 설명해온 것이다.

자연적 성차에 대한 여성주의적 시각은 그것에 대한 기존의 과학적 설명들이 객관적이지만은 않다는 생각에서 출발한다. 그리고 타고난 성차 이상의 것을 성차의 목록에 부과하고 그 목록 중 열등한 것은 여성에게 귀속시키는 과학적 관행을 비판한다. 생물학적으로 결정되는 성적 차이는 적지만 그러한 차이를 가정한 남성적 과학이 성차별로 이끄는 바는 크기 때문이다. 생물학적 성차가 결정하는 부분이 사실 생식과 관련된 것 이상이 아니라면 수많은 성차를 낳은 실제적인 원인은 무엇인가? 사회적 성차에 대한 문제로 나아가기 전에 남녀간의 의심할 수

없는 기본적인 성차인 여성의 생물학적 조건에 대한 여성주의
의 논의를 살펴보자.

3. 여성의 생물학적 능력, 장애인가 특권인가

남녀간의 가장 기본적인 차이는 역시 생식 능력에 관한 것이
다. 이는 가부장적인 과학이 만들어낸 차이가 아니라 인간이
자연적 존재로서 피할 수 없는 숙명이다. 남성과 여성은 염색
체와 생식 능력이 다르고 특히 여성은 남성과 달리 임신과 출
산의 가능성을 갖는다. 생식 기술의 발달로 이러한 생물학적
조건에 변화가 생길 가능성을 배제할 수는 없지만 여전히 임신
과 출산은 여성에게 주어진 능력이다. 그러나 실제로 많은 여
성들은 아이를 갖는 것에 대해 엇갈리는 감정을 갖는다. 처음
에는 자신의 몸의 변화를 불편해하지만 시간이 가면서 새로운
생명과의 교감을 통해 기쁨을 느낀다. 그렇다면 여성이 갖는
생식 능력은 신체적 장애인가 아니면 여성만이 가질 수 있는
특권이자 모성의 근원인가.

여성주의 내에서도 여성의 자연적 성을 타고난 장애로 보거
나 여성만의 특권으로 여기는 대립된 입장이 있다. 그 중의 하
나인 급진적 여성주의는 여성의 생물학적 조건 때문에 여성이
남성에게 예속될 수밖에 없다고 파악하고 여성이 평등해지려
면 과학 기술의 도움으로 이러한 '장애'를 극복해야 한다고 주
장한다. 파이어스톤(S. Firestone)은 임신, 출산과 같은 여성의
생식 능력을 생물학적 장애로 보고, 생물학적 숙명으로부터 여
성을 해방시켜줄 기술을 발전시켜야 한다고 생각했다. 단순히
피임으로 신체의 자유를 부분적으로 확대하는 것이 아니라 난
자, 정자를 기증하고 인공 태반에서 아이를 기름으로써 완전한

신체의 자유를 얻고자 한 것이다. 기존의 인식과의 충돌을 예상하면서도 이와 같이 고도로 발달한 생식 기술 사회를 꿈꾼 이유는 무엇일까? 그것은 임신과 출산의 과정을 대행할 이와 같은 인공적인 시스템이 있어야 출산과 육아에 부착된 성 역할 분리가 종식되어 마침내 남녀 평등의 물질적 조건이 만들어진다고 보았기 때문이다.

여성이 아이를 낳는 것을 육체적인 장애로 보고 과학 기술의 도움으로 생식 능력을 대신하게 하려는 것이 최선일까. 여성의 출산과 양육을 도울 사회적 보완 장치를 모색하지는 않고 여성의 자연적인 능력을 과학 기술로 대행시키자는 주장은 설득력을 갖는가. 여성의 사회 참여가 많아지는데도 출산과 육아를 보조할 제도가 따라주지 못하는 현실을 감안하면 무시할 수만은 없는 주장이다. 그러나 남성의 신체적 능력을 표준으로 보고 여성의 신체를 과학 기술에 의해 보완되어야 할 결함으로 보는 것은 문제다. 성차를 넘어선다는 것은 여분의 가부장적인 고정된 성 역할 분담을 비판하는 것이지 여성의 신체를 장애로 여기는 것은 아니다. 급진적 여성주의는 여성의 생물학적 능력을 신체적 장애로 본다는 점에서 기존의 남성적 시각과 다르지 않다. 여성의 몸은 남성의 몸에 비해 불완전하다고 보는 점에서는 일치하기 때문이다.

한편, 모성론자들은 여성의 어머니로서의 경험을 중시하여 세상을 구원할 도덕으로 모성을 신화화하려고 했다. 여성은 생명을 배태하고 출산하고 양육하는 과정에서 남성은 갖지 못하는 세계에 대한 책임과 보살핌을 체화한다는 것이다. 이러한 생각을 확장하여 러딕(S. Ruddick)은 여성의 모성을 세계와 인류에 대한 사랑으로 확대한 '모성적 사고'라는 개념을 제안했다. 여성이 아이를 갖고 낳고 돌보면서 아이에 대해 갖게 되는 책임과 사랑은 세계로까지 전이되어 폭력보다는 평화를, 경쟁

보다는 보살핌을 중시하는 데로 나아간다는 것이다. 그런 이유로 해서 어머니로서 경험을 중요시하는 모성론자들은 인간이 그 동안 착취의 대상으로 여겨온 환경을 보호하자는 생태주의와 남성 권력이 만들어낸 폭력적인 대립에 반대하는 반전 운동과 같은 사회 운동으로 확장된다.

그러나 모성적 사고는 그것이 생물학적 여성에게만 적용되는 것은 아니라 하더라도, 그 원형을 어머니로서의 경험에서 찾는다는 점에서 근본적으로 생물학적이며 그런 의미에서 본질주의의 혐의를 비껴나가기 힘들다. 누구나 의식적으로는 모성적 사고를 할 수 있다 하더라도 암암리에 그럴 기회를 갖지 못한 일부 여성들과 모든 남성들을 배제시키는 결과를 가져오기 때문이다. 이는 전통 윤리학이 이성과 감성을 이분법적으로 나누고 여성은 이성적이 않으므로 도덕적이지 못하다고 여성을 배제했던 것과 같은 오류를 범하는 것이다. 여성의 생식적 능력은 주어진 자연적 사실이자 남성과의 자연적 차이일 뿐이다.

파이어스톤의 급진주의적 여성주의와 러딕의 모성론은 생물학적 성이 한 주체의 성향과 사회적 운명을 결정한다는 결정론적 사고를 전제한다는 점에서 같은 문제에 봉착한다. 왜 남성의 신체를 표준으로 삼아 여성의 신체를 과학 기술에 의해 보완되어야 할 존재로 보거나, 여성의 어머니로서의 경험을 강조하면서 남성의 신체를 도덕성을 갖기에 불리한 것으로 보아야 하는가. 여성 신체의 폄하나 찬양은 여성과 남성을 '생물학적으로' 차별하는 결과를 초래하기 때문에 동일한 종류의 본질주의적인 오류를 범하게 된다. 임신과 출산 같은 여성의 자연적 능력은 부정될 것도 신화화될 것도 아닌 여성의 자연적인 능력일 뿐이다. 우리를 둘러싼 성차에 관한 담론 중에 자연적으로 결정된 성차는 매우 적고, 사실 성차에 관한 대부분의 담론들은

과학의 이름으로 가부장적인 사회의 요구에 따라 해석되거나
만들어진 것이다.

4. 젠더 결정론과 가부장적 사회화

성차의 원인이 전적으로 생물학적인 것이 아니라면 어떻게
만들어진 것일까. 왜 여성과 남성은 그 이름으로 분류되는 심
리적, 행동적 특성을 가질까. 사실 여성과 남성 간에 어느 정도
차이가 존재함을 부인할 수는 없다. 일례로, 남성들은 감정을
보이는 것을 부끄러워 하지만 여성은 그러한 개인적인 감정의
표현에 능숙하다. 또한 여성은 대화할 때 직관적인 이해를 중
시하지만 남성은 논증적인 설득에 더 비중을 둔다. 어디 그뿐
인가. 여성은 주변 사람들의 요구에 민감하지만 남성은 주변을
돌아보기보다는 자신의 일에 더 열중한다. 일상사에서 찾을 수
있는 이러한 남녀의 차이의 목록은 수없이 많다. 정말이지 여
성과 남성 간의 심리적, 행동적 차이는 법칙화할 만큼 크지는
않지만 무시할 만큼 작지도 않다. 남녀의 대부분의 차이를 형
성하는 것이 생물학적인 것이 아니라면, 그것은 사회적 관계를
맺으면서 강요되거나 선택한 결과일 것이다. 즉, 여성과 남성의
성 기질과 성 역할은 생물학적으로 이미 결정된 것이 아니라
사회화 과정을 거치면서 만들어진 것이리라.

성 기질의 차이를 가져오는 원인을 알아보기 전에 성차를 보
여주는 심리학의 한 실험을 살펴볼 필요가 있다. 심리학자 콜
버그(L. Kholberg)는 아이들에게 '하인즈의 딜레마'란 문제 상
황을 주고 그 대답을 통해 여아와 남아의 특성을 분류해냈다.
하인즈의 딜레마란 '부인이 아프지만 약을 살 형편이 못 되는
상황에서 남편이 어떻게 행동할 것인가' 하는 것이다. 이 물음

에 대한 여아와 남아의 반응은 주목을 끌 정도로 경향성의 차이를 드러냈다. 남아들은 하인즈 부인의 생명이 약사의 이익보다 더 중요하기 때문에 약을 훔쳐야만 한다고 주장한 반면, 여아들은 하인즈의 절도가 그와 아내의 관계에 미칠 영향, 즉 약을 훔치다 체포되어 감옥에 가면 아내를 보살펴줄 사람이 없어짐을 고려해 약사나 다른 사람에게 도움을 요청해야 한다는 입장을 취했다. 남아들은 수학 문제를 풀 듯이 두 가지 도덕, 즉 생명의 가치와 소유권 존중의 가치를 비교했지만, 여아들은 당사자들간의 관계를 고려하느라 우회적인 해결책을 제안했다.

이 사례를 통해 알 수 있는 것은 도덕적 딜레마 상황에서 남아들은 추상적인 도덕 규칙들의 비교를 중시하는 데 반해, 여아들은 당사자들간의 관계와 그것이 차후에 미칠 영향에 더 민감하다는 것이다. 이러한 경향성은 여성들이 남성들을 하나만 안다고 생각하거나, 남성들이 여성들을 복잡하다고 느끼는 것과도 경험적으로 상통한다. 연애할 때나 결혼해서 남녀가 가장 부딪치는 부분도 바로 원칙과 배려의 대립이다. 그렇다면 이러한 기질의 차이는 어디서 생겨난 것인가? 그것이 생물학적인 근원을 갖는 것이 아니라면 그 근원은 어디서 찾아야 할까? 가장 일반적인 대답은 성에 따른 유형화된 기질은 성장 과정에서 사회화를 거치면서 결정된다는 것이다. 가족이나 학교나 사회라는 틀 속에서 일정한 성 기질을 학습하고 그런 기대치에 따라 성 역할을 수행하게 된다는 것이다. 이렇듯 사회적으로 결정되는 성은 생물학적 성인 섹스(sex)와 구분하여 젠더(gender)라고 불린다.

젠더의 사회적 생성 과정에 대한 미시적인 연구와 설명은 초도로우(N. Chodorow)에 의해 주어졌다. 그녀에 따르면 인간은 생후 2년 안의 사회화 과정을 통해 성 정체성이 형성된다. 그런데 이 시기는 대체로 엄마에 의해 양육되는 시기로 엄마와의 관계에서 아이의 성 정체성이 형성된다는 것이다. 즉, 여아는 동성인 엄마에게 친밀감을 느끼므로 타인과의 관계성이 발달하는 반면, 남아는 이성인 엄마로부터 분리감을 느끼면서 자아정체감이 발달한다. 그 결과 여아는 육아와 가정 일에 필요한 보살핌, 관계성과 같은 여성적 젠더를 갖게 되는 데 반해, 그렇지 못한 남아는 자기 세계가 발달하여 자기 일을 양보하지 않고 자기 주장이 강한 사람으로 성장하기 쉽다는 것이다.

젠더는 성차를 생물학적으로 결정되는 선천적인 것으로 보지 않고 양육 과정에서 형성되는 후천적인 것으로 볼 수 있는 이론적 지평을 열었다는 점에서 크게 환영받았다. "여성은 태어나는 것이 아니라 만들어진 것이다"라는 보부아르(S. de Beauvoir)의 이야기는 여성주의가 성차를 설명하는 범주로 섹스보다는 젠더를 선호하는 이유를 간명하게 표현해준다. 이후의 모든 삶이 이미 생물학적으로 결정되어 있다는 것보다는 가정과 학교에서 사회화의 과정을 거치면서 결정된다고 보는 것은 지금까지의 여성들의 소극적인 성 기질이나 남성보다 열등한 성 역할을 적실하게 설명해주기 때문이다. 어디 그뿐인가. 나아가 여성이 지금과는 다른 사회화 과정을 거치면 앞으로는 지금의 성 기질과는 다른 성향을 갖고, 지금의 성 역할과는 다른 일들을 해낼수 있으리라는 변화의 가능성 또한 열어두기 때문이다.

젠더 논의는 거기서 한 걸음 더 나아가 도덕적 규칙보다는 상호간의 관계를 중시하는 여성 젠더가 인간 사회에 더 바람직하다는 주장으로까지 이어졌다. 캐롤 길리건(C. Gilligan)은 여성 젠더 중 대표적인 것인 관계성이야말로 전통 윤리의 덕목인 정의와 더불어 없어서는 안 될 도덕적 요소라고 보았다. 그간의 인간 사회의 대부분의 갈등은 올바른 정의의 원칙이 없어서라기보다는 타인의 입장에 서는 이해와 약자에 대한 배려의 부족으로 생겨난 것이었다. 그런 의미에서 관계성의 핵심인 배려와 책임감은 우리 사회에 가장 요청되는 윤리적 덕목으로, 여성적 젠더는 사회를 위해서도 매우 가치 있다는 것이다.

그러나 보살핌과 같은 여성 젠더를 강조하는 것은 가부장제에서 미화된 약자의 도덕이란 비판을 받기도 했다. 보살핌 자체가 나쁜 것은 아니지만 남녀가 평등하지 않은 현재의 상황에서 여성에게 동정심, 관계성, 보살핌과 같은 젠더를 강요하면 되려 여성의 발전을 저해하는 결과를 가져올 수도 있기 때문이다. '착한 여자 콤플렉스'라는 말처럼 대부분의 여성들은 주변을 돌보다 자기 계발에 소홀해진다. 탁아 시설을 늘일 생각 없이 여성의 보살핌만 강조하는 상황에서는 직장 여성은 경쟁에서 도태할 수밖에 없다. 더 나아가 모성이나 보살핌의 강조가 자칫 여성에게 희생을 강요하는 '노예의 도덕'으로 악용되기 쉬운 점도 간과해서는 안 된다. 어느 사회든 그 사회의 누군가는 보살핌을 필요로 하는데, 완전한 복지 국가가 아닌 한 아이, 노인, 환자를 보살펴야 할 부담은 여전히 여성에게 남겨진다. 그러나 사회와 가족이 나누어야 할 부담을 여성에게만 강요하는 것은 여성에게 권리 없이 책임만을 부과하는 것이 아닐 수 없다.

기본적인 생물학적 차이를 제외하면 성 기질과 성 역할은 대부분 사회적으로 결정된다는 것은 그럴 듯한 분석이지만, 여전히 젠더를 양산하는 가부장제에 대한 해부가 없는 한 젠더 논의는 기존의 성 이원론을 답습하는 데 머물 것이다. 이러한 맥락에서 버틀러(J. Butler)는 젠더 논의가 성을 생물학적 숙명에서 사회적 구성물로 보게 하는 데 기여했지만 여전히 이성애의 구도 안에 갇혀 있다고 비판한다. 젠더 논의는 기존의 여성성과 남성성을 사회화의 결과물로 보게는 했지만, 그러한 사회화 역시 성 이분법의 한계 내에 머물러 있음으로써 기존의 가부장적 억압을 답습하고 있다는 것이다. '젠더'는 '섹스'를 비판하면서 등장하지만 여성성/남성성이라는 것 역시 여성/남성의 생물학적 이분법에 기대어 있는 모방 개념이라는 것이다.

　젠더 이론은 성차가 가부장제의 가족 구조 안에서 결정됨을 보인다는 점에서 성차에 대한 생물학적 결정론의 부담은 덜었지만, 남성성 여성성이라는 성 기질의 차이를 인간이 사회화를 거치면서 갖게 되는 숙명으로 파악함으로써 사회적 결정론으로 귀착된다는 문제를 갖는다. 인간이 사회적 존재인 한 사회화의 과정은 피할 수 없지만 문제는 하나의 성으로 태어나면 그 성으로 양육될 수밖에 없다는 양자택일적인 가능성만을 인정하는 데 있다. 가부장적 사회화는 생물학적 결정론보다는 유연하지만 여전히 양자택일적인 결정론이고, 생물학적 성차 설명과 마찬가지로 성 이분법의 구도 아래 머물러 있는 것이 문제인 것이다.

　성차가 사회적으로 결정된다는 사회적 결정론은 생물학적 결정론을 비판하는 이론적 기반을 제공하기는 했지만, 이성애적 가족중심주의의 한계 내에 머물러 있으면서 가부장적인 분석틀 자체를 비판하는 데로까지 나아가지는 못했다. 젠더 논의가 개인의 능력이나 성향은 자연적으로 결정된다는 생물학적 결정론을 비판하면서 성차의 사회적 형성 과정에 주목한 것은 중요한 이론적 발전이다. 그러나 그 발전이 좀더 철저한 것이 되려면 젠더를 두 가지로만 제한하여 그게 맞게 성별 분업을 준비시키는 가부장적 사회화 자체에 대한 비판으로 나아가야 한다. 성 이분법의 예외성과 그것이 부과하는 가부장적 폭력이 잘 드러나는 것은 무엇보다 동성애 집단에서다.

5. 성차 이분법의 소외 계층, 동성애자

섹스와 젠더는 모두 이성애적 기준을 전제로 하고 있어서 가부장제의 가족 구조를 암암리에 정당화하고 그 결과 동성애자들을 배제한다는 한계를 갖는다. 가부장제는 부권이 중심이 되는 사회로, 농경 시대 이후 씨족 단위에서 지금의 소규모 가족 단위로 오기까지 여러 변화를 거듭해왔다. 그러나 이러한 변화의 과정에서도 변하지 않은 것은 가부장제는 이성애적 기준 하에, 부계 중심의 혈통을 보존하는 이념을 고수하고 그 안에서 남녀 역할 분담을 고정시키고 그러한 역할 분담을 방기하면 도덕 규범들로 제재하는 치밀한 장치를 갖는다는 것이다. 그러한 현재의 가부장적인 구조 속에서 가장 소외된 집단은 동성애자들이다. 이성애자들이 성 이분법의 테두리 내에서 갑갑함을 느낀다면, 동성애자들은 그 테두리 내에 소속되지도 못하는 소외 집단이다.

남성 동성애자들인 게이나 여성 동성애자들인 레즈비언은 이성애적 이분법의 피해자면서도 역사적으로 종교적, 과학적 담론으로부터 비판을 받아왔다. 고대 그리스에서처럼 학문적 교류를 위해 남성간의 동성애가 묵인되던 때도 있었지만, 그 이후로는 언제나 그것을 비난하는 도덕적, 과학적 담론과 결합되어 주류 사회에서 추방당해온 역사를 갖는다. 종족 보존을 위해서만 성을 허용했던 금욕적인 기독교에서는 동성애자들이 생식 이외의 목적으로 성적 행동을 한다고 보아 도덕적으로 질타했고, 현대에도 동성애자들을 성적으로 문란한 집단이자 에이즈의 발원지로 몰아 지배 사회에서 격리시키고 있다.

성차에 대한 분석에서 동성애 집단이 주목받는 것은 동성애자들이 성 이분법이 포괄하지 못하는 경험적 준거 집단이자 그들에 대한 가부장제의 억압이 성차를 넘어서려는 여성주의와의 연대를 가능하게 하기 때문이다. 그러나 동성애자라고 해서 여성주의 운동에 관심을 갖는 것은 아니고, 여성주의자라고 해서 동성애자인 것도 아니므로 연대의 고리를 선명하게 제시하기는 힘들다. 그럼에도 동성애 집단과 여성주의의 연대가 가능한 것은 모두 가부장제의 이분법적인 성차적 인식을 넘어서고자 한다는 데서 찾을 수 있다. 동성애자들은 생물학적 성 이분법이 갖는 협소함 때문에 이분법적 성차를 넘어서려 하고, 여성주의는 사회적 성차 형성의 이분법적인 억압과 그것이 성별 분업으로 이어질 불평등을 바로잡기 위해 기존의 성차를 넘어서고자 한다. 출발점은 다르지만 목적지는 같은 것이다.

그러나 동성애자들도 남성 또는 여성의 역할을 하는 것을 보고 그들도 여전히 이성애적 남녀 관계와 성 역할을 모방되는 것 아니냐고 반문할 수도 있을 것이다. 동성애 커플간에도 이성애자들의 남녀 역할 분담이 전이되어 있다는 것은 이성애자들의 성 이분법의 보편성을 보여주는 것처럼 비치기 때문이다. 사실 남성 동성애자인 게이 커플간에도 여성의 역할을 하는 펨(femm)이 있고, 여성 동성애인 레즈비언 커플간에도 남성의 역할을 하는 부취(butch)가 존재한다. 그러나 게이가 여성적인 펨의 역할을, 레즈비언이 남성적인 부취의 역할을 선택할 수 있다는 것 자체가 성이 숙명이 아니라 자기 결단과 실천임을 보여주는 것이라고 볼 수 있다. 부취나 펨의 존재는 성 정체성의 범주가 자연적인 토대에 기초하거나 절대적 진실의 산물이 아닌 규율에 따라 반복된 실천의 결과임을 보여준다. 결국 동성애자들의 이성애 모방은 이성애적 관계의 절대성을 보여주는 것이라기보다는 젠더의 임의성을 보여주기 위한 일종의 젠더 패러디로 볼 수 있다.

성 이분법에 대한 도전은 성적 소수자인 동성애자들만의 문제는 아니다. 자신의 개성을 전형적인 여성성, 남성성에 맞추어야 하는 이성애자들에게도 성 이분법이라는 거푸집은 하나의 억압 기제로 작용한다. 동성애가 이성애적 구조 내에서 자신의 성 정체성을 부정당한다면, 이성애자들은 자신의 개성을 부정당한다. 강제적인 사회화가 아니라 선택적인 사회화를 가능케 하려면 두 가지 성만을 인정하는 생물학적 결정론과 사회적 결정론을 모두 넘어서야 한다. 좀더 자유로운 상호 인정과 편견 없는 자율성의 세계로 나아가려면 기존의 이분법적인 성차를 넘어서는 노력이 있어야 한다.

6. 성차를 넘어서

생물학적 성인 섹스나 사회적 성인 젠더의 구분으로 한 인간을 이해하는 것은 한 개인을 성의 잣대에 매이게 한다. 성차에 대한 전형화된 사고 방식이나 표현 방식들은 편리한 분류 기준을 제공하는 데 그치지 않고 개인들의 삶을 규제하는 선입견을 형성하게 한다. 그러한 선입견은 여성과 남성 모두를 억압하고, 이성애적 틀에 들어오지 못하는 동성애자들을 소외시키는 결과를 초래한다. 이 사회에서 여성적이기 때문에 당하는 피해나 남성적이기 때문에 가져야 하는 부담, 또 그 어느 것도 되지 못하기 때문에 느껴야 하는 소외감은 누구도 바라는 바가 아니다. 성 이분법적인 구조 내에서 불편함을 느끼는 것은 인간이 본성적으로 이분법적인 틀에 따라 "남자니까 남성적으로, 여자니까 여성적으로"만은 살 수 없는 다양한 기질과 능력을 가졌기 때문이다.

한 개인 안에 여성적 기질과 남성적 기질이 공존한다는 것을 보여주는 양성성(androgyny) 개념의 출처는 플라톤(Platon)으로부터 프로이트(G. Freud)와 융(C. G. Jung)에 이르기까지 여러 곳에서 찾을 수 있다. 플라톤은 인간의 기원을 반은 여자고 반은 남자인 존재로 묘사하였고, 프로이트는 성 정체성이 만들어지기 전인 전 오이디푸스기의 유아는 양성성을 갖는다고 보았으며, 융 또한 한 인간 안에 아니마나 아니무스와 같은 반대 성적인 요소가 원형적으로 존재한다고 가정했다. 더 나아가 고정된 성 이분법을 넘어서서 기존의 성차를 통합적으로 설명하려는 시도는 벰(S. Bem)에게서 찾을 수 있다. 그녀는 '후천적으로' 구분된 남성(andro)과 여성(gyne)의 특성이 합해진 상태인 양성성이 인간을 설명하는 데 적절할 뿐 아니라, 나아가 균형 잡힌 인격 형성을 위해서도 요구된다고 보았다.

여러 매체에서 거론된 덕택에 이제 양성성은 낯선 개념이 아니다. 그러나 정작 양성성의 내용이 무엇인지 답하기는 어렵다. '양성성'이란 '여성성과 남성성의 혼합'이라는 생각에서 출발하는데, 이때 혼합이란 여성성과 남성성의 조절이나 균형을 말한다. 예컨대, 여성성과 남성성이 조화되면 남성의 지배적인 특징은 여성의 타자에 대한 감수성으로 완화되고, 여성의 복종적인 성격은 남성의 독립성으로 보완되리라는 것이다. 그러나 조절이나 균형은 기존의 남성성과 여성성을 절충하는 듯한 인상을 지우기 힘들다. 이런 문제 때문에 양성성을 남성성과 여성성의 '상호적'인 것으로 볼 필요성이 생겨난다. 남성성과 여성성이 단순히 조합되는 것이 아니라 양성성이 작용하다보면 전혀 새로운 창발적인 속성이 나타난다고 보는 것이다. 그러한 혼성 특성으로 '주장이 강하고-의존적인', '동정심 있고-야망 있는' 등이 제안되었다. 그러나 이러한 사례들 역시 창발적이라는 단서에도 불구하고 여전히 절충적인 한계를 벗어나지는 못한다.

이러한 미진함은 양성성이라는 말 자체가 갖는 경계 넘기의 어려움에 있다. 양성성은 기존의 성차 이분법의 틀 내에서 그것을 넘으려는 시도이기 때문에 그러한 개념상의 한계는 불가피하다. 그러나 인간은 언어의 한계 안에서도 그것을 넘어서는 것을 지향할 수 있다. 개념의 사다리를 놓고 올라가서 그것을 버릴 수 있는 것이다. 중요한 것은 양성성이 지향하는 바, 즉 성이분법을 넘어선 자유롭고 다양한 세계로 나아가는 것이다. 생식과 관련된 매우 기본적인 생물학적 차이를 제외하면 각자의 기질과 경험에 따라 더 많은 차이를 만들어나갈 수 있는 그런 세상을 넘겨다보는 것이다. 이는 하나의 당위적 요구만이 아니라 인간이 타고난 자유로운 기질에도 더 적합한 존재 방식이리라.

물론, 양성적 사회에서도 생물학적 여성이나 남성 간에 성 기질의 차이가 날 수도 있고 선호하는 성 역할이 있을 수도 있으며 지극히 '여성적'이거나 '남성적'인 인물이 존재할 수도 있을 것이다. 그러나 그러한 특성의 보유가 자신의 선택에 의한 것이라는 점에서 이분법적인 성차 인식 속에서 주조된 성 기질과 성 역할과는 다를 것이다. 저울을 달려면 먼저 무게 중심을 맞추어야 하듯이, 있을 수도 있을 성차를 분별하려면 역설적으로 지금의 성차적 인식을 넘어서야 한다. 성차를 넘어서자는 것은 성차를 없애자는 것이 아니다. 자연적 차이 이상의 사회적 차별을 만들어내는 가부장제의 성차의 정치학을 넘어서자는 것이다. 그것을 통해 성적 차이는 있되 여분의 성적 차별은 없는 그런 공동체를 만들자는 것이다. 그럴 수 있다면 우리 모두는 좀더 자유롭지 않을까.

□ 생각해볼 문제

① 나의 생물학적인 성인 섹스와 사회적인 성 기질인 젠더가 불일치하는 경우가 없는가? 그러한 순간의 경험을 예를 들어보고, 그러한 불일치가 보여주는 성 이분법의 문제를 지적해보자.

② 동성애 커플 중에도 이성애 커플을 모방하여 일정한 성 역할을 수행하는 경우가 적지 않다. 이러한 현상은 가부장적인 성 이분법의 답습인가, 교차되는 성 역할 수행 자체가 그러한 이분법의 임의성을 보여주는 것인가?

③ 양성성은 단순히 여성적인 것과 남성적인 것의 조합이 아니라 새로운 인성의 창조로 얘기된다. 양성적인 젠더를 가진 인물을 예로 들어보고 여성성과 남성성만 갖는 것보다 어떤 점에서 나을지 생각해보자.

④ 성차를 넘어선다는 것은 기존의 이분법적인 성차를 없애자는 것이지 여성성과 남성성의 모든 세부 목록들을 없애자는 것은 아니다. 그렇다면 성차 지배적인 사회의 여성성 혹은 남성성과 그것을 넘어선 사회의 '여성성' 혹은 '남성성'은 어떻게 다를까?

□ 더 읽어야 할 책

▷ 캐롤 타브리스, 『여성과 남성이 다르지도 똑같지도 않은 이유』, 히스테리아 옮김, 또하나의 문화, 2001
  여성과 남성의 차이가 어떻게 여성에 대한 차별로 기능해왔는지를 몸, 마음, 문화 등의 여러 각도에서 예리하게 분석하고 있다. 경험적 자료에 근거해서 씌어져 이해하기가 쉽고, 무엇보다 시종일관 남녀의 차이만이 아니라 인간으로서의 공통점을 놓치지 않았다.

▷『이갈리아의 딸들』, 게르드 브란튼베르그 지음, 히스테리아 옮김, 황금가지, 1996

　지금의 가부장 사회의 전도된 모델인 가상의 가모장 사회를 그려봄으로써 가부장적 사회의 성차 관념을 패러디한 소설이다. 그간 절대 불변의 진리인 듯한 성차가 얼마나 임의적일 수 있는지를 깨닫게 해주고, 또한 그러한 차이가 차별로 작용해서 여성의 삶을 얼마나 제한하는지를 비추어볼 수 있게 해준다.

▷『남성의 과학을 넘어서 — 페미니즘의 시각으로 본 과학 기술 의료』, 오조영란, 홍성욱 엮음, 창작과비평사, 1999

　과학 이론 내에서 그리고 제도적으로 객관성을 표방하는 자연과학이 사실은 가부장적인 패러다임에 의존하고 있음을 보여주는 국내 학자들의 글을 모았다. 성차에 대한 성 차별적인 연구들을 사례를 들어 보여주고, 과학사에서 잊혀진 뛰어난 여성 과학자들도 발굴해놓았다.

▷『동성애의 심리학』, 윤가현 지음, 학지사, 1997

　동성애의 역사와 문화적 변이 및 동성애자들의 구체적인 삶을 객관적으로 조명한 저서다. 동성애가 소수일지언정 보편적 현상임을 드러내고, 동성애자들이 주류 사회에서 배제되어온 역사적 과정을 추적하며, 나아가 오늘날 우리 사회의 동성애 문화까지 폭넓게 언급하고 있다.

제8장
여성 안의 윤리, 윤리 안의 여성

□ **주제어**

전통 윤리, 여성적 윤리, 여성주의적 윤리, 보살핌, 정의, 대안 윤리

1. 보편적 윤리 속의 배제된 여성

오랫동안 윤리는 누구에게나 적용되는 보편적인 것으로 받아들여져 왔지만, 누구나 윤리의 주체가 될 수 있었던 것은 아니다. 윤리의 주체가 되기 위한 일차적 조건이 행위의 자율성이라면 그러한 자율성을 갖지 못할 상황에 처한 집단은 언제나 있어 왔다. 이제껏 그 시대의 약자들은 당대의 지배적인 윤리가 요구하는 합리성을 갖출 만큼 교육의 기회를 얻지 못했고, 도덕적 불운에 빠지지 않고 자신의 의지대로 행위할 만큼 생존의 토대를 갖지 못했다. 그런 측면에서 본다면 한 시대의 지배적인 윤리는 모두를 대상으로 하는 보편성을 천명하지만, 사실

은 권력을 가진 일부 계층의 것이었고 권력을 갖지 못한 계층은 윤리에서 배제되거나 권력을 가진 계층의 요구에 부응할 때만 '도덕적'일 수 있었다.

권력을 가진 계층의 윤리는 스스로 만들고 지켜나갔다는 의미에서 주체적이고 자율적이다. 잘 알아야 윤리적일 수 있다는 아리스토텔레스(Aristoteles)의 지행합일은 그 사회의 지식 엘리트인 귀족의 윤리였고, 어떤 경우에도 도덕 법칙에 따라 행위해야 한다는 칸트(I. Kant)의 의무론은 근대 질서를 만들어나간 계몽된 시민의 윤리였다. 그러나 권력을 갖지 못한 계층의 윤리는 스스로 만들어나간 것이라기보다는 권력을 가진 계층의 요구에 맞게 변조된 것이었다. 중세 기독교의 금욕주의는 농노들의 가난을 높이 사면서 분배의 불평등을 희석시켰고, 아직까지도 가부장적 사회에서는 여성의 모성과 침묵을 칭송하면서 기회의 불평등을 은폐한다. 물론 권력을 갖지 못한 계층이 스스로 만들어나간 저항의 윤리가 없었던 것은 아니지만, 적어도 그 시대에 통용되는 공식적인 윤리의 견지에서 보자면 그들은 권력을 가진 계층에 봉사할 때만 윤리적일 수 있었다.

역사적으로 권력에서 소외된 집단 중 가장 오래되고 널리 편재한 집단은 여성이다. 엥겔스의 가설처럼 최초의 피지배 집단은 성별 분업에서 불리한 위치에 섰던 여성이었는지도 모른다. 씨족 사회의 형성 이후에 만들어진 가부장적 질서 내에서 여성의 종속은 다른 모든 문화로 확대되었고 도덕의 영역에서도 예외는 아니었다. 전통 윤리학 내에서 여성의 소외는 여성은 원래 도덕적일 수 없다는 선험적인 경계를 긋거나 여성의 희생을 강요하는 덕목들만 도덕으로 받아들이는 방식으로 이루어져왔다. 즉, 여성은 임신, 출산 등의 생물학적 조건 때문에 감각이나 감정의 동요에서 자유로워야 할 도덕 판단을 할 수 없다고 보거나, 침묵이나 복종과 같이 일방적으로 여성의 희생을 강요하는 대등하지도 상호적이지도 않은 미덕이 여성의 윤리로 독려되어 왔다.

이처럼 전통 윤리학은 보편적 인간을 다루는 듯해도 사실 남성의 입장에서 도덕을 만들고 실행해왔다. 그럼에도 여성의 도덕성을 부정하는 신화가 의심 없이 받아들여져 온 것은 기존의 윤리와 가부장적 가치의 밀약이 간과되었기 때문이다. 이러한 문제 의식은 전통 윤리학 자체에 대한 비판이자 동시에 그것을 딛고 넘어설 새로운 윤리로 나아가는 출발점이 된다. 그렇다면 전통 윤리학의 어떤 특성이 여성을 배제해왔는가, 그 가치들은 그 자체로 지향할 만한 것인가, 전통 윤리학 내의 여성 폄하 경향을 전복할 만한 여성만의 도덕성이 있는가, 여성만의 도덕성을 강조하는 것의 위험은 없는가, 여성주의 윤리는 도덕에서의 성적 층위를 넘어설 수 있는 대안 윤리일 수 있는가. 이러한 것들을 살펴보려면 먼저 전통 윤리 안에서 여성이 배제된 과정부터 들여다볼 필요가 있다.

2. 규범적인 전통 윤리학의 남성 편향성

전통적인 윤리학은 대체로 여성의 경험을 도덕의 영역에 반영하지 않고 심지어 도덕적이기 위해서는 피해야 할 것으로 여겨왔다. 그러나 그러한 평가에도 불구하고 정작 전통 윤리의 남성 편향성을 증명해내기란 쉽지 않다. 무엇보다 전통 윤리학을 하나의 틀로 일괄하기 어렵다는 문제에 부딪친다. 전통 윤리학은 플라톤서부터 칸트에 이르는 오랜 전통 속에 끊임없이 변화해왔기 때문에 그것들의 특성을 일별해낸다는 것은 쉽지 않고 단순화의 부담도 감수해야 한다. 게다가 그런 특성을 추출해낸다 하더라도 전통 윤리학이 명시적으로 여성을 폄하하거나 배제하는 부분을 찾아내는 것도 쉬운 일이 아니다. 전통 윤리학 내에서 행위자는 인간이란 이름으로 불려졌으므로 새삼 그것의 성차를 들추어내야 하는 수고가 뒤따른다.

전통 윤리학 내의 여성 배제를 짚어내자면 심층적인 분석이 필요하다. 그러한 심층적인 분석은 서양의 이분법적 사고에 녹아 있는 개념의 서열 구조를 이해하는 것으로부터 시작할 수 있다. 서양의 지적 전통에서 이성 / 감정, 공적 / 사적, 자율 / 의존, 문화 / 자연, 초월 / 내재, 보편 / 특수, 정신 / 몸 등의 이분법적 사고 틀을 발견하는 것은 어렵지 않다. 철학, 종교, 신화, 문학 등 정신적인 것을 다루는 영역이면 어디서나 이러한 이분법적 대립의 상황을 묵도할 수 있다. 두 가지 이외의 가능성을 인정하지 않는 이러한 배중률적인 사고를 하면 구체적인 상황 속에서 사물을 파악하기보다는 정해진 틀로 사물을 바라보는 결정론을 피할 수 없다. 이러한 흑백의 안경을 쓰고서는 사물의 변화를 감지할 수 없다.

이러한 이분법적인 범주들은 단순히 대립적인 개념 군을 이루는 것만이 아니라 성과 관련된 메타포를 형성하여 여성의 열등함을 강조하는 개념의 정치학으로 기능한다. 이 개념의 정치학은 이성, 공적, 자율, 문화, 초월, 보편, 정신은 그것의 상대 개념에 비해 우월한 것으로 치부되고, 두 부류의 개념 중 우월한 것으로 가정된 것은 남성의 속성으로 부여되고, 남성적인 것은 다시 도덕적인 것으로 연결되는 원환 구조를 갖는다. 그 결과 이 원환 구조 밖에서 여성은 열등한 존재라는 운명에 처하고 모든 영역에서와 마찬가지로 도덕의 영역에서도 한계를 가질 수밖에 없는 '불완전한' 남성으로 취급된다. 여성으로 태어났다는 이유로 이러한 도덕적 열등함을 감수해야 하는 것이다.

서양의 이분법과 성차적 서열이 전통 윤리학에 반영된 과정은 헬드(V. Held)에 의해 효과적으로 지적되었다. 그녀에 따르면 전통 윤리학은, 첫째로 이성과 감성을 엄격히 구분하고 여성은 감성적이므로 이성적인 도덕에는 적합하지 않다고 가정하는 특성을 갖는다. 이러한 경향은 플라톤(Platon)이 이성과 감성을 구분하고 여성은 육체적인 제약 때문에 이성적 관조에 부적합하며 따라서 이성적 활동의 정점인 윤리에도 부적합하다고 본 데서 극명하게 드러난다. 도덕은 감각이나 감정을 초월한 이성적 관조에 의해서나 가능한데, 여성의 임신과 출산의 과정은 그러한 이성적 판단을 어렵게 한다는 것이다.

둘째로, 전통 윤리학은 공적 영역과 사적 영역을 엄밀히 구분한 후 사적 영역에서 발생하는 문제들은 도덕적인 영역에서 추방하여 주로 사적 영역에 귀속된 여성들의 경험을 윤리의 영역에서 배제시키는 경향이 있다. 일례로 헤이드는 어머니의 아이에 대한 보살핌이나 희생은 옳고 그름을 정할 수 없다는 이유로 자연적 본능으로 보았다. 폴리스에서 일어나는 희생과 자비는 법과 도덕의 영역으로 인정하지만 가정은 세대의 유지만을 담당하는 본능적인 공간 이상으로 보지 않았다. 육체적 공간에 거주하는 여성과 관련된 덕목은 도덕의 영역에 들어가지 못하고 오직 사회에서 이루어지는 남성들의 도덕적 결정만이 대의명분을 갖고 받아들여진 것이다.

마지막으로, 전통 윤리학은 도덕의 기초가 되는 자아 개념을 원자적, 추상적으로 설정하여 주변의 요구에 대해 민감한 여성은 자율적이지 못하다고 가정하는 특징을 갖는다. 이러한 특징은 계몽된 주체란 자신의 이성의 사용이 요청되는 상황에서 다른 사람의 권위에 의존하지 않는 사람이라고 여긴 칸트(I. Kant)의 말에서 단적으로 잘 드러난다. 이는 그 자체로는 훌륭한 도덕률이지만 도덕적으로 이러한 태도를 견지하는 것은 자기 행동의 결정권을 가지고 있을 때나 가능하다. 그러나 실제로 여성들은 어머니로서의 생물학적 이유와 약자로서의 사회적 이유 때문에 언제나 주변의 요구에 민감해야 했다. 그리고 그 결과 여성의 자아는 도덕적으로 미숙한 것으로 자리매김되었다.

그러나 정말 여성은 감성적이어서 도덕 판단에 부적당할까. 여성이 임신, 출산 등의 생물학적 조건 때문에 이성적 관조에 부적당하다는 것은 사실일까. 이는 여성의 몸이 육체의 조건에 더 민감하게 반응해야 하는 생물학적 조건 때문이라기보다는 여성의 육체를 열등한 것으로 보고 그것에 이성적인 능력을 귀속시키려 하지 않았기 때문이다. 게다가 도덕이 감정을 배제하고 이성적이어야만 하는지도 의심스럽다. 도덕이 이성적이라는 주장은 도덕의 일면을 강조하는 것으로, 감정에 기반하지 않은 도덕은 원천적으로 불가능하다. 감정 이입이 없이 도덕률이 생겨나지 않고 감정 교감이 없는 도덕은 진정한 도덕으로 보기 어렵다.

또한, 지금까지 주로 사적 영역에서 만들어진 윤리는 윤리로서의 자격을 갖지 못할까. 주로 사적인 공간에서 아이와 가족을 돌보는 여성의 경험이 만들어낸 책임과 보살핌의 윤리는 보편적 윤리로 승화할 수 없는 개인적 애정에 불과한가. 타인에 대한 구체적인 애정이 없는 도덕 법칙은 그것이 아무리 고귀하다 하더라도 공허하다. 공적인 영역에서의 대의명분을 위한 희생은 역사의 기록으로 남겨 기리면서 사적인 관계에서의 보살핌은 자연적 본능과 연결시키는 것은 두 행위의 도덕적 우열이 존재해서라기보다는 공적 영역을 사적 영역보다 도덕에 더 적합한 장소로 보았기 때문이다. 게다가 도덕은 공적 영역에서만 생겨나고 사적 영역은 생식을 위한 공간이라는 이분법도 너무 제한적이다. 도덕은 공사의 영역을 넘어 편재하며 사적인 영역이야말로 윤리의 출발점이다. 가정은 모든 윤리적 문제의 출발점이자 다음 세대에게 윤리가 전승되는 일차적인 요람이기도 하다.

또한, 주변의 요구에 대해 민감한 여성은 자율적이지 못할까. 주변의 요구에 민감해서 단호하지 못한 것은 자율성의 결여이자 노예의 미덕인가. 여성이 자율적인 판단에 익숙하지 않고 주변의 요구에 민감한 것은 여성이 선천적으로 도덕적 판단력이 부족해서라기보다는 그 동안 여성에게 교육의 기회가 부여되지 못하고 가정이나 사회에서 자신보다는 타인을 배려해야 하는 위치에 처해왔기 때문이다. 게다가 어떤 상황에서도 흔들리지 않고 원칙을 고수하는 도덕적 행위자는 가능하지도 않고 바람직하지도 않다. 각자가 처한 도덕적 갈등의 상황이 다른데도 무차별적으로 누구에게나 그러한 강한 의지만을 강요하면 그 사회의 약자들은 도덕적 죄책감과 좌절감만을 더할 뿐이다. 또한 상황에 따라 자신과 타인을 배려하지 않고 도덕적 원칙만 고수하려 한다면 이는 도덕을 위한 강령이지 인간을 위한 도덕은 아니다.

이와 같이 전통적 윤리학은 이성적 행위자가 공적 영역에서 몰상황적으로 도덕을 실천하는 것을 전제한다. 도덕적 갈등 상황보다는 도덕 판단의 객관성을 강조하고, 공 / 사를 구분하여 현실적 영역을 도덕의 차원에서 주변화시키고, 구체적이고 관계적인 행위자가 아니라 추상적이고 원자적인 행위자를 상정한다. 이러한 전통 윤리의 가정들은 불평등이나 현실의 억압에서 자유롭기 때문에, 이것을 지킬 수 있는 부류도 현실의 저항이 적은 계층인 교육받은 중산층 남성의 전유물이 되어왔다. 그러한 구조 속에서 여성을 포함하여 이러한 일련의 조건에서 제외되는 하위 집단은 도덕적인 능력을 갖추지 못했거나 도덕적 일탈 행위를 일삼는 의지 박약한 존재로 받아들여져 왔다. 이러한 경향은 이후 이러한 남성 편견에 기반한 전통 윤리학에 대한 비판과 아울러 여성 안에서 윤리학을 모색하려는 시도들을 가져온다.

3. 여성적 윤리

철학의 전통에서 여성은 대개 도덕적으로 '불완전한' 남성으로 취급받아왔다. 플라톤은 여성이 이성이 부족하다는 이유로, 어거스틴(Augustinus)은 여성이 죄에 기울기 쉽다는 이유로 여성을 선천적 도덕적 무감증자로 보았고, 밀(J. S. Mill)과 엥겔스(F. Engels)처럼 비교적 여성에게 호의적이었던 철학자들도 여성이 남성과 같은 정도의 교육을 받아야 윤리적일 수 있다는 조건부 도덕성만을 허용했다. 그러나 이러한 가정을 반박하고 여성 안에서 여성 고유의 윤리를 발굴해내려는 시도가 있었으니, 여성적 윤리(feminine ethics)가 그것이다. 여성적 윤리는 책임과 보살핌 같은 여성의 특수한 경험을 정의와 같은 기존의 남성의 도덕과 대등한 반열에 올리고, 기존의 윤리학이 갖는 경직성을 보완하려면 여성의 윤리적 덕목들이 요청되어야 하다고 보았다.

여성적 윤리가 본격적으로 이론화된 것은 1980년대 길리건(C. Gilligan)에 의해서다. 그녀는 콜버그의 도덕발달론을 비판적으로 재구성하면서 도덕과 성차에 대한 독창적인 해석을 해내었다. 먼저 콜버그의 도덕발달론을 알아보자. 콜버그는 '부인이 아프지만 약을 살 형편이 못 된다면 이 상황에서 하인즈가 어떻게 행동할 것인가'라는 딜레마 상황에 대한 아동들의 대답 간에 성차가 존재함에 주목하였다. 남아들은 부인의 생명이 약사의 재산보다 더 중요하기 때문에 약을 훔쳐야만 한다고 주장한 반면, 여아들은 하인즈의 절도가 타인과의 관계에 미칠 영향을 고려해서 약사나 다른 사람에게 도와달라고 해야 한다고 주장했다. 콜버그는 그 결과를 놓고 자신이 맺은 관계에 중점을 두는 여아의 행동보다 재산권과 생명권이라는 두 가지 도덕 이론을 비교하는 남아의 행동이 도덕적으로 더 높은 단계에 속한다고 해석했다. 구체적인 관계를 고려하는 것보다는 추상적인 도덕 법칙을 비교하는 것을 더 우월한 도덕적 선택으로 설정한 것이다.

그러나 여아의 행동이 남아의 행동보다 도덕적으로 낮은 것인가. 도덕 원칙보다 타인의 기분이나 관계를 더 중시하는 것이 도덕적으로 미숙한 반응인가. 도덕이 합리적인 결단이기는 하지만 도덕률에 따라야 윤리이고 상황에 민감한 판단은 윤리가 아닌가. 길리건은 이러한 의문을 품고 여아와 남아의 대답에 대해 콜버그와는 정반대되는 해석을 했다. 도덕 이론을 비교하여 생명권을 선택하는 것보다 약을 훔치다가 들켰을 경우 초래될 다른 상황들을 고려해 제3의 다른 해결책을 찾는 것이 도덕적으로 더 가치 있는 선택이라고 본 것이다. 비록 우회적인 선택을 할지언정 구체적인 문제 상황에서 도덕에서 정말 필요한 것은 원칙 이전에 사람을 배려하는 태도라고 간주한 것이다.

길리건은 여성적 경험과 사유에서 특징적인 것들을 추출하여 그 동안 폄하되었던 여성적 특성을 윤리적인 것으로 자리매김했다. 여성들은 도덕적 딜레마가 생겨난 맥락에 더 관심을 갖고, 도덕 판단을 공감이나 동정과 같은 감정 이입에 더 많이 연관시키며, 도덕 결정이 주변에 미칠 영향에 더 민감하다. 이는 전통적인 도덕이 관계보다는 고립된 자아에, 도덕 결정의 맥락보다는 법칙에, 감정과 동정보다는 이성과 합리성에 기대어온 것과는 대조적이다. 이로부터 보살핌의 윤리학을 기존의 윤리학과 구별짓는 세 가지 특징이 드러난다. 첫째, 보살핌의 윤리는 정의의 윤리와 달리 권리나 규칙보다는 책임이나 관계에 더 관심을 갖는다. 둘째, 보살핌의 윤리는 형식적이고 추상적인 도덕 원칙보다는 구체적인 상황을 중시한다. 셋째, 도덕성은 하나의 원리 체계가 아니라 하나의 행위라는 것이다. 이러한 것들은 그 동안 여성의 성공을 방해하는 걸림돌로 여겨졌으나 이제는 되려 도덕적 가치로 받아들여져 윤리적 담론에 포함되었고 여성들의 삶과 경험을 도덕에 반영한 연구로서 대중적으로 환영받았다. 매일 매일 아이들을 돌보고 친지들을 챙기고 가족들이 서로 잘 지내도록 유도하는 일이 쓸데없는 일이 아니라 여성의 도덕성에서 나온 것임을 확인받자 도덕적 자존감 또한 커졌기 때문이다.

하지만 여성적 윤리가 여성주의 내에서 전폭적인 지지를 얻은 것은 아니다. 남성은 현실적으로 갖기 힘든 여성의 경험을 도덕적인 것으로 강조한 결과 전통 윤리가 여성을 도덕적 행위자에서 배제했던 것과 같은 오류를 반복했기 때문이다. 그 동안 전통적 규범 윤리가 인간 운운하면서 그 기준으로 남성을 설정한 것처럼 여성적 윤리는 여성 또는 여성적 속성에 그러한 도덕적 특권을 부여했기 때문이다. 또한, 보살핌의 윤리를 강조하면 여성들에게 의무만 더 지우게 된다는 문제를 갖는다. 보살핌이 상호적이지 않은 한 어느 한쪽의 희생이 되기 쉬우므로 권리 없는 의무의 부과로 끝날 수도 있기 때문이다. 우리 사회에서 남녀가 함께 책임을 나누어야 할 낙태, 간통, 가사 노동의 문제에서 여성들은 지금도 지나칠 정도로 배려를 강요당하고 있다. 게다가 여성에게만 보살핌을 강조하는 것은 상대적으로 그런 태도를 요하는 저임금 서비스 직종만을 여성에게 할당하는 구실이 될 수도 있다.

이런 이유들로 보살핌이 여성 억압을 영속화하는 데 악용되지 않도록 어떤 상황에서 보살핌을 제공해야 하는지에 대한 기준을 설정해야 할 필요가 생겨난다. 그리고 그 기준을 정하는 문제는 여성이 일차적인 수혜자가 되어야 한다는 점에서 여성의 억압과 여성의 권리의 회복에 주목하는 여성주의 윤리로 나아간다.

4. 여성주의적 윤리

여성주의적 윤리(feminist ethics)는 여성적 윤리가 가부장적인 환경에서 악용될 가능성을 염려하고 보살핌보다는 불평등에 저항하는 정의의 가치에 주목하는 데서 출발한다. 여성성이 가정하는 사적 영역의 조명, 감성이나 공감의 강조, 관계적 자아의 확립은 반드시 필요한 것이기는 하지만, 그것이 만들어지고 장려되는 사회적 맥락을 들여다보면 자칫 그 의도와는 달리 부지불식간에 여성의 희생을 정당화하는 운명에 처할 수도 있으리라고 본다. 따라서 여성주의 윤리는 보살핌이 성 차별적 문화에서 굴절되지 않도록 가부장제의 지배를 반대하고 평등한 권리와 정의롭고 공정한 분배를 주장한다. 여성들의 보살핌이 유의미한 것이 되려면 사회 제반의 평등부터 실현되어야 하고, 여성의 보살핌이 자발적인 것이려면 여성의 권리부터 보장되어야 한다고 보는 것이다.

여성주의적 윤리는 책임과 보살핌이 중요하고 필요하기는 하지만 남성이 권력을 가진 환경에서 배태된 여성성이 곧 여성주의적인 것은 아니라고 본다. 그런 의미에서 여성주의적 윤리는 여성이 종속된 상태를 영속화하는 행위들과 실천들에 대한 도덕적 발언을 비판하는 일, 그러한 행위와 실천들에 저항하는 도덕적으로 정당화 가능한 방식들을 처방하는 일, 여성의 해방을 증진시킬 수 있는 도덕적으로 바람직한 대안들을 가시화하는 일을 중심 과제로 삼는다. 여성주의적 윤리의 이러한 정치학적 관심은 여성의 삶의 조건을 들여다보고 억압의 조건을 개선하는 것이 윤리의 선차적인 조건으로 삼게 한다.

그러나 여성의 권리를 되찾기 위해 어떤 노력을 해야 한다는 말인가. 한 사회가 평등하다는 것은 어느 한 계층이 다른 계층을 억압하지 않고 동등한 권리를 획득하는 것이다. 이때 착취란 특정 사회 집단의 노동 결과가 다른 사람들의 이익으로 전환되는 꾸준한 과정을 말하는데, 우리 사회에서 여성 집단은 남성 집단으로부터 더 나은 자기 실현과 이익 추구의 기회를 빼앗겨왔다. 그러한 과정을 바로잡고 여성의 권리와 평등을 얻으려면 여성적 윤리처럼 여성의 경험에서 우러나온 도덕성을 발굴하는 것만으로는 충분하지 않고, 그 이외에 성에 근거한 억압을 형성하는 실제적 과정을 주시하고 비판적으로 검토해야 하는 과정이 필요하다는 것이다. 여성주의 윤리는 보살핌이 권리 없는 희생이 되지 않으려면 가부장제 사회에서 여성이 빼앗기는 재화와 에너지를 인식하고 그것을 다시 여성에게 돌려주기 위한 정의의 구조부터 마련되어야 한다고 본다. 따라서 여성주의적 윤리는 어떠한 보살핌이 정당하며 합당한 것인가를 한계 짓고 구별해야 한다는 비판적 성찰을 동반한다. 누가 누구를 언제 얼마나 시급하게 얼마만큼 도울 것인가를 정하는 데 있어서, 여성 자신이야말로 가부장적 사회에서 가장 보살핌을 받아야 할 대상으로 보는 것이다.

이런 맥락에서 재거(A. Jagger)는 전통적인 도덕의 남성 편향성을 극복하려면 책임과 보살핌과 같은 도덕적 태도에만 주안점을 두는 것이 아니라 정의, 즉 여성에 대한 차별과 억압에 도덕적으로 반대하는 것을 일차적인 이론적, 실천적 모토로 여긴다. 지금 상황에서 여성에게 더욱 중요한 것은 타인에 대한 책임과 보살핌보다는 여성 자신이 처한 종속의 상황에 반대할 힘을 갖는 것이라고 보는 것이다. 이와 같이 여성의 특성만을 강조하는 데서 벗어나 여성 문제를 권력과 평등의 문제로 보게 되면, 자연히 여성 운동은 더 넓은 사회 운동으로 확대된다. 우리 사회에서 권력 구조에서 억압당하는 계층은 여성만이 아니기 때문이다. 여성주의 윤리학은 여성 억압의 문제에만 관심을 갖는 것이 아니라 일체의 억압에 반대하는 집단들과 연대하여 새로운 가치를 정립하려고 한다. 최근의 여성 운동이 노동자, 흑인, 제3세계, 장애인, 동성애자 등 사회의 소외 계층들과 연대하려는 것은 이러한 맥락에서다.

보살핌과 책임을 강조하는 여성적 윤리와 여성의 평등과 권리를 중시하는 여성주의적 윤리는 양자택일적인 이론 선택의 문제가 아니라 여성주의가 충족시켜야 할 두 가지 조건이다. 두 조건 모두 전통 윤리학을 여성주의적으로 비판하면서 새로운 여성주의 윤리를 모색해나가려 한다는 점에서 일치한다. 여성적 윤리(feminine ethics)와 여성주의적 윤리(feminist ethics)를 대비시키던 기존의 방식을 뛰어넘어 이제는 여성주의 윤리(feminist approach to ethics)라는 이름으로 둘을 포괄하는 단계로 나아가야 할 것이다. 이러한 맥락에서 통(R. Tong)은 보살핌과 평등을 분리시키는 경향에 반대하면서 '보살핌을 중시하는 여성주의 윤리'와 '권력을 중시하는 여성주의 윤리'라는 이름으로 바꿔 부르기를 제안한다. 보살핌과 평등을 여성주의 윤리라는 이름 안에서 다루어져야 할 도덕의 필요 조건들로 보았기 때문이다.

그렇다면 보살핌의 가치와 평등의 가치를 여성주의 윤리 안에서 어떻게 통합할 것인가. 평등을 중시하는 여성주의 윤리가 여성이 소외되어온 가부장제를 비판하고 여성의 삶을 개선할 방법을 제공한다면, 보살핌을 중시하는 여성적 윤리는 그러한 제도적 조건들이 형식적인 것으로 그치지 않도록 타인에 대한 책임과 보살핌을 강조한다. 즉, 여성의 보살핌이 가부장제에서 악용되지 않도록 보살핌의 한계를 사회 정책적으로 정함으로써 상호 권리와 상호 보살핌의 기초가 마련되는 윤리의 조건을 마련하는 것이다. 아무리 완전한 제도를 만든다 해도 보살핌의 태도가 없으면 형식적인 평등에 그치기 쉬울 것이고 보살핌의 태도만으로는 언제나 어느 한쪽의 희생을 강요할 가능성이 있으므로, 평등이라는 정의와 보살핌이라는 태도는 더 나은 사회를 위해 모두 요구되는 것이다.

물론 보살핌과 평등의 필요성을 말하는 것만으로는 현실의 복잡한 윤리적 상황들을 모두 감당할 수는 없을 것이다. 또한 도덕적 결정이나 실천에서 평등이라는 정의와 보살핌이라는 태도가 이상적으로 결합되기 어려울 수도 있다. 심지어 현실을 감안할 때 여성의 평등의 문제부터 중시하여야 한다고 단계적으로 생각하거나 보살피는 것 자체가 의미 있는 일인데 누구를 어떻게 도와야 할지 왜 따져야 하느냐고 회의할지도 모른다. 그러나 평등의 정의와 보살핌의 태도 간의 결합을 시도하는 가운데 생겨나는 이러저러한 시행착오들은 불가피하고 또한 현실의 다양한 문제들에 직면하면서 장차 균형을 잡아갈 것이다. 중요한 것은 정의와 보살핌이 하나로 수렴되는 상호 권리의 인정과 상호 보살핌의 태도를 가져야 한다는 대안 윤리가 나아가야 할 방향을 가늠해보는 것이다. 이제 여성 안에서 윤리를 말하는 단계를 넘어 윤리 안에서 여성을 말하는 단계로 나아가야 한다.

5. 대안 윤리로서의 여성주의 윤리

오늘날 기존의 윤리학적 패러다임들로는 분배, 생명, 환경, 정보, 성 등과 관련하여 제기되는 새로운 문제들에 대처하기에는 역부족이다. 유전공학은 인류에게 식량난의 고민을 덜어주었지만 생명 복제의 문제를 제기하고, 정보 혁명은 세계를 하나로 묶어주었지만 자본의 집중을 심화시키고, 성 전환 수술은 생물학적인 성적 열외자들을 구원해주었지만 자연적 성의 경계를 무너뜨린다. 이처럼 우리 삶의 영역 곳곳에서 하나의 윤리적 원칙만을 적용할 수 없는 도덕적 갈등의 상황들이 생겨나고 있다. 이러한 문제들에 대해 기존의 윤리학만으로는 대처할 수 없다는 것 자체가 전통 윤리학의 한계를 드러내고 새로운 윤리적 패러다임이 요청되는 계기가 된다. 이러한 현실을 반영하여 윤리학 내에서도 분배 정의, 생명 윤리, 환경 윤리, 정보 윤리 등과 같은 새로운 대안 윤리를 만들어내고 있다. 도덕에서 드러나는 기존의 성적 편견과 현실에서의 차별적 관행을 없애기 위한 페미니즘과 윤리학의 새로운 결합이 요구되는 것도 이러한 맥락에서다.

페미니즘과 윤리학의 결합은 현대의 다른 철학 분야들이 대개 그러하듯이 불편한 관계처럼 보일 수도 있다. 기존 윤리학적 틀에서 보자면 여성주의 윤리학은 형용 모순처럼 보일 수도 있고 마르크스주의 수학이나 공산주의 물리학만큼 어색하게 들릴 수도 있다. 그러나 여성주의 윤리학은 결코 여성만의 윤리를 말하는 것은 아니다. 마르크스주의의 계급적 당파성이 프롤레타리아만이 아니라 모든 사람을 위한 정치학으로 나아갔듯이, 여성주의 윤리도 여성만이 아니라 여성을 포함한 모두를 위한 윤리이기를 지향한다. 여성주의 윤리는 전통 윤리학이 말하는 보편성의 형식적 공허함은 비판하지만 모두의 윤리라는 실질적 보편성의 이념은 포기하지 않는다. 기존의 윤리학에서 말하는 보편적 인간이 사실상 남성만을 의미했다면, 여성주의 윤리는 실질적인 보편적 인간의 윤리에 다가가는 하나의 대안이 되기를 희망한다.

여성주의가 실질적인 인간의 윤리로서 도덕적 보편성을 획득하는 방식은 이 사회의 최소 수혜자의 입장에 서는 것이다. 여성주의는 기본적으로 '여성주의 윤리는 억압당하는 자의 입장에서 윤리적인 문제를 다루기 때문에 더 보편적일 수 있다'는 입장을 취한다. 그러나 약자의 입장에 서는 것만으로 여성주의 윤리가 보편성을 얻을 수 있는가. 약자의 권익을 우선시하는 것이 윤리상의 최선의 기준이 되는 근거는 공정하지 못한 우리 사회의 구조에서 찾을 수 있다. 평등의 견지에서 볼 때 피억압자의 요구가 억압자의 요구보다 더 정당하기 때문이다. 게임의 초기 조건이 공정하지 않다면 그 경우 게임의 패자의 입장에 서는 것이 게임의 규칙을 다시 정하는 최선의 방법이다. 마찬가지 이유로 성, 인종, 계층, 민족 등의 차이가 차별이 되는 조건이라면 약자의 입장에서 약자가 정하는 기준이야말로 가장 정당할 것이다.

그러나 그 대안이 왜 여성주의 윤리여야 하는가. 여성만이 억압당하는 입장에 서 있는 것은 아니므로 여성주의라는 한정사를 붙이는 것의 근거를 묻는 것은 여성주의 윤리의 정체성을 묻는 것이기도 하다. 이러한 물음에 대한 대답은 여성주의 윤리는 대안 윤리가 되기 위한 충분 조건은 아니지만 필요 조건이라는 것이다. '덜 특권적이면 더 윤리적'이라면 그리고 덜 특권적인 집단에 여성이 속한다면 여성주의 윤리는 억압에 저항하는 약자들의 도덕적 지향과 만나면서 더 나은 삶의 조건을 만들어가는 데 기여할 수 있을 것이다. 이미 페미니즘과 노동운동이 만나서 마르크스주의 페미니즘이 되고, 페미니즘과 환경 윤리가 만나서 에코페미니즘이 되고, 페미니즘과 생명 의료 윤리가 만나서 여성주의 생명 의료 윤리가 되었다. 윤리적 지평에서의 이러한 만남과 공조는 다른 많은 영역에서도 이루어져 현재에 산재한 개인적 집단적 차원의 윤리적 문제들을 해결해나가는 데 응용될 것이다.

여성주의 윤리는 그 이름이 사라질 때 가장 자신의 정체성을 잘 확보할 수 있는 과정상의 윤리다. 장차 이 사회에 도덕의 형식적 조건인 성차별 없는 평등이 이루어지고 도덕의 실질적 지향인 상호간의 보살핌이 자리잡는다면 윤리에 '여성주의'라는 형용 어구를 붙일 필요가 없을 것이다. 그것은 성 중립성을 말하면서 사실은 남성에게 도덕적 선차성을 주었던 그런 중립성과는 다른 의미에서 성에서 자유로운 사회가 될 것이다. 그러나 지금은 여성주의 윤리 없는 윤리에 대해 말하는 것은 시기상조다. 그 단계에 가기까지는 아직은 여성의 권리가 주된 윤리적 문제가 되어야 하고 여성의 윤리적 경험이 윤리에 적극적으로 반영되어야 하기 때문이다. 여성주의 윤리는 기존 윤리의 비판과 대안으로서 요청되며 미래의 윤리로 나아가기 위한 교두보로서 요청되는 것이다.

□ 생각해볼 문제

① 아내의 생명권과 약사의 재산권 중 어느 권리를 더 존중해야 할지 선택해야 하는 '하인의 딜레마'의 상황에 처한다면 어떤 결정을 내릴지 생각해보고 자신의 입장을 정당화해보자.

② 우리 사회에서 여성의 열등한 현실을 감안할 때 타인에 대한 보살핌을 강조하는 '보살핌의 윤리'와 각자의 자유와 평등을 중시하는 '정의의 윤리' 중 어느 것이 더 절실한지 생각해보자.

③ 약자의 입장에 서는 것은 언제나 윤리적이라는 여성주의의 기본 가정을 구체적인 사례를 들어 토의해보고, 그 정당성에 대해 평가해보자.

④ 여성주의 윤리가 덕의 윤리, 감정의 윤리 및 환경, 정보, 생명을 다루는 대안 윤리들과 손잡을 수 있다면 어떤 지점에서 그럴 수 있고, 여성 윤리가 다른 대안 윤리들보다 더 '윤리적' 보편성을 가질 수 있는지 토의해보자.

□ 더 읽어야 할 책

▷ 캐롤 길리건, 『다른 목소리로』, 동녘, 1997

그 동안 도덕의 영역에서 하찮은 것으로 치부되었던 여성의 보살핌이라는 특성을 중요한 윤리적 덕목으로 자리매김한 저서다. 윤리에서 나타나는 성차를 정의와 보살핌이라는 개념을 중심으로 분석하고, 궁극적으로는 양자를 대립이 아니라 보완되어야 할 윤리적 가치들로 다루고 있다.

▷ 앨리슨 재거, 「최근 여성학의 쟁점과 여성주의 윤리학」, 초청
　강연집, 이화여대 아시아센터, 1996
　여성주의 윤리학에 대한 입문적인 내용으로서 여성주의 윤
리학의 간략한 역사를 망라한 논문이다. 여성주의 윤리가 생겨
난 배경, 전통 윤리학에 대한 비판의 초점, 여성주의 윤리의 짧
은 역사 그리고 여성주의 윤리가 지향하는 바 등을 쉽고 분명
하게 정리하고 있다.

▷ 허라금, 「여성주의 윤리의 개념화 : 관계의 민주화를 향하여」,
　한국여성학, 14권 2호
　여성주의 윤리가 무엇인지 밝히는 데서 나아가 오늘날 여성
주의 윤리가 왜 필요하고 관계의 민주화에 어떻게 기여할 수
있는지를 전망하는 논문이다. 여성주의 윤리를 민주적인 공동
체와 연결지음으로써 여성만의 윤리가 아니라 우리 사회의 기
초 윤리로 확장될 가능성을 타진하고 있다.

제 9 장

전통 인식론에 대한 여성주의적 도전

□ **주제어**

좋은 과학, 나쁜 과학, 과학과 젠더의 관계, 경험론과 여성의 경험, 여성주의적 입장, 관점, 포스트모던적 여성주의

1. 남성과 여성은 세상을 달리 보는가?

우리 사회에서 1970년대나 1980년대 초반만 해도 이과대나 공대에는 여학생이 별로 많지 않았다. 그 당시에는 심지어 모 대학의 공대 건물에 여학생 화장실이 없었다고 하는데, 여기에 는 여학생이 공대에 극히 소수여서 한두 명을 위해 따로 화장 실을 설치하는 것이 지극히 비효율적이고 공간 낭비라는, 그래 서 다수의 남학생들을 위주로 하는 남성중심주의적 발상이 암 암리에 전제되었기 때문일 것이다. 그에 비하면 요즈음에는 이 과대, 공대에 여학생의 비율도 꽤 높아졌고 과학 분야에서 활

동하는 여성들도 많아진 편이다.

그렇다면 왜 예전에는 학문의 영역이 남성의 분야, 여성의 분야 등으로 나누어진 것일까. 남자와 여자는 각각 뇌의 구조, 인지 능력에서 다른 특성을 지니고 있으며, 이러한 특성은 선천적으로 타고난 것일까. 과거 인류의 역사를 보면 훌륭한 학자, 과학자들은 거의 전부 남성이었다. 이는 여성이 남성보다 단순한 뇌의 구조와 열등한 인지 능력을 가진 때문인가. 그러나 요즈음 맹활약을 하고 있는 여성들을 보면 꼭 이 이야기가 옳다고 보기는 어려운 것 같다.

만학의 여왕으로 군림했던 철학의 분야에서도 이러한 사정은 심하면 심했지 전혀 다르지 않아서, 철학사의 명부에 훌륭한 이름을 기록하고 있는 철학자는 거의 다 남성이다. 이는 마치 여성이 남성보다 세상과 나, 사물에 대해서 인지하고 반성하고 인식하는 능력이 존재론적으로 열등하다는 것을 증명해 보이는 것에 대한 객관적 자료인 것 같다. 그래서 이제까지 학문과 과학의 영역에서 추구했던 진리는 보편적이고 객관적이며 이에 대해 성별 문제를 갖고 이의를 제기하고 토를 다는 것은 객관적인 학문의 존엄성을 훼손하는 일인 것처럼 여기는 사람도 적지 않다.

학문 특히 철학과 과학의 영역은 남성 전유의 영역으로 간주되어 왔다. 감성적이고 감정에 흔들리기 쉽다고 늘 평가되어온 여성에게 학문 일반, 특히 철학과 과학의 영역은 출입이 금기시된 장소, 일종의 성소(聖所)였던 것이다. 이는 철학이 추구한 진리관이 여성의 특성과는 너무나 거리가 있고, 여성의 특성이 철학에 개입되는 것은 철학의 정체성에 훼손을 가하는 아주 불손한 시도라는 생각이 무의식적으로 퍼져 있었다. 그렇다면 철학이 이제껏 추구해온 진리의 성격은 어떤 것이었으며 이것은 남녀노소, 인종, 계급과 시대를 초월해 객관적이고 타당한 진리인가. 철학에서의 진리는 어떻게 형성되어왔던 것일까.

철학은 항상 보편적인 진리 추구를 목표로 해왔다. 진리는 때와 장소에 따라 또는 보는 사람에 따라 천차만별로 달라질 수 없는 영구 불변한 것이었다. 이러한 진리에 대한 기준은 서양철학의 아버지 격인 플라톤의 유명한 형상론에 의해 정초된 것이었다. 서양철학사에서 '진리란 무엇인가', '우리는 진리를 어떻게 알 수 있는가' 하는 물음은 플라톤의 형상론을 기준으로 해서 끝없이 논쟁되어 왔다고 해도 과언이 아니다. 진리와 인식의 기준 설정에서 플라톤주의를 얼마나 잘 보완하고 완성할 수 있을지, 얼마나 비판하고 벗어날 수 있을지의 역사가 서양철학사에서 계속 되풀이되어온 것이다. 플라톤주의, 즉 형상론에서 진리는 순수, 불변하고 자기 동일적인 특성을 지닌다. 오염되고 변화 투성이의 현실 속에서 진리를 찾기보다는 자신의 눈을 현실의 진흙 속에서 거두어 저 멀리 순수하고 투명한 형상, 진리의 빛을 향해 응시하지 않으면 안 되었다. 그래서 진리를 추구하는 자는 현실의 더러운 옷을 가능한 한 완전히 벗어던지고 순수하고 투명한 형상을 닮아가도록 노력하지 않으면 안 되었다.

이러한 순수하고 투명한 시선은 현실의 일상적 일에서 헤어날 수 없는 여성의 시선과는 가장 멀리 떨어져 있다. 여성의 삶은 도대체가 사소하고 하찮은 현실을 떠날 수 없었던 것이다. 플라톤을 '아버지'로 하여 진리는 '아버지'의 기표로, 남성으로 대변되었고, 여성은 아버지 없이 진리의 결정 기준에서 배제되어왔다. 그렇다면 과연 우리에게 이제까지 결코 흔들릴 수 없었던, 절대 불변의 것으로 인식되어온 진리는 정말 타당한 것일까? 여성은 이러한 진리에 동참할 수 없는 것일까? 그 진리는 과연 '누가' 결정한 것인가? 또 진리의 '기준'은 무엇인가?

순수하고 투명한 삶과 가장 멀리 떨어져 있는 여성의 삶 속에서 여성은 진리 결정의 주체, 즉 인식 주체에서 그리고 진리의 기준에서 배제되어 왔다. 진리가 보편 타당하고 객관적이어야 한다면, 여성을 배제시켜온 전통 철학은 남성중심주의 철학임이 드러난다. '여성주의'는 이러한 물음과 회의로부터 등장한다. 플라톤주의에 의해 결정된 진리는 정말 보편타당하고 객관적이며, 플라톤주의의 유구한 전통 속에 형성된 과학, 학문 일반, 지식론, 인식론은 결코 회의할 수 없는 것인가. 여기서 전혀 비판되고 있지 않은, 암묵적으로 깔려 있는 전제는 무엇이며, 여성의 존재와 삶은 남성 중심적인 진리관에 어떻게 개입할 수 있고 또 이러한 개입 자체는 타당한가? 이러한 물음으로부터 '여성주의 인식론(Feminist Epistemology)'은 시작된다.

2. 전통 인식론에 대한 여성주의의 문제 제기

여성주의 인식론은 전통 철학의 인식론, 즉 남성중심주의적 인식론의 오랜 역사에 비하면 대단히 짧은 역사를 갖고 있다. 전통 인식론에서는 '여성주의 인식론'이라는 것 자체가 모순적인 어법이라고 생각되었다. 왜냐 하면 철학의 한 분과에 속하는 '인식론'이라는 학문의 성격 자체가 '인식'에서 객관적인 진리를 탐구하는 것일 텐데, 여기에 '여성주의'라는 특정한 수식어가 붙어서 이 특정한 수식어와 객관적인 진리와는 상호 모순되는 것처럼 보이기 때문이다. 최근 들어 여성주의적 시각이 학문 영역에서 논의되면서 여성주의 인식론이 인정되고 있기는 하나, 아직 그것이 지칭하는 대상이 무엇인지는 분명하지 않다고 평가되어 그 객관성에서는 의심을 받고 있다. 그래서 항간에 '여성주의 인식론'이라는 것은 '여성들이 행하는 인식의 방법' 아니면 '여성의 경험' 혹은 단순하게 '여성적 지식' 정도의 의미만을 지니고 있다고 말해진다.

여성주의 인식론은 일단 여성의 경험, 관점, 입장, 처지 등에서 출발한다. 그래서 흔히 전통적 학문 방법을 통해 훈련을 받아오고, 그 방법에 훨씬 친숙한 많은 학자들에게서 '여성주의적 입장과 관점, 여성주의의 정치적 입장'과 '전통 인식론의 객관성, 보편성' 간에는 마찰과 모순이 빚어질 수밖에 없는 것으로 비추어지기 마련이고, 여성주의 인식론의 성립 가능성, 문제 설정은 그리 쉽게 형성될 것 같지 않다. 왜냐 하면 여성주의라는 학문 자체는 '정치적'이고 '실천적'인 맥락을 담지한 특성을 지니는 반면에, 전통적으로 '철학'이라는 학문에서 '인식론'의 분과는 '정치적, 사회적, 실천적' 맥락과는 무관한, 중립적이고 보편적인 성격을 지녀왔기 때문이다. 이런 이유에서 여성주의 인식론 자체는 출발에서부터 논란과 논쟁의 소지를 지니지만, 그 때문에 전통 인식론에 대하여 일정 정도 거리를 취할 수 있다. 또 한편 여성주의 인식론은 그 자체가 성립할 수 있는가 하는 회의적인 시선에 의해 끊임없이 의심을 받고 있다. 여성주의 인식론은 그 탄생부터가 마땅하지 않거나 탄생 자체를 거부당하고 있는지도 모른다. 그렇다면 여성주의 인식론은 어떤 동기와 계기를 통해 문제를 제기하는가?

오랫동안 자연 과학의 영역에서 치열하게 연구해온, 과학과 학문이 목표하는 객관성에 대해 전혀 회의를 품지 않은 한 여성 과학자는 뜻하지 않은 일을 겪게 된다. 객관적이고 실증적인 특성을 지닌 과학의 영역에서 여성 특유의 감성적 취향은 과학의 객관성을 이해하는 데 상당한 장애가 있을 것이라는 견해를 남성 과학자들로부터 듣게 된다. 이러한 견해의 밑바탕에는 여성과 남성은 생물학적 본성상 유전자적으로 다른 성향을 지니고 있기 때문에 남성의 연구 영역에 맞는 과학을 완전하게 이해할 수 없고 따라서 여성 연구자가 갖고 있는 성향은 대단히 비객관적이라는 논거가 깔려 있음을 알게 되었다.

이 여성 과학자는 과학과 학문의 사회 구성원들이 주로 남성임을 처음에는 별로 잘 의식하지 않았고 의식할 필요성도 느끼지 못했다. 과학과 학문은 성별 여부를 넘어서서 객관적으로 검증된 진리의 기준을 마련하고 있다고 생각했기 때문이다. 그러나 학문 공동체의 일원으로 참여했던 이 여성 과학자는 소수의 여성의 경험이 다수의 남성 학자들에 의해 완전히 배제되어 왔음을 어느 순간 자각하게 되면서 이제껏 객관적인 진리라고 믿었던 기준들에 회의를 하기 시작했다. 학문에서의 기준은 남성의 인식을 바탕으로 하고 있고 남성중심주의적 인식론은 남성의 경험을 주로 반영하고 있기 때문에 이러한 경험에 바탕한 지식의 기준과 객관성이 과연 진정한 객관성일 수 있는지 자문하게 되었다.

한 회사에서 오랫동안 근무해온 한 여성 중견 간부는 고위직에 승진하는 데 번번이 쓴잔을 마셨다. 이 여성은 노조에서 활동하고 있는 여성들로부터 이와 유사한 경험을 듣는다. 이들이 승진에서 누락되는 주요한 이유는 여성들은 커다란 조직, 집단을 지휘하고 통솔하는 데는 일정 정도 능력의 한계가 있다는 견해가 늘 심각하게 고려되고 있다는 것을 알게 되었다. 또 기혼 여성의 경우에는 여성의 근무 조건과 남성의 근무 조건이 같을 수 없기 때문에 고위직으로 승진하려면 아예 결혼을 하지 말든가 아니면 가정을 포기해야 하지 않는가 하는 암묵적인 압박에 시달리게 되었다. 더군다나 비교적 남녀 평등의 인식이 잘 되어 있을 것이라는 노조의 조직에서도 여성들은 고위직에서 늘 배제되고 있고, 커다란 회사일수록 상층부로 갈수록 여성 고위 간부는 줄어든다.

이 중견 간부 여성의 경우 자신이 속한 직장에서 직장 동료인 남성과 능력, 경력이 비슷하거나 혹은 앞서 있음에도 불구하고 남성보다 승진이 늦고 자신의 능력을 인정받지 못한 경험을 하면서 승진의 기준과 객관성 자체에 의심을 품기 시작하였다. 정말 이 직장에서 명시된 객관성의 기준은 진정한 객관성이 될 수 있는가. 이들이 제시하는 객관성은 특정한 입장, 예를 들면 그 사회의 지배적인 집단, 남성, 부르주아 등의 이익을 암암리에 반영한 잘못된 객관성은 아닐까. 왜 남성들은 이러한 객관성에 대해 회의하고 의심하지 않는데 유독 여성인 자신만 이런 질문을 던지는 것일까. 이러한 질문을 할 수 있는 것은 그 여성이 중심부, 지배 논리에서 벗어나 있기 때문에 여태껏 의심을 받지 않았던 관행과 객관성에 대해 문제 제기를 할 수 있는 것은 아닌지 자문하게 되었다.

한 흑인 여성 작가는 자신이 듣고 경험한 제3세계의 한 여성의 이야기를 소설로 써서 문단에 발표하였다. 이 작가는 이 이야기를 백인 남성 작가들이 읽게 되면 대단히 불편할 수 있겠다는 짐작은 하고 있었다. 그러나 그러한 이유만으로 남성 작가들로부터 이 소설이 이해될 수 없는 극단적인 예를 소재화한 것이라고 평가를 받은 후 이 여성 작가는 당혹스러워졌다. 이 여성 작가는 남성 작가들로부터 아주 특수한 경험을 지극히 과장되게 또 굉장히 개인적이고 은밀한 언어로 기술하여 이해와 소통이 불가능한 작품을 썼으며 그렇기 때문에 그 작품에 진리의 보편성과 객관성이 깃들여 있는지 사뭇 의심스럽지 않을 수 없다는 혹평을 들어야만 했다.

이 여성 작가의 경우, 자신이 서구 백인 남성이 아니라는 이유로 늘 자신은 제3세계에 주변인으로 타자로 남겨지고 그 경험이 보편적이고 객관적일 수 없다는 압력을 암암리에 받고 있다는 것을 자각하기 시작했다. 이 여성의 경우에는 자신이 아무리 노력해도 서구 백인 남성의 잣대와 기준이 공고해지는 한, 작가로서의 자신의 능력에 대한 평가는 제대로 받을 수 없다는 회의에 빠지게 되었다. 그래서 이제까지 서구 백인 남성중심주의 기준 전체를 문제 삼고 이 속에서 깔려 있는 그릇된 전제를 드러내고 이를 파괴, 해체하고 이와는 전혀 다른 새로운 기준을 만들어야 하지 않을까 하는 생각을 품게 된다.

이상의 몇 가지 비유를 통해 우리는 전통 진리, 인식론이 얼마든지 의심받을 수 있고, 그 객관성이 문제 투성이며 도전받고 더 나아가 해체될 수도 있다는 가능성을 생각해보게 된다. 아마 전통 인식론, 진리론에 대한 여성주의적 도전의 동기는 위와 같은 몇 가지 상황 속에서 출발하고 있다고 볼 수 있다. 그렇지만 이러한 의심과 도전이 결코 쉽지 않다는 것을 염두에 두면서 이제 여성주의 인식론이 성립되기 위한 기본 요소들을 찾아보아야 할 것이다.

여성주의 인식론에는 몇 가지 상이한 이론들이 있는데, 이러한 이론들이 그럼에도 불구하고 공통적으로 갖고 있는 공감대는 가장 근본적으로 '진리, 인식에서 투명하게 정당화될 수 있는 선험적인 기준들이 가능하다'는 전통 인식론의 기본 전제에 도전하고 의문을 던지면서 출발한다는 점에 있다. 그래서 여성주의 인식론자들은 '이론의 맥락에 따른 의미와 특수성'을 주장한다. 여성주의 인식론이 남성중심주의 인식론의 보완이든 수정이든 대안이든 간에 여성주의 인식론은 플라톤주의, 남성중심주의 인식론의 진리표, 진리 목록에서 누락된 요소들을 찾아서 기입해야 할 것이다. 그 목록에 따라 서로 상이한 견해를 크게 구분해보면 다음과 같다.

여성 과학자가 자신의 문제를 해결할 수 있는 길은 '여성주의적 경험론'의 범위에 속할 수 있다. 여성주의 경험론은 철학사적으로 보면 넓은 의미에서 전통 경험론과 같은 맥락에 있다고 볼 수 있다. 이 이론은 남성 중심의 경험에 여성의 삶과 경험을 단순히 더 첨가해야 한다는 식의 입장은 아니다. 경험을 중시한다는 면에서는 전통 경험론과 맥락을 같이 하지만, 경험의 '외연'과 '내포'를 상당히 수정, 확장한다. 즉, '경험' 자체가 맥락, 역사적 관점, 상황, 규범들을 다 포괄하고 있다고 보아, 과거 '협의'의 경험을 '넓은' 경험으로 확장하여 경험론이 갖는 맹점을 없애고, 더 세련된 경험론을 만드는 데 주안점이 있다.

중견 여성 간부가 자신의 문제에 공감대를 가질 수 있는 기준은 '여성주의적 입장론'에서 마련하고 있다. 여성주의 입장론은 전통 인식론이 암암리에 특정한 이해, 이익을 견지한 집단과 입장에서 객관성을 구축해왔다는 것을 노출시키면서, 이러한 객관성을 거짓된, 약한 객관성으로 본다. 그래서 이들은 진정한 객관성을 구축하기 위해서는 이러한 이해, 이익에서 상당히 멀리 떨어져 있는 집단, 즉 여성의 입장에서 다시 만들어야한다고 본다.

흑인 여성 작가의 경우에는 위의 두 경우에 비하면 훨씬 더 상황이 복합적이고 어렵기 때문에 더 급진적이고 과격한 방향으로 나가기 쉽다. 즉, 기준에 대한 비판에서 더 나아가 도전과 해체의 전략을 택하고 있기 때문으로 이러한 경향은 현대에서 해체적 전략과 궤를 같이 한다. 즉, '포스트모던적 여성주의'는 최근의 포스트모던적 담론과 엇물려서 전통 인식론을 전면적으로 거부하고, 부정하려는 강한 의도를 갖고 있다. 이들은 전통 남성 중심주의적 형이상학과 진리론의 근저를 보다 강하게 흔들고 해체하려는 견해를 담고 있다. 이제 우리는 이러한 각각의 견해를 좀더 면밀하게 전문적인 용어를 빌어 검토해보기로 하자.

3. 여성주의적 경험론

우리는 흔히 '과학'의 분야만큼은 가장 객관적이고 편견 없는 증거와 자료들을 토대로 성립된 학문으로 생각한다. 과학에서 야말로 증거를 채택하는 실증주의적 정신과 자료를 바탕으로 하기 때문에 여기에 주관적 감정이나 평가가 개입될 여지가 있을 수 없다고 본다. 그런데 이러한 과학, 인지 과학 등에서 나온 결론들 중 특히 남성과 여성의 인지 능력, 발달 정도에 따른 이론들을 보면, 그 객관성이 오늘날 여성들의 눈에서 볼 때 그리 객관적인 것 같지 않다. 예를 들면 '남학생은 수학과 과학을 잘하고, 여학생은 문학(어학)과 예술 분야에 소질이 있다'는 주장은 상당히 객관적인 사실로 간주된다. 실제로 학교에서 남학생과 여학생의 수학, 과학 성적과 문학, 예술 과목에서의 성적을 객관적으로 비교해보면 이것은 사실로 입증되어 나타나고 있다. 그런데 이러한 사실은 혹시 '남성은 객관적이고 이성적인 학문이라 생각되는 수학과 과학의 특성에 잘 맞으며 또 수학과 과학을 잘해야만 사회적으로 출세하는 데 훨씬 도움이 되고, 반면에 여학생은 사회적 출세에 대한 기대치가 적은 만큼 수학과 과학을 잘해야 할 이유는 별로 없고 그에 비해 여성적인 성향으로 생각되는 문학, 예술 분야에 더 흥미를 가져야만 한다'는 당위가 반영되어 초래된 결과는 아닌가. 여기에는 애초부터 남성과 여성은 선천적인 능력 면에서 다른 능력을 지니고 있다는 지극히 객관적이지 못한 전제를 깔고 출발해온 인류의 오랜 제도적, 관습적 관행 때문에 이러한 결과가 도출된 것은 아닌지 의구심이 간다.

오랜 인류 역사 속에서 과학, 수학의 영역은 거의 남성 전유의 영역이었다. 여자들은 사회 제도적으로 수리적이고 과학적인 훈련을 받을 기회를 거의 갖지 못했다. 그러다보니 어렸을 때부터 수학적, 과학적 사고의 지식에 대한 무지가 결국 수리 과학적 능력의 열등한 소질로 자리매김되어 왔다고 보아도 좋을 것이다. 제도적으로 관행되어 실시된 이러한 성 차별적 교육 때문에 여자아이와 과학을 함께 생각하는 것은 굉장히 기이하고 드문 일처럼 여겨졌다. 말하자면 실상은 이러한 오랜 관행과 전제에 기초해 남성은 수학과 과학에서 탁월한 소질을 갖고 있기 때문에 객관적인 인식 능력이 있고, 그에 반해 여성은 감정적이고 감상적이기 때문에 객관적인 인식 능력이 남성보다 떨어진다고 평가되어왔던 것에 불과한 것이다. 이처럼 과학과 제도 속에서의 성 차별적인 이분법적 역할 이론이야말로 계속 인류를 지배해온 이데올로기와 편견이 아닐 수 없다.

실제로 1990년경에 미국에서 남성 위주의 학교 교육 환경으로 인해 여학생들이 성장할수록 남학생에 비해 수학, 과학에서 뒤쳐지고 자긍심을 잃어가고 있다는 이른바 '여학생 속이기'라는 보고서가 미국여성대학인협회에 의해 제출되었다. 이러한 보고서의 지적에 따라 미국에서는 6세에서 18세까지 여학생들에게 수학과 과학 과목을 방과후에 더 가르친 후 8년이 지나 수학과 과학의 성적을 비교해보니 별로 차이가 없더라는 연구 결과가 나왔다고 한다. 이는 남성과 여성의 선천적인 인지 능력의 차이가 본래부터 있었던 것이 아니라 사회 제도, 교육 환경이 교묘하게 여성들의 능력을 도태시키고 사장시켜왔다는 것을 입증하는 것이다.

사회생물학자 도킨스는 『이기적 유전자』라는 책에서 새로운 유전자 이론을 펼쳐서 명망을 얻었다. 그런데 이 책은 성별 차이의 문제에서 심각한 가설을 전제하고 있다. 이 책에서는 남성과 여성 간의 자연스러운 차이를 가정하여 난자와 정자 사이의 차이에 대한 의미 부여를 달리 하고 있다. 여성은 유전자적으로 남성보다 자식들에게 더 많이 노력을 들이고 가장 우선적으로 아이를 돌보는 사람이 될 수밖에 없다고 가정하고, 반면에 남성들은 유전자적으로 호색적이어서 이 호색성을 통해 더 많은 여성들을 자신의 유전자로 임신시킬 수 있다고 한다. 이러한 설명은 성별 노동 분업을 생물학적으로 가정하고 있는 것이다.

최근에 '여성주의와 과학'이라는 심포지엄에서 '발달심리학의 남성중심주의적 경향에 대한 여성주의의 비평'의 문제가 제기되었다고 한다. 객관성과 과학적 인식을 중립적으로 잘 견지했다고 생각하는 남성 연구자, 과학자들, 인식의 토대가 되는 객관성과 과학의 성격, 특성에 대해 여성 연구자들, 특히 여성 과학자들과 사회 과학에 종사하는 여성 학자들이 의문을 본격적으로 제기하기 시작했다. 객관성의 이름으로 대변되는 과학 영역에 종사하는 남성 과학자들이 한 번도 의심하지 않았던 지식에 대해 이제 여성주의가 본격적으로 이의 제기를 하고나선 것이다. 즉, 이제껏 한 번도 의심되지 않는 과학적 지식에 대한 사회적 토대와 제도에 제동을 걸기 시작한 것이다.

또 한편 전통 경험론의 무의식적 전제들, 과학자들과 인식론자들이 아주 오랫동안 당연하게 여겼던 전제들은 우리가 흔히 과학에서 채택한 증거가 증거로서의 객관적으로 그대로 보여준다는 생각을 반영하고 있다. 과학은 솔직했고, 이들이 생각하기에 '훌륭한 과학'은 '성'이나 '정치'와 무관하다는 것이다. 여성주의 경험론자들은 전통 인식론의 이러한 면모를 완전히 전면적으로 부정하지는 않는다.

과학은 객관성, 좋은 과학으로서의 기준을 지녀야 한다는 사실에는 변함이 없고, 이런 면에서 이들은 과학에서 증거나 자료에 의해 채택된 실증적인 객관성 자체를 포기하거나, 그러한 객관성이 구해질 수 없다고 생각하지는 않는다. 여성주의적 경험론자들은 과학에서 진정한 객관성을 정당화하기 위한 전략을 마련하는 데에, 객관적 관찰과 증거에 근거한 과학의 가치 중립성을 내세우는 실증주의 원리를 철저화시키면서, 연구에서의 남성중심주의 비판을 비판한다는 데 기본 특성이 있다. 이제까지의 과학에서는 과학적 문제가 확인되고 정의되는 단계에서 남성 중심적 편견이 연구 과정에 들어서고 이때 개념과 가설들이 형성되었다는 것이다. 그래서 실증주의 과학에서 암암리에 전제되었던 성차별주의가 과학의 객관성을 훼손했기 때문에 이를 문제 삼고 있는 것이다. 이들은 이러한 성차별주의가 실증주의 과학의 규범을 더 철저화함으로써 제거될 수 있다는 생각을 공유한다. 이들은 과학적 연구에 나타난 성차별주의가 존속하는 한 과학에서의 객관성은 그릇된 객관성이고, '남성중심주의'가 전제된 과학은 전적으로 잘못 이루어진 과학의 결과라는 것을 강조한다.

그렇다면 이 이론이 페미니즘에 결정적으로 기여하는 바는 무엇인가? 이들은 과학의 영역에서의 성차별주의를 문제 삼고 있기 때문에, 이를 해결하기 위한 방안으로 과학적 조사에 실재하는 방법론적인 기준에 엄격히 접근함으로써 성차별주의적, 남성 중심적 편견은 제거될 수 있다고 본다. 우리 사회와 연관하여 이 이론이 기여하는 바를 생각해본다면, 이제까지 제도적으로 이루어져온 성 차별적 교육의 관행을 상당 부분 교정할 수 있다. 예를 들면 여자아이에게도 과학, 수학 교육을 철저히 시키고, 반면에 남자아이들에게도 자신의 생활을 스스로 꾸려갈 수 있는 재생산 활동의 교육, 예를 들면 가사, 육아 교육 등을 시켜야 한다고 주장할 수 있다.

그럼에도 불구하고 이 이론이 페미니즘 운동에 가져오는 한계점은 무엇일까? 과학에서 방법론을 수정한다고 해서 과연 여성이 배제된 객관성이 교정될 수 있을까? 또 여성주의 경험론자들이 표방한 식의 실증주의적 객관성이 과연 성립될 수 있을까? 이러한 객관성은 근대 과학적 객관성의 환상을 담지한, 계몽주의의 산물이 아닐까? 오히려 이러한 객관성 자체가 현실에서는 실현 불가능하다는 것을 강력하게 주장하는 것이 더 낫지 않을까? 왜냐 하면 여성주의 경험론자들은 성차별주의적 시각의 교정으로 그릇된 객관성을 수정, 교정하고 보완하려고 하지만 이러한 객관성을 견지하는 한, 사회적 역사적 맥락이 누락될 수밖에 없지 않겠는가. 아울러 여성주의 경험론에서 모호한 점은 객관성, 증거, 사실에 근거한 전통 과학, 경험론에 규범, 정치성의 도입이 가능한 것인지 아니면 여성주의 경험론자들은 이런 정치성을 개입시키지 않고서도 전통 과학을 수정할 수 있다고 보는가 하는 점이다.

4. 여성주의적 입장론

인류 역사에서 여성 대부분이 약자, 주변자, 소수자(minority) 힘없는 집단에 속해 있었다는 것을 부정할 사람은 거의 없을 것이다. 이는 지식의 측면에서 뿐만 아니라 권력, 경제, 사회 제도의 측면에서 더욱 그러하다. 여성들은 사회 질서에서 국외자로 살아온 셈이다. 반면에 남성은 가부장제 제도의 존속 이래 지배 집단을 구성해왔으며 남성의 생활 방식과 사고 방식이 지배적 제도를 이루어왔다.

역사적으로 학문에서의 규범과 가치, 진리가 자신이 처해 있는 이해 관계와 무관하게 객관적이며 보편적인 가치를 지닌다는 전제에 대한 도전은 마르크스주의에서 제기되었다. 마르크스주의에서는 학문에서의 가치가 특정한 지배 집단, 즉 부르주아의 가치며, 부르주아의 가치가 반영된 이러한 질서와 구조는 객관적일 수 없으며 따라서 부르주아의 질서에서 소외되어 있는 프롤레타리아트의 입장, 즉 '당파성'에 입각해야만 '진정한 객관성'을 획득할 수 있다고 본다. 이러한 관점과 구도가 여성주의 입장론에 상당 부분 반영되어 있다.

우선 여성주의적 입장론은 국외자로서의 여성에게 기존 사회의 지배 질서와 구조를 어떻게 보아야 할지 가르친다. 즉, 이 이론은 남성 지배권과 성 역할 기대의 지배적 형식 그리고 우리를 타자로 보게 하는 사회적 질서의 믿음과 실천으로서의 사회적 관계를 여성에게 가르친다. 이러한 맥락에서 전형적으로 억압받는 주변화된 계급이 인식론적으로 특권적 지위를 갖는다고, 즉 진리를 보다 더 잘 볼 수 있으며 따라서 객관성에 좀 더 근접할 수 있다고 주장하는 마르크스주의의 전략을 차용하며 실증주의의 객관성, 가치 중립성 개념 자체에 의심을 제기한다.

여성주의 입장론은 지식으로 부르는 문화적 믿음도 사회적으로 위치지워졌다는 것, 즉 사회적 가치와 정치적 의사 결정에 의해 규제된 연구가 어떻게 경험적, 이론적으로 만족스러운 결과들을 산출할 수 있었는지에 대한 설명을 제공한다. 이 입장은 남성 / 여성의 대립 구도 속에서 한쪽의 관점이 다른 쪽을 전복할 수 있는 가능성을 보여주며, 지배 구조에서 지배자에게 가능한 관점은 편파적이고 잘못된 것일 수 있음을 보여줄 수 있다. 그래서 여성주의 입장론은 젠더의 차이에 초점을 맞추고 있으며, 남녀의 '입장'과 '상황'에 초점을 맞춘다.

가부장제 사회, 성별 구조화된 사회에서 인간의 삶, 즉 남성 / 여성의 삶은 동일하지 않다. 남성적인 삶에서 나온 것만이 객관적이라고 볼 수 있는 근거가 어디에 있는지 입장론자들은 자문한다. 이 남성적 삶에서 나온 객관성은 여성의 '관점'으로부터 출발하는 연구를 평가 절하하는 객관성이다. 여성의 관점은 현실 여성이 실제로 볼 수 있는 현실적 인식을 말한다. 결과적으로 남성이든 여성이든 경험 그 자체는 '사회적 관계'에 의해 결정된다.

앞에서 본 여성주의 경험론과 입장론 둘 다 여성의 고유한 삶의 경험을 중시하고 있는 듯 보이지만, 양자간에는 다소 큰 차이가 있다. 여성주의 경험론에서는 남성 중심의 경험의 편협한 측면을 확장, 수정하여 왜곡된 객관성을 바로잡아 진정한 '객관성'에 도달할 수 있다고 주장한다. 반면에 입장론에서는 '여성의 경험'과 '여성주의'의 결합된 관점을 잘 견지하면 덜 왜곡된 지식 요구의 시발점을 가질 수 있다고 본다. 그에 따라 여성이 가질 수 있는 도덕적 순결성과 여성의 당파성도 같이 고려하고 있다. 게다가 여성주의 입장론에서는 백인 여성, 흑인 여성, 남미의 여성, 동양 사회의 여성이 서로 다른 집단과 상황, 문화권에서 살고 있을지라도 그 문화권에서 소수자, 주변자로서 억압받고 지배당한 경험을 공유하고 있기 때문에 그들이 갖는 세계관에는 어느 정도 유사성이 있음을 인정한다.

이러한 여성주의적 입장론이 전통 인식론에 대해 문제 제기를 하고 비판하며 도전할 수 있는 측면은 무엇일까? 입장론의 주장에서 보면 억압받는 집단인 여성은 그들 자신을 사회 이해 관계로부터 거리를 취함으로써, 여성의 삶에 기반한 인식은 더욱 신선하고 엄밀한 분석을 만들어낼 수 있다. 따라서 입장론에 바탕을 둔 페미니스트 정치학은 덜 왜곡된 서술과 설명의 창출을 위한 필요 조건이 된다. 즉, 계층화된 사회에서 연구 결과의 객관성은 억압된, 착취된, 지배받는 집단들을 대표하는 정치적인 운동에 의해 증가된다.

그렇다면 여성주의적 입장론은 우리 사회에 얼마나 적용될 수 있는가? 이 이론은 우리 한국 사회에 적용될 만한 구석이 상당히 있는 듯하다. 왜냐 하면 아직도 한국 사회의 여성들은 사회 곳곳에서 소외된 자, 억압받는 자, 국외자, 약자의 입장에 처해 있기 때문이다. 예를 들면 우리 사회의 약자의 입장을 대변할 정치적 힘을 가진 국회의원 수가 절대적으로 부족한데, 이러한 약자의 힘을 기를 수 있게 하기 위해서 국회의원석에 대한 여성 할당제 등을 도입할 필요가 있다.

여성주의 입장론은 앞서의 여성주의 경험론과 마찬가지로 근대 계몽주의적, 거대 담론의 전제들을 나름대로 수용하고 인정하고 있다. 그래서 이 이론은 포스트모던한 여성주의 이론과 대립, 갈등 관계를 빚게 된다. 포스트모던한 여성주의에서는 여성주의 입장론의 전제 속에 암암리에 여전히 남성적 계몽주의적 시각을 견지하고 있다고 비판할 수 있다. 말하자면 진정한 당파성의 확보와 객관성을 좇는 것 역시 권력과 이익에 집착한 남성적 이데올로기를 상당 부분 모방한 것에 불과하다고 비판할 수 있다.

이에 대해 여성주의 입장론은 오히려 소위 포스트모더니즘이라 불리는 이론이 사람들, 특히 여성들을 회의주의에 빠지게 하여, 여성의 연대성을 깨고 있는 것은 아닌지 하고 반박한다. 이들은 오히려 포스트모더니즘이야말로 회의주의, 상대주의를 앞세워서 여성의 연대성을 교묘하게 해체시켜버리려는 가부장제의 최후의 또 다른 얼굴과 술책 중의 하나에 지나지 않는다고 재비판한다.

5. 포스트모던적 여성주의

포스트모던 페미니스트라고 불릴 수 있는 이론가들, 학자층들의 범위와 외연은 생각보다 대단히 넓다. 프랑스에서 주로 여성적 글쓰기로 이름을 날리고 있는 신프랑스 페미니스트들에서부터 시작하여 서구중심주의를 신랄하게 비판하고 있는 제3세계에서 싹튼 탈식민주의적 페미니즘까지 다 포괄적으로 포스트모던적 여성주의의 범위에 넣을 수 있다. 특히 여성과 남성의 동등성을 강조했던 초기 페미니즘의 논의를 지나 여성성의 우월성을 지나치게 강조해서 여성을 여성성에 가두어버리는 등의 문제가 노출되었던 다음 세대의 페미니즘의 국면의 한계를 벗어나려는 반성이 활발하게 일어나면서 1980년대 이후에는 여성들을 하나의 동일한 범주로 묶으려는 과거의 페미니즘 경향에서 벗어나 여성들간에도 계급, 인종, 신분, 경제적 상태 등에 따라 다양하게 '차이'가 있음을 숙지하는 것이 여성을 보다 잘 이해할 수 있으리라는 인식이 널리 퍼지고 있다.

철학사적으로 보면 니체, 프로이트 등을 출발로 하는 근대적 담론에 대한 비판에서 시작된 논의가 라캉, 푸코, 데리다, 들뢰즈 등으로 심화된 포스트모더니즘 이론이 페미니즘 진영에도 상당한 영향을 미치면서 포스트모더니즘과 페미니즘의 만남이 성립하게 되었다. 포스트모더니즘의 탄생 배경 자체가 전통 형이상학, 진리관, 인식론에 대한 도전과 비판 그리고 그에 대한 해체적 전략에서 비롯된 것인 것과 마찬가지로 포스트모던적 여성주의에서는 전통 인식론에 대한 비판과 해체뿐만 아니라, 전통 인식론에 숨겨져 있는 남성중심주의, 가부장제적 사유의 전제를 들추어내고 비판한다.

그러나 포스트모던적 여성주의의 인식론은 현재로서는 아직 형성중에 있다고 보인다. 게다가 포스트모더니즘과 페미니즘이 제휴하는 것이 전략적으로 여성 문제, 여성 운동에 도움이 될지 어떨지에 대한 논쟁은 현재 진행중에 있다. 포스트모더니즘의 이론에 여전히 남성 중심적인 전제가 완전히 거두어지지 않고 있다고 보기 때문이다. 그러나 포스트모던적 여성주의를 표방하는 페미니스트들은 일단 모더니즘이나 계몽주의적인 이념이 갖고 있는 기본적인 철학적 전제를 비판한다는 면에서는 포스트모더니즘과 공통점을 갖는다. 그래서 계몽주의적 전제에 대해 죽음을 선고한 포스트모더니스트들의 사상과 공유하는 면이 상당히 있다. 예를 들면 근대적 주체 또 플라톤 이래로 내려온 전통 형이상학, 또 거대한 역사적 발전과 진보의 비전을 제시했던 근대 역사 철학의 경향 등에 대해 사망 선고를 내린 포스트모더니즘의 경향에 포스트모던 페미니즘은 일단 동조한다. 형이상학, 역사, 주체의 이름으로 등장한 대부분의 얼굴은 남성이었으며 또 가부장제적 사유의 전형이었기 때문에 이러한 명부에 사망 선고를 내린다는 것은 남성 중심적 사고를 종식시키겠다는 페미니스트들의 전략적 계산이 있기 때문이다. 따라서 포스트모던적 여성주의는 이성주의적 전통을 계승하는 페미니즘 경향에 대해 비판적 입장을 견지하여 이성주의와 인본주의, 계몽주의적 언어와 개념을 거부하거나 초월하고, 성별의 '차이' 개념을 옹호하면서 동시에 이 개념을 '해체'하는 상당히 유동적인 입장을 취한다.

그래서 전통 형이상학에 대한 포스트모더니즘의 비판과 남성중심주의를 비판하는 페미니즘간의 만남은 충분히 자연스럽고 더 상승적 효과를 가져올 수 있다는 생각을 포스트모던 페미니스트들은 염두에 두고 있다. 또한 남성 중심적 사유의 근대적 전형인 계몽주의적 사유를 결국은 버리지 않으면 여성 운동의 효과는 제대로 기대할 수 없다는 상당히 급진적인 노선을 견지한다고 할 수 있다. 더군다나 계몽주의적 사유가 서구 근대 백인 중심주의적 사고의 전형이라는 맥락에서 이 노선의 가장 급진적 형태 중의 하나는 인도 등을 중심으로 한 제3세계의 탈식민주의 페미니즘이라 할 것이다. 가야트리 스피박(Gayatri Spivak)을 중심으로 한 탈식민주의 페미니즘은 서구 지형 중심의 페미니즘이 접근할 수 없는 제3세계 진영을 대상으로 한다는 면에서 가장 급진적인 포스트모던적 여성주의라 할 수 있다.

신프랑스 페미니스트들도 포스트모던 여성주의의 범위에 들어간다. 이 이론은 주로 정신분석학적 담론을 일정 정도 수용한 측면이 있지만 그럼에도 불구하고 프로이트, 라캉 등의 정신분석학적 담론이 근대적 주체 이론을 비판하고 있을지라도 여전히 이들 사고 속에는 남근 중심적, 남성 중심적 사고가 전제되거나 잔존해 있다고 보아, 이들을 비판하면서 탈남성적, 탈남근적 사유의 가능성을 모색하고 있다.

그러나 포스트모던적 여성주의는 전략적인 면에서 상당한 취약점을 갖고 있다. 즉, 근대적 남성 중심적 담론, 계몽주의적 담론에 대해 강하게 비판할 수 있고 이러한 이론들이 갖고 있는 권력 중심적 지향의 성향에 대해 무장 해제를 할 수 있으나 그러다보니 정작 자신들은 어떠한 전략적 무기도 들 수 없고, 무기를 들게 되면 자기가 비판한 적과 동일한 모습을 하게 되어 자가 당착, 자기 모순에 빠질 수 있게 된다. 그래서 이 전략을 표방하는 포스트모던적 여성주의는 회의주의적 경향이라는 함정을 빠져나갈 수 없게 되고, 또 상대주의적 전략이 갖는 전형적인 문제, 즉 누구도 진리를 말할 수 없는 것이 아닌가 하는 난관에 봉착하게 된다.

포스트모던 여성주의의 스펙트럼이 워낙 넓고 다양하기 때문에 이 이론은 전략적으로 취약점을 지니고 있을지라도 각 국면에서 탄력적으로 적용되기 쉬운 장점도 있다. 서구 백인 여성들을 중심으로 상당히 엘리트적인 측면이 강조된 이론은 동양 사회에 아직 적용되기에는 이른 감이 있다. 즉, 근대화조차 잘 되지 않은 동양 사회 또 제3세계에 과연 모더니즘을 비판한 포스트모던적 여성주의의 이론은 적용될 수 있는가? 이러한 물음은 우리 사회의 경우에도 유효하게 던져질 수 있다. 그러나 서구중심주의를 비판한 탈식민주의적 페미니즘의 경우 이 이론의 근사한 장점, 즉 서구중심주의를 벗어나 탈중심적이고 다소 급진적이고 개방적인 면에서는 오히려 탈서구 사회에 이 이론을 잘 적용하면 훨씬 효과를 볼 수도 있다.

6. 여성의 새로운 눈은 세상을 달리 볼 수 있는가?

왜 여성들은 전통 인식론의 견고한 철옹성에 맞서서 여러 가지 난관을 안고 있는 여성주의적 인식론을 만들려고 하고 꾸려가려고 하는 것일까? 전통 인식론에 침윤되지 않는 여성주의 인식론은 비단 여성의 삶뿐만 아니라 더 나아가서 남성의 삶까지 새롭게 가꿀 수 있는 비전을 지니고 있는가?

여성주의 인식론의 다양한 가지들이 있지만 이들 중에 여성주의적 경험론, 여성주의적 입장론의 공통점은 그 강도, 편차가 있을지라도 전통 인식론을 수정, 교정, 보강하려는 목적 의식을 갖는다. 이러한 목적의식 때문에 여성주의 인식론은 다시 계몽주의적 전제에 갇히는 것이 아닌가 하는 혐의를 끊임없이 받고 있기도 하다. 그래서 포스트모던적 여성주의는 이러한 계몽주의적 전제에 갇히지 않기 위해 여성주의 인식론의 해체적, 전복적 효과에만 주목한다. 그렇다고 해서 여성주의 인식론이 권력, 힘과 지식, 진리와의 관계에 주목하지 않는 것은 아니다. 여성주의 인식론 역시 이러한 문제들로부터 자유로울 수 없고 자유로워진다고 해서 문제가 해결되는 것이 아니기 때문에 역시 중요한 문제로 남는다.

그래서 남성 중심적인 객관적 진리에 도전장을 던진 여성주의 인식론이 제시하는 비전이 예전의 계몽주의적인 진보적, 발전적 역사관에서 정립된 비전과 어떤 차별성을 갖는지 하는 점 역시 주시해야 할 중요한 문제다. 즉, 이에 대해 적극적으로 비전을 표방하는 것이 옳은지 아닌지 하는 문제 역시 여성주의 인식론이 외면할 수 없는 문제다.

그럼에도 불구하고 여성주의 인식론이 포기할 수 없는 마지노선이 있다면 그것은 기존의 질서와는 다른 새로운 질서를 창조할 수 있는 '새로운 눈'일 것이다. 기존의 질서가 지배, 피지배의 이원적 딜레마에서 벗어날 수 없었다고 한다면, 여성주의 인식론은 기본적으로 이런 이분법을 벗어난, 새로운 질서와 논리를 모색하는 데 결코 망설일 수 없을 것이다. 이제 우리는 지배와 억압의 이분법적 논리를 넘어서서 남성과 여성의 삶 모두가 중심과 주변으로가 아닌 다원적으로 살아갈 수 있는 '새로운 공존'의 논리를 모색할 수 있지 않을까. 그래서 이러한 여성의 새로운 눈으로 세상을 새롭게 바라볼 수 있고, 더 나아가 누구도 억압하지 않는 새로운 질서를 창출할 수 있게 될 것이다.

□ 생각해볼 문제

① 과학과 지식은 전통적으로 객관성을 지니고 있어야 한다는 생각과, 페미니즘은 정치성이 개입되어야만 진정한 지식, 객관성에 이른다는 여성주의 인식론의 견해를 남성들은 어떻게 반박할까?

② 여성 과학자들이 역사상 잘 등장하지 않은 것은 여성의 자질이 열등해서인가?

③ 남성은 수학과 과학을 잘하고, 여성은 예술과 언어를 잘한다는 것은 남녀의 생물학적, 선천적인 기질의 차이에서 비롯된 것인가, 아니면 이러한 점 역시 사회, 문화 속에서 길들여진 후천적인 훈련에 의해서인가?

④ 여성의 입장(관점)이 개입된 인식론과 여성의 입장에서만 (여성우월주의적 시각) 바라본 인식론은 같은 것인가, 다른 것인가?

□ 더 읽어야 할 책

▷ 앨리슨 재거, 『여성해방론과 인간 본성』, 이론과실천
　페미니즘에 관심을 갖고 공부하려는 사람이면 누구나 읽어야 할 기본 필독서. 이제까지의 다양한 페미니즘 이론의 갈래들이 제시되어 있으며, 후반부에는 여성주의 인식론의 문제를 나름대로 잘 소개하고 정리한 책이다.

▷『페미니즘과 포스트모더니즘』, 한신문화사

페미니즘과 포스트모더니즘 간의 제휴가 가능한지 아닌지를 다각도로 모색한 논문 모음집. 페미니즘과 포스트모더니즘 간의 만남이 갖는 문제점을 지적한 입장에서부터 시작하여 그 만남을 전략적 차원에서 다소 긍정적으로 보는 입장, 적극적으로 보는 입장 등 다양한 페미니스트들의 이론들이 소개되어 있다.

▷ 이블린 폭스 켈러,『과학과 젠더』, 동문선

지은이 이블린 폭스 켈러는 미국의 유명한 여성 물리학자로서, 성별 문제와 과학 이론을 접목시켜 과학 내에서 페미니즘, 여성의 문제를 새롭게 부각시켰다. 자연과학에서 여성에게 적용한 임의적인 편견과 이데올로기의 출처를 밝히는 데 심혈을 기울인 책이다.

제10장
여성의 언어와 여성적 글쓰기

□ **주제어**

여성 억압적인 언어, 여성적 글쓰기, 랑그와 파롤, 남성적 언어와 여성적 언어

1. 여성과 남성에게 적용되는 언어

사람들에게 '태양'이라는 말을 제시하면서, "어떤 이미지, 어떤 의미가 머리 속에 떠오르느냐?"고 물으면, 대개는 '불타는 정열', '강렬함', '강력함', '위대함' 등이라고 대답한다. 그리고 여기에 하나 덧붙여 '남성적'이라고들 말한다. 강렬한 태양을 '여성적'이라고 생각하는 사람을 만나기는 쉽지 않다. 그에 반해 '달'이 제시되면, '부드러움', '풍만함'과 그런 특징을 지닌 '여성'이 이미지화된다고 말하는 사람이 많다. 왜 우리 사회에서는 '태양'은 '강력한'-'남성'으로 상징되고, '달'은 '부드러운'-'여성'

으로 상징되는가? 왜 그 언어에는 그런 이미지, 그런 의미가 결부되는가?

이 질문의 해답을 찾으려면, 오랜 시간에 걸쳐 형성된 사회 관습, 사회 구조, 남성과 여성의 다층적 관계를 추적해나가야 한다. 이때 추적을 위한 도구면서 동시에 해답의 결과를 기술해주는 매체 또한 '언어'다. 인간이 지식을 축적하고 전달하려면 그리고 서로 의사 소통을 하려면, 기본적으로 '언어'가 필요하다. 타인을 염두에 두지 않고, 자기 혼자 어떤 생각을 하려고 해보라! 그럴 경우에도 사고를 위한 언어 작용이 곧바로 이루어진다.

언어에는 ― 사람들이 자각하지 못해도 ― 알게 모르게 사회적 가치가 투영되어 있다. 그래서 언어는 한 사회를 반영하는 거울이다. 사회나 언어, 둘 중 하나에서 드러나는 모습은 반드시 다른 쪽에 영향을 미치며, 다른 쪽에 잔영으로 남아 있다. 상황이 이러하다면 사회와 인간을 이해하기 위해서는 언어에 대한 이해가 수반되어야 한다.

'사회와 언어'가 상호 작용하는 가운데 나타나는 잔영에 대한 분석은 다양한 각도에서 이루어진다. 그러나 서두에 제시된 '태양'과 '달'이 상징하는 내용을 고려하면, 언어가 지닌 이미지를 '남성과 여성'이라는 대비 틀로 접근해 들어갈 수 있다. 왜냐 하면 사람들이 '태양!' 하면 '남성'을 떠올리고, '남성!' 하면 '태양'을 떠올리듯이, '달!' 하면 '여성'을 떠올리고, '여성!' 하면 '달'을 떠올리는 대비 구조가 언어에 수없이 나타나기 때문이다.

그렇다면 남성과 여성을 구분하는 것이 잘못된 태도란 말인가? 그렇지 않다. 생물학적으로 남녀를 구분하는 것 자체는 잘못이 아니다. 그러나 태양과 달처럼 '남성에게 적용되는 언어'와 '여성에게 적용되는 언어'를 구분하는 태도는 문제 삼을 만하다. 그런 식의 대비, 그런 식의 구분에는 남성과 여성을 왜곡해서 바라보는 시각이 들어 있기 때문이다. 게다가 이런 구분 가운데서 '남성'과, '남성에게 적용되는 언어'에 더 가치를 두는 시각은 더더욱 짚고 넘어갈 필요가 있다.

강렬한 태양은 세계를 밝혀주고 비추어주기 때문에, 만약 태양이 없다면 천지는 어둠으로 휩싸이고, 태양에 의존하는 생명활동은 정지하거나 타격을 입게 될 것이다. 그래서 "태양이 없으면 이 세상도 없다", "태양은 절대적 권위를 지닌다"와 같은 주장이 당연하게 받아들여진다. 고대 이집트에서 왕은 태양의 아들(파라오)이라고 일컬어졌다. 왕은 절대 권력을 누리며, 그에게 복종하지 않는 자는 처벌을 받는다. 그의 권위는 태양으로부터 온 것이라서, 그 누구라도 범접할 수 없다. 그런 권력을 가질 수 있는 자는 '남성'이다. 그래서 '태양'에 비유되는 자는 남성이며, 높은 가치를 지니는 자도 남성이다.

그에 반해 달은 태양 빛을 받아 빛을 반사하기 때문에, 태양이 없다면 달빛 또한 사라지게 된다. 달은 태양이 진 밤에서야 살포시 얼굴을 내민다. 달의 은은한 빛은 서정성 짙은 포근함을 주지만, 달이 '태양을 능가'하거나 '태양보다 낮다'고 생각하는 사람은 그리 많지 않다. 달은 태양의 절대 권력을 넘볼 수 없다. 게다가 달을 보면 월경을 하는 여성들이 생각난다. 그러므로 달에서 이미지화되는 것은 월경 때문에 불편하거나 불쾌한 여성이며, 남성보다 연약하고 남성에게 의존하고 남성의 권위에 복종하는 여성이다.

이런 비유를 비판적으로 바라보면서 자연물에 남성, 여성을 비유하는 것이 정당한가?, 태양이 상징하는 측면이 왜 여성에게는 적용되지 않는가? 남성과 여성에게 적용되는 언어가 정당성이 있는가에 대해 반성해보자.

2. 여성에게 적용되는 언어는 여성 억압적이다

어떤 사람은, "남성과 여성이 지닌 자연스런 성격과 관계를 '태양'과 '달'에 비유하는 것이 왜 문제인가?"라고 반문하기도 한다. 이런 식으로 반문하는 이유는, 그가 이미 사회 질서와 가치 평가에 물들어 있어서, 언어가 지닌 상징과 가치도 당연하게 받아들이기 때문이다. 우리 사회가 남성 대 여성의 대비 틀로, 남성 중심적으로, 여성이 남성에게 억압받는 구조로 형성되어 있어서, 가치 중립적인 언어에 남성과 여성을 대입시키고, 그리고 남성에게 적용되는 언어에 더 큰 가치를 두는 모습이 자연스러워 보이기 때문이다. 그 결과 여성에게 적용되는 언어가 남성에게 적용되는 언어에 비해 열등하거나 억압적인 이미지를 지녀도 이상하게 여기지 않는 것이다.

언어가 여성 억압적 측면을 지니고 있다는 말을 들으면, 누구나 곧바로 이해되지 않아서, "언어가 여성 억압적이라니? 무슨 말이야?"라고 묻게 된다. 이런 사람에게 "우리 사회가 여성을 억압하고 있는가?"라고 질문하면, 대부분 '그렇다'고 대답한다. 그리고 "사회 구조와 사회적 가치가 언어에 반영된다고 생각하는가?"라고 질문하면, 반신반의하면서도 "그럴 수도 있다"고 말한다. 여기에서 더 나아가 "언어는 사회의 반영이기 때문에, 사회가 (여성) 억압적이면 언어도 (여성) 억압적이지 않은가?"라는 질문을 하나 더 해보면, 언어 속에 여성 억압적 측면이 들어 있음을 시사할 수 있다.

마지막 질문을 위해, 태양과 달의 가치 평가에서 드러나는 권력 관계를 좀더 고려해보자. 태양은 빛의 원천이다. 그에 반해 달은 태양이 내비치는 빛을 반사하므로 빛의 원천은 아니다. 이것은 '자연적 사실'이다.

그러나 빛의 원천이라 해도, 태양이 달보다 가치로운 것은 아니다. 왜냐 하면 태양이 아무리 강렬한 빛을 내뿜을 수 있어도, 태양이 달을 존재하게 만든 것은 아니기 때문이다. 달은 태양이 사라져도 하나의 독자적인 행성으로, 지구의 위성으로 존재할 수 있다. 그리고 태양이 사라지면 빛이 사라진다고들 하지만, 사실 빛이 빛으로서 의미를 지니려면 일정 정도 어둠이 있어야 한다. 어둠과 관계할 때, 태양도 자신의 가치를 드러낼 수 있다. 그러므로 태양이 달보다 더 위대하다는 평가는 재고해보아야 한다.

더 나아가 '태양'에는 '남성', '달'에는 '여성'을 결부시키는 것 또한 '자연적 사실'과는 별개의 문제다. 그런데도 '태양-남성', '달-여성'의 관계를 '태양-남성-절대 권력', '달-여성-순종'이라는 관계 망으로까지 밀고나가면, 태양과 달의 특징과 성격은 자연적 사실로부터 더욱더 멀어진다. 태양과 달을 이렇게 대비시키고 이미지화하는 것은, 우리 사회가 남성을 여성보다 더 우세하고 더 가치로운 것으로 보기 때문이다. 우리 사회에서는 남성이 여성을 억압하고 남성 지배적인 양상을 지니고 있기 때문에, 태양과 달의 관계도 그런 식으로 정립된 것이다. '태양', '달'에게 덧붙여지는 상징의 차이는 '사회에 잔존하는 남녀 권력의 차이'에 의한 것이다. 그래서 누군가가 여성을 비유하기 위해 태양을 끌어들인다면 혼란이 야기되며, 그는 언어를 부적절하게 사용한다는 지적을 받게 된다. 태양과 달의 대비를 뒤바꾸는 사람은 심지어는 이상하거나 사회 전복적인 일탈자로 간주되기도 한다.

이런 상황을 간혹 잘못 이해하여 "여성이 사용하는 언어와 남성이 사용하는 언어는 다르구나?"라고 오해할 사람도 있다. 그러나 동일한 나라의 사람이면 대개는 동일한 언어를 사용한다. 희선이와 석훈이는 둘 다 한국 사람이다. 둘 간에 여자와 남자라는 차이가 있어도, 동일하게 한국어를 사용한다. 그러므로 남녀가 사용하는 언어가 다르다고 생각해서는 안 된다. 다른 것은 남성과 여성에게 '적용되는' 언어, 남성과 여성에게 '비유되는' 언어다. '태양'처럼 특별히 남성에게 적용되는 언어와, '달'처럼 특별히 여성에게 적용되는 언어의 구분이 있다.

이런 주장을 더 밀고나가기 위해, '남성과 여성의 대비가 분명하게 드러나지 않는 언어'를 떠올려보자. 가령 어느 날 모 대학교 학생 회관에 '나체' 사진이 걸려 있다는 방송을 듣는다고 가정해보자. 그러면 남성은 물론 여성도 대개는 '나체 여성'을 떠올리기가 십상이고, 마음속에 '몸매 좋고 얼굴 예쁜 여자', '성적 매력을 물씬 풍기는 여자'를 연상한다. '나체'는 남성에게도 적용되고, '남성의 나체 사진'일 수도 있는데, 왜 사람들이 '나체 여성'을 떠올리는가? 그것은, 우리 사회가 여성을 상품화하고 여성의 육체를 성적 이미지로 부각시키기 때문이며, 누군가의 옷을 벗겨서 즐거움을 누릴 수 있는 자는 남성이기 때문이다. 만약 여성이 그런 즐거움을 노골적으로 표현하면, 그 여자는 음란하거나 비정상적이라고 비난받는다.

그러므로 남성에게 적용되는 언어, 여성에게 적용되는 언어라는 발상은 '남성의 가치'와 '여성의 가치'를, '남성의 일'과 '여성의 일'을, '남성의 능력'과 '여성의 능력'을 구분하는 사회 질서 및 권력 구조와 밀접한 관련이 있다. 이런 이유 때문에 여성에게 상당히 불리한 평가를 낳고 여성에게 부당한 대우를 하는 사회 질서를 비판하는 사람은 근래에 들어서 비판의 화살을 '언어 비판'으로 돌리기도 한다. 그러므로 우리 사회에 나타나는 여성 폄하와 여성 차별을 진단하고 해소하기 위한 한 방편으로 '언어'에 관심을 가지는 것, 그리고 이를 통해 여성적 가치를 발굴하는 것은 페미니즘적 입장에 서 있는 철학자가 해야 할 중요한 역할 중의 하나다.

그런데 여기에서 어려움은 "실제로 그런 철학자가 있는가?"

다. 물론 비록 여성은 아니지만, 그리고 사회 비판을 하는 자도 아니지만, 서양철학에서 언어를 탐구 주제로 삼는 언어철학자가 있는데, 그는 바로 이 글에서 보여주는 발상을 도출해낼 수 있는 기반이 되는 프랑스의 소쉬르(F. de Saussure)다. 소쉬르의 대표작 『일반 언어학 강의』(1916)는 언어에 대한 학적 연구의 근간이 된다.

사회를 '남성 대 여성의 대비 구조'로, '남성 중심적-여성 폄하적 가치 구조'로 진단하면서, 이런 측면이 언어에 그대로 투영된다고 생각하는 일부 페미니스트들은 소쉬르의 노선을 활용하여 '언어 비판에 의한 사회 비판' 태도를 밀고나간다. 이런 태도는 궁극적으로는 사회에 만연하는 '여성 차별 문제'를 해결하고, 이를 위해 사회 구조를 바꾸는 데까지 나아가야 하지만, 알게 모르게 여성 폄하적 가치가 배어 있는 언어의 의미와 상징의 변화를 시도하는 것도 왜곡된 여성관과 여성 억압을 해소하는 데 중요한 역할을 하기 때문에 두 가지 작업 모두가 필요하다.

3. '여성에게 적용되는 언어'를 비판하는 여성들

페미니스트가 '여성 차별 문제'를 '언어' 문제로 환원시켜 바라보기 시작한 역사는 그리 깊지 않다. '언어'가 집중 조명을 받기 시작한 것은 페미니즘 제2의 물결이라고 일컬어지는 급진적 페미니스트(풀뿌리 페미니스트)에게서부터다. 그들도 초기에는 '언어'에 대해 그다지 관심 갖지 않았다. 1960년대의 급진적 페미니스트는, 페미니즘 제1의 물결이라고 일컬어지는 자유주의 페미니스트나 보부아르(S. de Beauvoir)가 내거는 대안이 문제가 있다는 자각을 하게 된다. 왜냐 하면 이들이 여성적 특징이나 여성적 언어를 거부하고, 남성적 특징을 선호하는 태도를 보이기 때문이다. 여성도 남성적 특징을 지니며, 남성적 특징을 지니도록 부단히 노력해야 한다는 발상은, '남성적 특징'이 '여성적 특징'보다 더 가치롭다는 것을 우회적으로 인정하는 것이나 마찬가지다. 그러므로 여성이 공격성, 적극성, 정의감 등, 남성적 특징을 닮아가려고 하는 남성화 모델로는 여성을 제대로 이해할 수 없을 뿐만 아니라 여성적 특징을 무시하는 결과를 낳는다. 이런 자각 때문에 제2의 물결은 궤도 전환을 하게 되며, 궤도 전환의 한 축이 '여성적 언어'에 대한 새로운 이해다.

언어로의 궤도 전환의 전형적 모델은 1970년대 미국의 메리 댈리(M. Daly)다(『산 / 부인학』, 1978). 그러나 이보다 먼저 영국에서는 '비-성차별적 글쓰기'와 '비-여성 차별적 글쓰기'라는 말이 1970년대 초반에 유행하면서, 데일 스펜더(D. Spender)가 쓴 『남성이 언어를 만들었다』(1980)는 책이 폭발적 인기를 누리기도 한다. 프랑스에서는 엘렌 씨수(H. Cixous)가 '언어로의 궤도 전환'과 동시에 '여성적 가치의 고양과 새로운 이해'를 대변하는 '여성적 글쓰기'(1973)를 주창한다.

씨수에 의하면, 여성에게는 남성과 달리 여성만의 고유한 특별한 경험이 있다. 그런데도 여성들은 그 동안 '여성적 경험'이 무엇인지에 대해 분명하게 말하지도 못했고, 여성의 목소리를 재현하는 심도 있는 글쓰기도 하지 못했다. 왜냐 하면 남성 작가는 많았으나 여성 작가는 거의 없었기 때문에, 여성의 입장과 처지를 반영하는 글이 나오기가 어려웠다. 게다가 성공한 여성 작가조차도 남성의 세계에서 살아남기 위해서 남성적 사고에 어긋나지 않아야 한다는 강박 관념에 시달리다보니, 여성의 경험과 상황을 솔직하게 표현할 기회가 없었다. 여성 작가들은 남성의 평가와 시선을 의식하면서 글을 썼다. 남성이 만족스럽게 받아들이고 인정해야, 남성이 여성에게 자리를 양보하고 마련해주어야 여성 작가는 그나마 작가로서 생명력을 이어갈 수 있으므로, 여성의 경험에 대한 글쓰기도 자동적으로 남성적 시각이라는 검열 장치 속에서 이루어졌다. 그래서 여성적 경험이 왜곡된 형태로 묘사되고, 여성적 특징들이 희화화되기도 했다. 씨수는 이런 상황을 비판하면서, 여성 작가들이 많이 배출되어야 한다는 점과 여성 자신의 목소리와 언어로 '여성의 경험'을 '검열 없이' 써내려 가야 한다는 점을 강조한다. 그러므로 '여성적 글쓰기'는 단지 여성이 글을 쓰는 것으로 끝나지 않는다. 여성적 경험 속에 들어 있는 여성적 특징을 기술하고, 여성적 특징이 지닌 가치를 새롭게 발굴해내는 글쓰기여야 한다.

씨수의 주장은 프로이트의 정신분석학의 영향을 받은 라캉(J. Lacan), 이리가래이(L. Irigaray) 등의 일군의 '언어' 분석 집단과 궤도를 같이 한다. 그로 인해 생겨난 "새로운(신) 프랑스 페미니즘" 부류가 오늘날 철학 및 여성 문제에서 대단한 영향력을 발휘하고 있다. 최근에는 철학과 문학과 심리학을 내밀하게 통일시켜 여성 이해의 독자적 영역을 구축한 크리스테바(J. Kristeva)의 '언어 행위 이론'에까지 그 노선이 이어지고 있다.

이들의 주장에는 하나의 이론으로 환원시킬 수 없는 다양한 변별성이 나타나지만, 공통점을 찾아낼 수는 있다. 자유주의 페미니스트나 실존주의 페미니스트는 여성에게 적용되던 '타인 배려적 측면, 사랑, 연민, 모성애, 부드러움, 겸손' 등과 같은 성질을 거부한다. 그에 반해 그들은 '자립심, 공정성, 강인성, 공격성' 등과 같은 남성적 성질을 여성도 동등하게 지니며, 남성적 특징과 능력을 닮아가는 데서 여성의 발전을 이룰 수 있다고 주장한다. 그러나 여성적 특징들은 '수동성', '소극성', '의존성' 등을 배제하면, 인간 관계에서 미덕에 해당되는 고차원적 가치를 지니고 있다. 이기적이지 않고 남을 배려하는 것, 인간들을 사랑으로 감싸는 것, 공동체를 위해 자신을 희생하는 것 등은 어느 사회에서나 귀감이 되는 덕목이며, 이것들을 수행하여 사회에 큰 반향을 일으킨 사람을 때로는 성인, 군자라고 추앙한다. 그런데 이런 훌륭한 덕목을 남성이 수행하면 성인이고, 여성이 수행하면 별것 아닌 것이 되는 이유는 무엇인가? 사회의 귀감이 되는 것이 '여성이 지니고 있는 것' 내지는 '여성적 특징'이라고 일컬어지면, '여자들에게나 나타나는 것', '여자니까 당연히 그렇게 해야지'라는 식으로 치부되는 이유는, '여성적 특징들'이 지금까지 가치를 제대로 인정받지 못했기 때문이다. 더 정확하게 말하면 '여성' 자체가 지금까지 제대로 인정받지 못했기 때문이다.

이런 비판점을 자신들의 이론 체계 안에 체화시켜나가는 '풀뿌리 여성주의자'와 '신프랑스 여성주의자'는 여성과 남성 간에는 부인하려고 해도 여전히 남아 있는 차이들이 있다고 주장한다. 그 '차이'는 남성을 닮아가고, 남성화되려는 태도를 고수하는 데서는 제대로 빛을 발할 수 없다. 남성화 모델은 여성 정체성을 확립하는 데 오히려 방해가 되며, 여성적 특징을 무시하는 방향으로 나아갈 위험이 있다. 그러므로 남성과 여성의 차이를 인정하면서도, 그 차이를 동등하게 가치로운 것으로 평가해야 하며, 때로는 여성적 특징이 더 가치롭다고 인정할 때, 여성과 인간에 대한 올바른 관점을 정립할 수 있다는 것이 이들에게서 공통적으로 나타난다.

물론 그들은 남성과 여성의 차이를 밝혀내는 데 그치지 않고 궁극적으로 인간들의 차이를 밝혀내고 그 차이를 인정해야 한다고 보기 때문에, 남성과 여성의 차이조차도 인간들의 차이라는 넓은 범주 속으로 수렴시키며, '여성'이라는 용어와 개념 군 자체를 거부하는 데까지 나아가기도 한다.

4. 언어 비판의 사상적 선구자, 소쉬르

언어에 관심을 갖는 페미니스트의 사상적 기반을 거슬러 가다보면, 소쉬르 언어학을 만나게 된다. 소쉬르는 페미니스트도 아니고, 언어를 여성 문제와 결부시키지도 않는다. 그러나 페미니스트가 언어에 대한 이론을 세우고, 기존 언어가 지닌 이분법이나 의미의 일방성을 비판할 때, 암암리에 소쉬르 이론과 연관성을 지니기 때문에 소쉬르의 입장을 살펴보고 넘어갈 필요가 있다.

페미니스트는 여성 억압의 원인을 사회 권력 구조와 연결시킨다. 그러므로 소쉬르에 대한 논의에서도 그 연관성이 고려되어야 하지만, 정작 소쉬르가 사회 문화 구조와 언어의 관계를 어떻게 바라보는지를 한마디로 요약하기는 쉽지 않다. 피상적으로 말하면, 소쉬르에게 "사회 문화 구조는 언어 속에 반영되어" 있다. 그래서 사회, 문화, 인간을 이해할 수 있는 하부 체계로서 언어가 중요하다. 이 주장을 더 밀고나가는 소쉬르는 언어를 다른 학문을 기술하기 위한 수단으로 보는 태도로부터 탈피하여 '독립된 언어학'의 가치를 독자적으로 정립한다. 그래서 그는 근대 언어학의 선구자로, 기호 체계와 그 현상을 분석하는 구조주의적 언어학의 창시자로 평가된다.

소쉬르는 언어를 '기호'로 보며, 언어학은 기호들의 체계, 즉 기호학이다. 언어는 일종의 '기호'다. 물론 기호가 '언어'에만 국한되지는 않는다. 현대 구조주의자와 신프랑스 페미니스트에게서 기호는 언어를 넘어서서 현대 기호학으로 변형되기도 한다. 인간의 '무의식'을 '기호'로 보는 라캉이나, 친족 관계를 '기호'로 탐구하는 레비-스트로스(Levi-Strauss), 오늘날의 데리다(J. Derrida), 크리스테바 등도 기호학의 계열이다. 그들은 '언어 연구'보다는 '기호 연구'를 한다. 그러나 페미니스트들이 기호를 문제 삼을 때, 결국은 '언어' 문제로 귀착하기 때문에 탐구 대상을 '언어'에만 한정시켜도 무방하다.

기호는 '기표'와 '기의'로 이루어진다. 나체 사진에서 '나' '체'라는 단어 내지 표시는 여기에서 '기표'에 해당된다. '기의'는 기호가 지닌 내용이나 의미다. '나체'라는 기호의 '기의'는 '옷을 벗고 있는 것 또는 그런 상태'다. 소쉬르 이후에 기호의 범위가 확장되면서, '나체'라는 단어 표시뿐만 아니라 '(나체)사진'도 기표가 되며, 나체 사진의 이미지도 기표가 된다. 그리고 '몸매 좋고 예쁜'이라든지, '성적 매력과 욕구를 야기하는 (여성)'이라는 의미(기의)가 기표에 결합되면서 '나체'라는 언어(기호)가 정착된다. 이러한 정착은 '나체'라는 기호가 절대적으로 지니고 있는 측면은 아니다. 기호를 사용하는 사회가 어떤 관습과 어떤 사회 구조를 지니는가에 따라 기호도 달라지기 때문에, '기표'와 '기의'는 모두 자의적이다. 기의가 그런 식으로 설정되고 분류되는 데 일정 정도 경향성이 있기는 하다. 그렇지만 기표가 왜 반드시 그것이어야 하는지, 기의가 왜 꼭 그런 의미여야 하는지를 절대적이고 필연적으로 입증할 수는 없다.

물론 여기에서 소쉬르 이론의 난해성을 염두에 둔다면, "언어가 사회의 반영"이라는 주장을 가볍게 인정하고서 마음 편히 넘어가서는 안 되는 측면이 있기는 하다. 왜냐 하면 후대 사람들이 소쉬르의 주장을 '언어결정론'으로 해석하는 경향이 있기 때문이다. '언어결정론'은, 언어는 자신이 본래적으로 지닌 의미가 있으며, 이 의미에 의해 인간의 사고 및 현실의 세계관과 구조까지 결정된다는 것이다. 그러므로 언어가 없으면 사고도 없다. 그리고 언어가 어떤 의미를 지니느냐에 따라 현실의 세계관도 결정된다. 그러다보니 "언어가 사회를 반영하는 것"이 아니라 오히려 "사회 문화적 현상이 언어를 반영"하며, "언어는 사회의 본질적인 모습에 결정적 영향을 미치는" 것이 된다.

그러므로 언어 결정론적 입장을 취하는 사람들은, '언어 속에 나타나는 성차별'은 '사회 속에 나타나는 성차별'을 반영하고 있고, '언어가 남성 중심적'인 것은 '사회가 남성 중심적'이기 때문이라는 발상에 대해서는 유보적 입장을 취한다.

"닭이 먼저냐 달걀이 먼저냐"라는 질문처럼 당혹스러운 상황이지만, '언어결정론'을 선명하게 드러내기 위해 소쉬르가 언어학의 특징을 어떻게 이해하고 있는지를 좀더 알아보자. 소쉬르는 언어를 학문적으로 연구하려 했기 때문에, 언어에 '보편적으로 관철되는 객관적인 법칙과 원리'를 탐구한다. 그 원리들은, 개인이 임의적으로 만든 것은 아니며, 사람들이 실제 대화를 할 때, 일상 언어 속에 알게 모르게 적용되는 규칙이다.

그런데 일상 언어의 규칙과 원리는 사실상 따지고 보면 사회의 약속이다. 일반적으로 약속은 '지켜야 하는 것'이지만, 이와 달리 얼마든지 깨질 수도 있고, 약속의 내용을 당사자들이 얼마든지 바꿀 수도 있다. 그러므로 "언어의 규칙은 자의적이며, 객관적이지 않다"고 생각될 수도 있다. 이에 대해 소쉬르는, 일상 언어 규칙이 사회적 약속이긴 해도 우리가 임의로 변경할 수 있는 그런 것이 아니고, 이미 주어져 있는 언어 사용 현장에서 단지 "발견되는" 것이라고 본다. 따라서 자의성과 임의성은 여기에서 부각될 수 없다.

이전 연구자들은 여러 나라의 언어에서 나타나는 공통점과 차이점, 그것들의 영향 관계와 계통 분류(역사적 비교언어학)를 중시한다. 그러나 소쉬르는 그런 비교나 역사성을 배제하고, 동일한 시공간에서 사용되고 있는 언어의 내적 체계 및 원리를 분석하는 공시적 연구를 한다. 소쉬르는 언어의 이러한 내적 원리를 '랑그'로 본다.

그는 언어를 '랑그'와 '파롤'이라는 두 측면으로 나누는데, 어느 사회에서나 관철되는 원리와 구조를 내재적으로 파악하는 가운데 발견되는 언어 체계는 '랑그'다. 랑그는 개인의 언어 습관을 말하는 것도 아니고, 사람들이 노력하여 임의적으로 형성하는 변화 가능한 체계도 아니고, 오히려 일상 언어 행위 속에서 관철되고 있는 체계를 인간들이 단지 발견한 것일 뿐이다. 발명이 아니고 '발견'이라면, 당연히 그 체계는 자의적일 수가 없다. 랑그는 개개인의 언어 사용과 발화 방식 외부에 있는 사회적 측면이며, 일종의 집단적 현상이다. 언어 행위에 참여하고 있는 발화자가 알고 있는 언어 체계는 랑그이고, 발화자 개개인이 실제로 언어를 사용하는 가운데서 나타나는 언어 체계는 파롤이다.

남성적 언어와 여성적 언어라는 이분법, 여성적 언어의 열등성을 당연하게 여기는 사람은 랑그와 파롤을 구분하는 소쉬르의 이분법에서 랑그의 객관성과 우위성을 견지한다. 랑그를 일상 언어가 그 자체로 지니고 있는 독자적 체계라고 본다면, "언어는 사회적 반영, 문화적 가치의 반영"이라는 식의 얘기는 다소 우스운 주장이 되어버린다. 그래서 소쉬르가 의도하진 않았어도 소쉬르 언어학은 언어 결정론의 입장에 서 있다고 할 수 있다. 언어 문제에 관심을 갖는 페미니스트는 소쉬르의 랑그와 파롤의 이분법과 언어결정론적 입장을 비판하면서, 파롤의 중요성을 부각시키는 형태로 나아간다.

5. 언어 비판은 남성적 언어의 비판 : 여성적 언어의 구축

언어에 관심 갖는 페미니스트들은 그 사상적 기반이 소쉬르이긴 해도, 소쉬르 이론이 갖는 한계를 비판하기도 하므로, 언어결정론자이기보다는 비결정론자일 가능성이 높다. 남성이 여성을 억압하고 지배하는 것을 비판하기 위해 페미니스트도 일정 정도 '언어결정론'적 태도를 보여줄 때도 있지만, 그러나 결과적으로 대안을 말할 때는 언어결정론으로부터 물러나서 "언어는 사회의 반영이며, 사고의 도구나 매체"라는 주장으로 나아간다.

언어가 사회의 반영이라면, 언어 속에 남성 중심적 의미와 남성적 세계관이 담겨 있는 것은, 언어의 배경이 되는 사회 문화 구조가 남성 중심적이기 때문이다. 그런 면에서 언어 비판은 사회를 비판하는 장치가 될 수 있다. 남성 중심적 사회를 변화시키고, 여성적 경험과 여성적 의미를 살려낼 수 있는 장치를 찾아낸다면, 언어의 의미도 변화시킬 수 있다.

인간이 세상과 만나는 기제는 언어이기 때문에, 사회 질서를 배울 때도 언어를 통해서 이루어진다. 이때 우리가 배우는 것은 언어의 랑그적 체계다. 언어에는 남성 중심적인 사회 구조와 상징 질서가 담겨 있기 때문에, 랑그적 언어를 배우는 것은 남성 중심적 질서를 배우는 것과 동일하다. 그러므로 남성 중심적 사회 질서나 상징 질서로부터 벗어나기 위해서는 언어의 랑그적 체계 이외의 측면, 즉 파롤적 측면을 부각시켜보자.

그런데 문제는 언어에서 파롤의 측면이 어떤 식으로 살아날 수 있을까다. 파롤을 살려내는 대표자는 프로이트(S. Freud)의 정신분석학의 영향을 받은 현대 기호학자들로서 '신프랑스 페미니스트'들이다. 엘렌 씨수, 자크 라캉, 뤼스 이리가래이, 줄리아 크리스테바 등은 언어 자체보다는 한 인간이 자신의 주체성을 어떻게 형성해나가는지에 대해 관심을 갖는다. 이들은, 주체성은 성 정체성 형성을 통해서 이해할 수 있다고 본다. 여기서 성 정체성이 형성되는 과정은 프로이트의 리비도 활동과 연결된다. 인간의 정신 세계는 의식적 현상뿐만 아니라, 의식 배후에서 한 인간의 의지나 욕구를 좌우하는 무의식(성적 욕구)의 활동이 있다. 이것은, 인간이 의식적으로 마음대로 재단하고 지배할 수 '없는' 에너지다. 완전히 파악되지 않는 이러한 무의식이 인간의 성 정체성을 형성한다.

물론 리비도(무의식)의 활동 결과는 의식의 표면으로 떠오를 때는 언어라는 기제를 사용하며, 무의식적 활동이 사회와 만나는 통로 또한 언어이기 때문에, 신프랑스 페미니스트에게서도 '언어'가 초미의 관심사로 떠오른다. 그러므로 무의식이나 혈족 관계를 기호로 보는 기호학이 언어학의 변형태로 등장하는 것은 자연스런 현상이다. "무의식에서 이루어지는 리비도의 활동이 언어로 화하는가, 화하지 못하는가?"는 랑그와 파롤의 차원과 결부되면서 그 고찰이 복잡해진다.

정신분석학에서 주체 또는 의식적 사고가 형성되는 기반은 무의식이다. 무의식은 성적 욕망, 공포, 죽음에 대한 충동과 같은 다층적 욕구로 구조화되어 있고, 이 내적인 무의식 활동에 의해 한 개인의 주체성이 형성된다. 그런데 한 개인, 주체는 '무의식 활동'을 발현하는 과정에서 자신에게 주어져 있는 사회 환경과 만나게 되기 때문에, 성 정체성은 단순히 내적 활동에 그치지 않고, 사회 질서와의 상호 작용을 통해 영향을 받는다. 그러므로 무의식 활동과 사회 질서 간의 상호 작용 속에서 주체성이 형성된다. 이때 주체가 만나는 사회 환경과 질서는 '상징 질서(상징계)'라 불린다. 상징 질서로 간주되는 사회 질서와 주체의 만남은 언어를 통해서 이루어진다. 그러므로 사회의 한 개인으로서 주체는 상징 질서로서 언어에 종속되어 있다. 프로이트 정신분석학의 영향을 받은 라캉과 그 유파들에게 사회 질서는 상징계며, 상징계는 언어로 현시된다. 개인 주체는 상징계와 언어를 자의적으로 만들거나 변경할 수 없고, 단지 그 구조 속에 자신을 밀어넣고 그 속에서 자신의 정체성을 형성해나간다. 한 개인이 만들거나 변경할 수 없는 상징계(말하는 주체의 세계)는 소쉬르가 바라보는 '언어의 랑그'와 같은 차원이다.

그러나 인간의 무의식 활동은 상징계, 랑그적 언어 체계로 완전히 읽히지는 않는다. 무의식은 의식화되지 않고 상징계로 전환되지 않는 측면이 있기 때문이다. 그런데 남성의 경우, 오이디푸스 콤플렉스 시기에 나타나는 무의식적 욕구와 갈등은 상징계의 질서에 의해 억압된다. 그것은 무의식적 욕구를 억누르지 않으면 남근이 거세될지도 모른다는 두려움 때문인데, 이것은 거세 콤플렉스로 나타난다. 이런 두려움을 낳는 기제는 사회 질서, 즉 상징계의 질서다. 아이는 거세 콤플렉스를 통해 사회 질서와 규범을 배우게 된다. 거세 콤플렉스 시기는 상징계와 만나는 시기며, 달리 표현하면 언어 세계와 만나는 시기다.

그에 반해 상징계 이전의 단계, 즉 언어 이전의 단계는 오이디푸스 콤플렉스 이전의 시기며 '상상계'라고 일컬어진다. 상상계는 무의식적 욕구가 강력하게 작동하며, 상징 질서를 강요하는 언어적 세계와 대비된다. 언어적 세계로부터 일탈하는 전오이디푸스기인 무의식 세계는 언어를 통해 읽히지 않는 세계다. 상상계는 의식의 개념화 작용이나 의미화 작용 또는 사회의 상징 질서에 의해 한계지우기가 어려운 세계다. 페미니스트는 상상계를 어떻게 읽어내느냐에 따라 여성적 언어, 여성적 체험, 여성적 특징을 밝혀낼 수 있는 가능성을 지닌다고 본다. 그리고 그것이 현시되는 차원이 바로 '파롤'이다.

상상계는 규정 불가능하지만 궁극적으로 무의식도 언어의 영향을 받으며, 언어가 아니고서는 무의식이 의식화된 결과를 읽을 수 없기 때문에, 라캉은 "무의식도 언어처럼 구조화되어 있다"고 주장한다. 이때 라캉이 말하는 언어는 랑그적 체계를 지닌 언어다. 이리가래이는 라캉을 강력하게 비판하면서, 랑그적인 남성적 언어와는 다른 '여성적 언어'가 있다고 주장한다. 오이디푸스기 이전의 무의식 활동은 모두 의식화되는 것이 아니기 때문에, 상징계의 언어로는 읽히지 않는다. 그런데도 이 무의식을 억눌러서 랑그적 언어로 읽어내려고 하다보니, 무의식이 갖는 특징과, 여성들이 갖는 무의식적 욕망이나 상상은 사장된다. 여성은 여성의 성이나 상상력에 알맞은 여성적 언어를 가지고는 있지만, 현실적으로는 상징계의 질서 때문에 말살되어 있을 뿐이다. 여성적 언어는 이미 고정된 남성적 언어 체계처럼 단일한 의미를 지니는 것이 아니고 복수적 의미를 지닌다. 하나의 기호에는 하나 이상의 의미가 있다. 그러므로 기표와 기의 사이의 일 대 일 대응을 강조해서는 안 된다.

물론 이리가래이의 주장은 여성 이해에서 여성들이 비판하는 생물학적 환원주의로 다시 끌고갈 위험이 있다. 그래서 이를 타개하기 위해 줄리아 크리스테바는, 여성성이 생물학적 여성에게만 나타나는 것이라고 보아서는 안 된다는 점을 밝힌다. '여성성'은 '남성'에게서도 얼마든지 나타날 수 있다. 왜냐 하면 남성이든 여성이든 누구나 전 오이디푸스기(상상계)에는 '무의식적 욕동', 즉 코라(원기호적 질서)를 지니기 때문이다. 코라는 상징계로 이행하면서 억압되기 때문에, 상징계와 대비되는 주변적 요소로만 남는다. 그러나 억압된다고 해서 상상계의 코라가 전적으로 말살되는 것은 아니고, 단지 여성성으로 전화되며, 여성적 특징이라고 하는 것들 속에서 순간적으로 모습을 드러낸다. 그러므로 여성성이 여성적 특징이라고 해서 여성에게만 나타나는 것은 아니다. '남성과 여성 모두' '코라'를 지니며, 코라는 상징계로 이행하면서 남녀 모두에게서 억압되기 때문에, '남성과 여성' '모두'에게서 '여성성'이 나타날 수 있다. 코라가 상징계에서 나타날 때는 상징 질서로부터 일탈, 생략, 논리의 결핍과 같은 형태를 지닌다. 상징계에서 코라의 흔적이 가장 잘 나타나는 것은 예술, 특히 시 예술이나 비정상으로 나타나는 정신 이상(광기)에서다. 이것은 소쉬르의 랑그와 대비되는

'파롤'의 차원을 이룬다.

그러나 파롤을 망각하는 언어결정론적 입장에서 볼 때 언어를 지배하는 것은 '남성'이기 때문에, 언어는 남성적 의미와 남성적 경험으로 가득 차 있으며, 여성의 경험은 언어로 표현될 수 없다. 여성은 남성의 경험이 배어 있는 남성적 언어에 적합하지 않기 때문에 사실상 언어가 없는 존재로, 따라서 사고가 없는 존재로, 침묵할 수밖에 없는 존재로 간주되어온 것이다.

6. 어떻게 달라져야 하나?

지금까지의 고찰을 염두에 둔다면 누구나 동일한 언어를 사용하고, 누구에게나 남성적 언어와 여성적 언어라는 두 가지 가능성을 보여줄 수 있는 데도, 왜 남성과 여성을, 남성적 언어와 여성적 언어를 달리 보는가?

일반적으로 남성보다는 여성에게 적용되는 언어에 모욕어가 많을 뿐만 아니라, 여성에게 적용되는 언어에는 '성'과 관련된 용어가 다양하게 발달해왔다. 그것은 우리 사회가 여성을 하나의 인격체로 간주하기보다는 '남성의 성적 노리개'나 '성적인 물건'으로 간주하기 때문이며, 언어는 이런 태도를 반영하고 있다. 앞에서 '나체 사진'이라는 말을 들었을 때, 흔히들 그 사진의 주인공은 '여성'이라고 상상하게 되는 것이 단적인 예다. 남성 중심적 사회 문화와 사회 질서가 여성을 능력이 없는 존재로, 왜소한 존재로, 여성적인 존재로 만드는 데 결정적 역할을 한 것이며, 이것은 남성에게 적용되는 언어와 여성에게 적용되는 언어를 구분하도록 만든 요인이다.

게다가 일상적으로 여성의 언어 습관을 관찰해보면, 여성은 남성보다 '코 먹은 소리'를 잘 낸다거나, 말끝을 흐리는 경향이 있다. 그리고 자신의 주장을 단호하게 밀고 나가기보다는 상대방으로부터 자신의 주장이 옳다거나 설득력이 있다는 것을 확인받기 위해 '그렇지' 또는 '내 말이 맞지'와 같은 의문형을 부가적으로 사용하는 경향이 높다.

여성에게서 이런 모습이 나타나는 것은, 여성이 공적인 사회생활에 참여할 수 있는 기회가 많지 않았기 때문이다. 여성이 한 집단의 리더가 되어 자신의 의견을 펼치고, 자신의 생각대로 그 집단을 이끌어갈 수 있는 기회가 많았다면, 공적인 대화에서도 자신감 있게 자신의 의견을 펼칠 수 있었을 것이고, 남들에게 자신의 의견을 관철시키는 논리성이 더 발전할 수도 있었을 것이다. 그러므로 현재 여성들에게서 나타나는 언어 습관 또한 여성에게 선천적으로 나타나는 본질적인 모습이라고 할 수 없다.

이런 현실을 변화시키려고 노력하는 사람, 특히 언어적 측면에서 변화를 원하는 사람은 다음과 같은 시도를 하기도 한다. 남성을 지칭하는 언어가 곧잘 '인간' 모두에게 적용되는 '총칭적 언어'로 둔갑하는 man과 같은 단어를 people로 바꾸거나, 역사에서 남성 중심적 관점을 버리기 위해 history를 herstory로 바꾸거나, 유니 섹스 문화 내지는 중성적 문화를 창출하는 것들이 이에 해당된다.

사람들은 여성에게 적용되는 언어와 남성에게 적용되는 언어를 아무 생각 없이 구분하고 있다. 그 속에서 언어는 가치 중립적인 듯이 보여도, 사실은 가치 중립적이지 않고, 남성 중심적 이데올로기에 의해 물들어 있지만, 사람들은 그 오염을 은연중에 망각하고 있다. 그러므로 우리가 자연스럽게 사용하는 언어에 결부되어 있는 '여성 억압적', '여성 폄하적' 측면을 비판하는 것은 '여성 억압적이고 여성 폄하적인 사회'를 비판하는 장치가 된다.

□ 생각해볼 문제

⓵ 일상 생활에서 여성을 비웃고 무시하는 용어들이 많다. 부인을 여편네라고 말하기도 하고, 여성을 여우나 악마라고 하기도 한다. 그리고 남성은 자신의 애인을 'my baby'라고 한다. 왜 여성들에게 이런 용어를 적용하는가? 남성은 여우나 악마처럼 행동하지 않는가? 어린애 같은 남성은 없는가?

⓶ 여성들이 모여서 담소를 나눌 때, 남성을 대화 내용으로 삼거나 남성의 성적인 부분에 대해 희화화하는 일은 흔하지 않다. 그러나 남성들이 담소하거나 술을 마실 때는 언제나 여성에 관한 얘기, 성적인 농담, 여성을 암말에 비유하는 대화가 밥먹듯이 일어난다. 왜 여성을 성적인 대화 대상으로 삼는 일이 남성에게서 더 빈번하게 일어나는가?

⓷ 남성성을 강조하고 찬양하는 일상 용어나 노래 가사들을 찾아보자. 마초맨 같은 노래를 여성에게 적용할 수는 없는가?

□ 더 읽어야 할 책

▷ 페르디낭 드 소쉬르, 『일반 언어학 강의』, 민음사
역사적 변화와 지역적 차이에 따른 언어 체계의 차이를 비교하는 것이 아니라, 동일한 시공간 안에서 사용되는 공시적 언어 체계를 연구한다. 개개인의 언어 행위를 가능케 하는 언어의 내적 체계와 원리를 분석하는 책이다.

▷ 뤼스 이리가래이, 『성적 차이와 페미니즘』, 공감
남성과 다른 여성의 특징을 정신분석학적 고찰과 연관시켜

살펴보는 책이다. 정신분석학을 수용하고 그리고 비판하는 가운데, 여성적 특징과 파롤을 연결지으면서 여성 고유의 체험, 여성 고유의 세계를 보여준다.

▷ 데보라 카메론,『페미니즘과 언어 이론』, 한국문화사
  여성에게서 언어가 갖는 의미, 기존 언어가 지닌 한계 등을 고찰하면서, 여성 문제와 언어의 상호 관계를 페미니즘적 관점에서 다각도로 밝힌다.

제11장
동일성의 정치학에서 차이의 정치학으로

□ **주제어**

같음과 다름, 동일성, 정체성의 정치, 차이의 정치

페미니즘의 주요 주장은 여성이 인간으로서 누릴 수 있는 권리를 박탈당해왔으므로 그 권리 회복을 위해 실천해야 한다는 것이다. 페미니즘의 다양한 갈래는 이러한 분명한 목표를 실천하기 위한 전략에서의 차이 때문에 형성되는데, 이를 크게 둘로 분류할 수 있다. 하나는 여성의 정체성(동일성)이 있다고 믿고 여성의 정체성을 확립하여 여성간의 연대를 구축할 것을 주장하는 전략인 '동일성·정체성의 정치학'이고, 다른 하나는 여성간의 차이를 중시하고 존중하면서 여성의 실질적 평등과 해방을 도모하고자 하는 전략인 '차이의 정치학'이다. 포스트모던 페미니즘을 제외한 기존의 페미니즘은 주로 정체성의 정치학을 전략으로 하고 있는데, 어떻게 정체성을 존중할 것인가 하는 방법론에서의 차이가 기존의 페미니즘의 갈래를 형성한다. 그리고 포스트모던 페미니즘 등 최근에 등장하는 페미니즘은 주로 차이의 정치학을 전략으로 하고 있다. 이 장에서는 페미니즘의 실천 전략을 개념적으로 정리하여 이 두 가지 전략의 같음과 다름에 대해 생각해보고자 한다.

1. 동일성의 정치학

정체성이라고도 번역되고 동일성이라고도 번역되는 영어 identity는 동사 identify에서 나온 말이다. identify의 의미는, 예를 들어 어제 본 그 사람과 오늘 본 그 사람이 같은 사람임을 알 때 어제 본 그 사람과 오늘 본 그 사람을 '동일시한다'는 의미다. identify라는 용어는 개체와 관련해서 뿐만 아니라 보통 명사와 관련해서도 쓰인다. 새를 새이게 하는 것은 깃털이다. 깃털이 있으면 새이고 깃털이 없으면 새가 아니다. 이 경우 깃털이 새를 identify해주는 것이 된다. identify라는 말과 관련해서 중요한 것은 나 자신과 관련해서다. 나를 나이게 하는 것은 무엇인가? 그 나를 나이게 하는 것, 내가 나이도록 동일성을 확보하게 해주는 것, 그것이 바로 나의 정체성이다. 여기서 우리가 흔히 쓰는 자아정체성이라는 말이 나오는 것이다. 이러한 identity라는 말의 쓰임 때문에 우리말로 번역할 때는 동일성이라고도 하고 정체성이라고도 할 수밖에 없다.

동일성 · 정체성의 정치는 특정의 정체성을 가진 주체가 자신의 정체성과 관련해서 생기는 사회 구조상의 문제를 드러내고 해결하기 위해 펼쳐나가는 사회 운동이다. 정체성을 중심으로 한 운동은 노동 운동을 시발로 해서 여성 운동, 흑인 운동으로 이어졌다. 페미니즘의 영역에서의 정체성의 정치는, 여성이라는 정체성을 가진 주체가 여성이기에 겪는 문제점과 사회 구조적 모순을 지적하고 다른 여성들과의 연대를 통해 그 문제를 해결하려는 움직임을 지칭한다. 정체성의 정치가 지향하는 사회는 특정의 정체성을 가졌다고 해서 억압받거나 소외되지 않는 사회다. 그래서 정체성의 정치는 기존의 권력을 가진 중심적 주체의 그늘에 가려져 있던 주변적 주체의 목소리를 표면화하고, 주변적 주체가 당하는 차별과 종속, 불평등한 현실에 대해 근본적으로 문제 제기하는 기능을 할 수 있다. 그렇기 때문에 그 동안은 정체성의 정치학에 기반을 둔 페미니즘 운동이 일반적이었다.

페미니즘 영역에서 정체성의 정치는 기본적으로 여성의 본질을 주장하게 된다. 여성의 본질이 있다고 인정해야만 그 여성의 본질을 가진 여성들이 모여서 여성 운동을 펼칠 수 있기 때문이다. 그래서 정체성의 정치학에서는 누가 여성 운동을 할 수 있는가, 즉 여성의 정체성을 가진 사람은 누구인가 하는 문제가 제기된다. 이는 가부장제 하에서의 개별 여성은 본래의 여성인가, 아니면 왜곡된 여성인가 하는 문제로 드러나기도 한다. 가부장제 하의 여성이 본래의 여성이 아니라면 현실의 여성은 모두 가부장제 하의 여성인데, 그렇다면 여성 해방을 위한 노력은 누가 할 수 있는가, 그리고 그래도 여성 해방이 인간 해방을 위해 필히 이루어져야 하는 것이어서 누군가가 여성 해방을 꼭 담당해야 한다면 이 왜곡된 여성을 어떻게 본래의 여성, 즉 자신이 여성임을 자각하고 여성이 당하는 억압에 눈뜰 수 있는 자의식을 가지고 있으며 여성의 문제를 개념화할 수 있는 언어를 가진 여성으로 바뀌게 할 수 있는가 하는 문제까지 나온다. 이는 결국 여성 정체성이 무엇인지 하는 문제인 것이고 이는 다시 또 페미니즘 영역에서 정체성의 정치가 과연 가능하기는 한가 하는 아주 근본적인 문제를 불러일으킨다.

2. 동일성의 정치에서 차이의 정치로

정체성의 정치의 한계는 그 정체성이 무엇이냐에 대한 합의를 도출하기 어려웠다는 점에 있다. 어떤 사람이 여성인가? 생물학적으로 여성인 존재인가, 여성으로서 당하는 억압을 의식하고 있는 여성인가? 그리고 흑인 빈민층 여성과 백인 중산층 여성은 같은 여성이면서도 그 삶의 경험이 확연히 다른데 이들은 같은 여성으로 묶일 수 있는가 없는가, 이들간의 연대는 어떻게 가능한가? 정체성의 정치에 입각해서 운동을 펼친 결과 이러한 동일성을 전제로 한 운동이 여성들간의 차이를 도외시하는 문제점이 있다는 것을 알게 되었다.

이러한 인식은 페미니즘 논의가 다양하게 진행되고 기존의 백인 페미니스트들의 주장에 대한 비판이 제기됨으로써 형성되었다. 기존의 인정받고 있는 페미니즘 이론들이 백인 여성의 입장에 치우쳐 있고 백인이 아닌 여성에 대해서는 고려하고 있지 않다는 비판이 제기된 것이다. 그간에 여성의 정체성이라고 생각했던 것은 단지 서구 중산층 백인 여성의 정체성이었다는 것이다. 이러한 서구 중심 페미니즘의 한계를 지적하면서 등장한 제3세계 페미니즘은 등장 초기에는 제3세계 여성의 경험을 이야기하면서 제3세계 여성들을 묶을 수 있는 정체성에 관심을 가지고 정체성의 전략에 입각해 페미니즘을 구축했다. 그런데 제3세계 여성을 위한 정체성의 정치가 무엇이고 또 무엇을 어떻게 해야 하는 것인가 하는 논의를 거치면서 그 정체성이라고 하는 것이 쉽게 일의적으로 정립될 수 없다는 것을 깨닫게 되었다.

제3세계 페미니즘을 주장하는 페미니스트들은 서로 다른 입장에 있는 여성들이 서로 여성이라는 공통성보다는 여성들간의 차이를 더 느낀다면, 생물학적으로 여성이라고 해서 '여성'

이라고 일반화시켜서 묶는 것이 어떤 의미가 있는가 하는 문제의식에 도달하게 된 것이다. 그래서 초기에 정체성의 정치를 주장하던 제3세계 페미니즘 운동은 결국 차이의 정치학으로 나아가게 되었다. 정체성을 복수화되는 것으로 본다면 정체성의 정치를 하려던 그 정신으로도 차이의 정치를 주장하는 것이 가능하게 된다. 나의 정체성만을 존중할 것이 아니라 남의 정체성도 존중해야 한다면 바로 그것이 차이의 정치학의 요체가 될 것이기 때문이다. 이러한 변화는 사상사적으로 동일성의 논리에 대한 비판과 궤를 같이 하는데 주로 포스트모더니즘이나 해체주의적 입장이 이에 합류한다. 이들은 동일성 논리가 서구의 철학적 담론에서 차이를 거부하고 차이를 억류시키고 있다고 하면서 그 동일성 논리를 해체하려고 한다. 인간의 이성은 무슨 사태를 보든지 구체적이고 다양한 개별자들을 분류하고 체계화해서 범주에 넣는 작업을 하는데, 이 이성의 작업에서 범주에 포괄되지 않는 것은 '다르거나 틀린 것'으로 인정되어 배제되어버린다는 것이 동일성 논리의 문제가 된다. 여성과 관련해서 이러한 동일성 논리가 낳는 문제는 인간을 남성으로 보고, 여성을 '남성이 아닌 존재'(결국 제2의 성)로 규정하여 배제해버리는 것이다. 그래서 페미니즘 영역에서는 동일성 논리에 대한 비판이 포스트모던 페미니즘과 차이의 정치학을 주장하는 방향으로 나아갔다.

　동일성·정체성의 정치학이 '여성'이라는 이유만으로 함께 어깨 걸고 나아가 싸울 수 있을 것 같은 생각에 기반해 있었다면 차이의 정치학은 그러한 생각이 현실화되기 어려움을 절감하여 서로의 차이를 인정하는 느슨한 연대를 통해 여성 전체의 해방을 지향하면서도 여성들 사이의 차이를 존중하려고 한다. 여성과 남성의 차이, 여성간의 차이 등등 '차이'를 어떻게 다룰 것인가 하는 것은 현 시점 페미니즘의 가장 주요한 이슈에 해당한다고 할 수 있다. 그렇기 때문에 차이를 어떻게 개념화하느냐 하는 것은 중요한 문제다. 차이는 어떤 것인가? 본질적으로 존재하는 것인가? 차이를 본질적으로 존재한다고 보면 차이에 대한 태도는 경직될 수밖에 없고 차이의 긍정적 의미를 제대로 살릴 수 없다. 이 경우 여성과 남성은 본래적으로 다르니 다르게 대우받을 수밖에 없다는 주장이 설득력을 얻게 될 것이다. 차이를 본질적으로 이해한다는 것은 차이가 원래부터 존재한다고 보는 것을 말한다. 남성과 여성은 원래 다르게 태어났기 때문에 남성과 여성에 대한 다른 대우는 불가피하다는 것이다. 이러한 방식으로 차이를 본질적인 것으로 이해하는 것은 동일성의 논리에 기반한 것, 즉 모더니즘적인 것이다. 차이의 정치학을 주장하는 페미니스트들은 차이를 본질적인 것으로 이해하는 것에 대해 반대한다. 차이에 대한 비본질주의적 이해에 대해서는 다음 장에서 더 자세히 보기로 하고 여기서는 차이의 정치학을 어떻게 분류하여 설명할 것인지를 짚고 넘어가겠다.

개념적으로 차이의 정치학은 '내용으로서의 차이의 정치학'과 '전략으로서의 차이의 정치학'의 두 가지로 분류할 수 있다. 내용으로서의 차이의 정치학은 차이의 정치학 자체가 무엇인지를 직접적으로 설명함으로써 페미니즘의 나아갈 길을 고민하는 것인데, 이러한 고민은 주로 아이리스 영(Iris Marion Young)에 의해 행해지고 있다. 탈식민주의 페미니즘 등 광범위한 스펙트럼으로 나타나는 현대의 다양한 페미니즘 논의의 대부분은 차이의 정치학이 무엇인지를 설명하는 것이 아니라 차이의 정치학을 전략으로 하여 페미니즘적 실천을 위한 주장을 펼치고 있기 때문에 전략으로서 차이의 정치학을 하고 있는 것이다.

3. 내용으로서의 차이의 정치학 : 영의 차이의 정치학

영의 차이의 정치학은 동일성의 논리에 대한 비판으로부터 시작한다. 영에 따르면 한쪽 측면에서 볼 때 다른 것이 다른 측면에서 볼 때는 같을 수도 있다. 예를 들어 장애인과 비장애인은 신체 장애가 있느냐 없느냐 하는 점에서는 다르지만 똑같이 흑인일 수도 있고 똑같이 부자일 수도 있다. 완전히 서로 다른 것도 있을 수 없고 완전히 같은 것도 있을 수 없다. 모든 것이 어느 정도는 같고 어느 정도는 다르다. 그러므로 A와 B가 동일하다고 결론 내린다는 것은 A와 B의 다른 점을 무시하고 배제하는 것이다. 이는 A와 B의 동일한 측면은 존중하면서 상이한 측면은 도외시하는 것이다. 그래서 C가 A와 B의 동일성을 갖고 있지 않으면 C는 '다르다'며 배제되게 마련이고 이 경우 '다르다'고 여겨지기 싫은 C는 A와 B가 가진 동일성을 내면화하고자 한다. 이렇게 되면 결국 C는 스스로를 평가 절하하게 되고 자신의 자존감을 잃게 된다. 동일성 논리는 개별적 주체들의 다수성을 인정해주지 않고 그러한 다양성, 특수성, 다수성들을 보편 이성의 기준에 부합하지 못하는 열등한 것으로 평가하기 때문에 문제가 된다. 즉, 차이가 나는 것에 불과한 것들을 어떤 것은 우월한 것으로 또 다른 것은 열등한 것으로 만들어버리는 문제점을 가지고 있다. 이와 같이 영은 서구 사상의 이항 대립, 동일성 논리를 강력하게 비판하는 데리다(J. Derrida)의 철학을 받아들여서 '차이의 정치학'을 구축한다.

차이의 정치학은 자유주의가 지향하는 평등이 형식적 평등에 지나지 않음을 지적하면서 실질적 평등을 추구하고자 한다. 자유주의가 지향하는 평등은 개인들간의 차이를 인정하지 않고 보편적인 인간을 설정하고 보편 인간이라는 범주에 해당하는 사람에게만 인정해주는 평등이었기 때문이다. 이에 비해서

영은 자신의 차이의 정치학을 '차이에 대한 평등주의적 정치'라고 한다. 보편 인간을 설정해서 그 기준에 맞지 않는 사람들을 다르다고 낙인찍지 말고 개인들간의 복수적인 차이를 모두 다 인정하자는 것이다. 영은 억압을 집단에 대해 이루어지는 것으로 보는데, 영이 말하는 사회적 집단은 단순한 사람들의 집합이 아니라 '어떤 동일성을 가진 사람들의 집합'이다. 사회적 집단은 문화적 형식, 습관, 삶의 방식 등에서 다른 집단과 구별되는 사람들의 집합이다. 삶의 방식에 따라 경험이 달라지는데, 그 삶의 과정에서 어떤 특정한 경험을 공유하고 있기 때문에 그 집단의 동일성이 확보되는 것이다. 즉, 사회적 집단의 경우 사람들은 자신을 집단의 일원으로 '발견'한다. 그리고 자신이 의식하기 이전에도 이미 그 집단의 일원이었음을 느끼게 된다. 또 그 집단의 동일성이 바로 나의 정체성임을 느끼게 된다. 여성이나 남성도 사회적 집단이다. 그런데 여성 사회 집단에 속한 여성 개인은 여성이라는 집단의 동일성을 자신의 정체성으로 이미 가지고 있다. 여성 사회 집단은 사회적 관계상으로 '여성'으로 위치지워진다. 결국 사회적 관계와 과정으로부터 발생한 차이가 집단들을 구분한다. 그래서 복잡하고 고도로 분화된 사회에서 모든 사람들은 다중적 집단 정체성을 갖는다.

차이의 정치학은 사회 문화적인 집단 차이를 도외시하거나 강제적으로 말살하는 정체성의 정치학으로는 서로 다른 집단 간의 실질적 평등에 도달할 수 없다는 주장에서 출발한다. 좋은 사회는 문화적 다수성을 인정하는 사회, 즉 집단간의 차이를 함부로 제거하거나 섣부르게 초월하려고 하지 않는 사회일 것이다. 좋은 사회에서는 사회적으로나 문화적으로 차이가 나는 집단들간에 평등이 보장될 것이다. 사실, 집단간의 차이가 없는 사회는 존재할 수 없다. 집단간의 차이가 없는 것처럼 보이는 사회가 있다면 그 사회는 사회적으로 집단간의 차이가 인정되지 않기 때문에 집단적 차이를 드러낼 수조차 없는 사회일 것이다. 각 집단들의 문화와 속성은 나름대로의 가치를 지니고 있기 때문에 집단적 차이를 드러내지 못하는 사회는 좋은 사회라 할 수 없다. 이러한 사회는 주로 기득권 집단의 기준에 맞추어서 사회가 운영되는데 기득권 집단의 기준이나 규범은 단지 기득권 집단의 기준이나 규범이지 보편적인 기준이나 규범은 아니다. 몸이 불편하지 않은 사람이 보기에는 몸이 불편한 사람이 자신들과는 다른 장애인이지만 장애인이 보기에는 몸이 불편하지 않은 사람이 자신들과는 다른 비장애인이듯이 기득권 집단의 기준이나 규범도 억압받는 집단들의 기준이나 규범과 마찬가지로 어떤 한 집단의 기준이나 규범에 불과한 것이다.

영의 기본 의도는 차이를 인정하지 않는 것이 현재의 차별을 그대로 온존시킬 수 있다는 것을 경고하고자 하는 것이다. 차이를 본질적인 것으로 보거나 집단들의 속성으로 보면 그 본질적인 차이에 따라 다르게 대우하는 것을 당연하다고 생각하게 된다. 군대에 가지 않은 여성은 군대를 가지 않았으므로 군대에 가지 않은 만큼의 불이익을 받아야 한다고 생각하는 것이 이에 해당한다. 이와 달리 차이를 특수하고 다양하며 이질적인 것으로 이해해야만 억압을 낳지 않으면서 차이를 인정할 수 있다. 이 경우에는 군대에 가지 않은 여자는 남자와는 다른 몸을 가지고 있으며 그 다른 몸으로 남성들과는 다른 사회적 기능을 한다는 것을 이해함으로써 여자가 병역을 마치지 않았다는 이유로 받는 불이익에 대해서 부당하다고 생각할 수 있게 될 것이다.

영에게 차이는 집단들간의 상호 작용이며 집단간의 관계의 함수다. 집단간의 차이를 본질주의적으로 이해하지 않고 관계적으로 이해하면 다르다고 여겨지는 집단을 배제하지 않을 수 있게 된다. 여기서 "관계적으로 이해한다"는 것이 무엇인가? 예를 들어 "나와 남"에 대해 본질적으로 이해하면 나는 나이고 남은 남이다. 그러나 관계적으로 이해하면 나는 남에게 남인 존재다. 즉, 차이를 본질적으로 이해하면 "네가 나와 다르다"가 되지만, 관계적으로 이해하면 "너와 내가 서로 다르다", 즉 "너에게는 내가 다른 것으로 보이고 나에게는 네가 다른 것으로 보인다"는 것이 된다. 그래서 집단간에 차이를 인정한다는 것은 어떤 집단은 중심이나 내부에 있고 어떤 집단은 중심을 벗어나 외부에 있다고 생각하지 않는 것을 의미한다. 예를 들어 시가의 가풍과 며느리 본가의 가풍이 다른 것은 다름의 문제이지 시가의 가풍은 좋은 것이고(중심에 있는 것이고) 시가과 다른 며느리 본가의 가풍은 좋지 못한 것은(주변부에 있는 것은) 아니라는 의미다. 이렇게 차이를 관계적으로 이해하면 차이에 대한 태도가 달라질 수 있고 차이로 인한 억압을 가져오지 않을 수 있다.

억압받는 집단의 경우 억압의 문제를 인식하고나면 자신의 특징은 평가 절하되어 있다는 것을 발견하게 된다. 우리나라에서도 남성의 특징이라고 여겨지는 공격성은 성취 동기로 이해되지만 여성의 특징이라고 여겨지는 공감 능력은 이타성으로 이해되는 것이 아니라 잘 울기나 할 뿐 하등 성취에 도움이 안되는 정서적 특징으로 이해된다. 그래서 기존의 사회의 관념을 무비판적으로 받아들이는 여성들은 사실 남성이 자신들보다 똑똑하며 할 줄 아는 게 많다고 느끼게 된다. 이러한 현실을 보다 예민하게 자각하는 여성의 경우는 자신이 지배 문화의 대열에 낄 수 없도록 구조적으로 배제되어 있다는 것을 느끼게 된다. 여성의 특징은 좋은 것으로 여겨지지 않으므로 사회적으로 인정받고자 하는 여성은 남성의 특징을 자기 것으로 내면화하면서 자신이 보통 여성이 갖는 여성적 특징을 가지고 있지 않다는 것을 끊임없이 확인시켜주어야 하기 때문에 갖가지 곤란을 겪게 마련이다. (물론 우리나라에서는 이 경우의 여성이 여성스럽지 못하다는 비난을 감수해야 하지만 말이다.)

억압의 가장 악랄한 측면은 그것이 억압받는 집단을 축소시키거나 고정시킨다는 점이다. 예를 들어 여성 집단은 여성에 가해지는 억압을 통해 '여성은 이러이러해야 한다'는 고정 관념의 노예가 되어왔고 모든 여성 개인들이 그 고정 관념에 묶인 채 자신의 가능성을 박탈당해왔다. 사실 남성 중심 사회에서는 억압받는 여성이 자신의 정체성을 찾고 자신의 요구에 맞게 자신의 삶을 기획해나가는 것은 어려운 일이다. 여성이 자기 주장을 확실하게 하거나 자기의 삶을 스스로 개척하는 것이 격려되지 않는 사회 분위기에서 상대적으로 적은 교육 기회를 가지고 있고 다양한 사회 부문에서 지도력을 연습해볼 기회를 가지기도 어려운 여성이 누가 봐도 흠 없이 사회적으로 인정받는 일을 해내기는 어렵기 때문이다. 이 경우 여성에게 '너는 기회를 주어도 하지 못하면서 무슨 불평이냐'라고 하는 것은 또 다른 종류의 억압이 된다. 우리나라 여성들은 대부분 본인들이 이러한 억압을 받고 있다는 사실조차 자각하지 못하고 사회적으로 배제된 채 자신이 못난 것 같은 열등감에 시달리며 소외된 삶을 살고 있다. 이렇게 특정 집단에 대한 억압 구조가 존재하는 한, 개인에게 기회가 아무리 평등하게 주어져 있다 하더라도 실질적으로는 기회를 기회로 활용할 수 없는 경우가 많기 때문에 차이에 주목하는 것이 중요한 것이다.

억압을 해체하는 데에 필수적인 요소는 이러한 차이에 대해서 억압받는 집단 스스로가 집단간의 차이는 긍정적인 것이라는 점을 인식하고 주장하는 것이다. 여성의 경우, 여성이 남성과 다른 것은 그냥 '다른' 것이지 남성에 비해 '열등'한 것은 아니라는 것을 인식하고 주장하는 것이다. 집단간의 차이를 긍정적으로 받아들이게 되면 자신들뿐만 아니라 다른 억압받는 집단들이 겪는 문제들도 도외시하지 않을 수 있게 되고 결국 집단들간의 차이의 긍정적 의미를 보존하는 방향으로 나아갈 수 있게 된다. 그래서 영은 억압의 측면을 착취, 주변화, 무력함, 문화적 제국주의, 폭력의 다섯 가지로 얘기하면서 이 다섯 가지 사이의 차이를 말하고자 하며, 이로써 어느 억압이 다른 억압에 비해 더 선차적이라는 둥 아니면 더 문제라는 둥 하는 이야기들을 배제하고자 한다. 그간에 페미니즘 진영에서 있었던 사회주의자, 여성주의자, 반인종차별주의자들간의 논쟁의 성과는 '어느 한 집단이 아니라 많은 집단들이 억압받고 있다고 말해져야 한다'는 것이었다. 이를 통해 페미니스트들 사이에서는 억압은 단일한 형태가 아니고 집단 차별이 다양한 방식으로 개인의 삶에 영향을 끼치며 동일한 사람에 대해서도 여러 가지 다른 방식의 특권과 억압이 수반될 수 있다는 인식이 일반화되었다. (예를 들어, 흑인 빈민층 여성은 여성이어서 받는 억압에다가 흑인이어서 받는 억압은 물론 가난하기 때문에 받는 억압까지 3중의 고통에 시달리게 된다.)

영의 주요 주장은 억압이 다양한 차원으로 있고 집단마다 당하는 억압이 다르므로 그 모든 차이를 존중해야 한다는 것이다. 이렇게 되면 집단마다 다른 문화를 가진 것을 인정할 수 있게 되고 결국 문화는 집단의 선택 문제가 될 수 있다. 차이의 의미, 정체성의 의미를 본질화하지 않고 맥락화하는 차이의 정치학에서는 집단들간의 차이나는 각각의 고유한 문화, 예를 들어 여성의 문화, 아프리카계 미국인들의 문화, 미국 인디언들의 문화 등에서 자신들의 집단의 특수성을 스스로 인식하고 말할 수 있게 되어 자신들의 문화를 자기 의식적으로 구성하는 것이 가능해진다. 영은 흑인 인권 운동, 아프리카계 미국인들의 문화 운동, 인디언 운동, 동성애자들의 운동, 스페인어를 쓰는 미국인들의 문화 운동 등은 초기에는 평등한 대우를 요구하는 수준에 있었으나 자신들의 문화의 특수성과 고유성의 긍정적 가치를 주장하는 방향으로 나아가고 있다는 점에서 차이의 정치학에 충실한 운동이라고 한 바 있다. 영의 내용으로서의 차이의 정치학은 차이의 개념을 정교화하여 남녀간의 차이나 여성간의 차이에 대한 이해를 도모하게 하고 각 집단간의 차이에 대한 이해를 통해 자신이 속한 집단의 각기 차이나는 특성을 긍정적으로 인식하고 보존할 수 있게 한다는 점에서 그 의의를 찾아볼 수 있다.

4. 전략으로서의 차이의 정치학 : 스피박의 문화의 정치

차이의 정치학을 전략으로서 이용하는 포스트모던 페미니즘에 동참하는 페미니스트와 제3세계 여성주의자들은 제3세계의 여성 경험을 주어진 어떤 것으로 여기지 않고 여성들 사이의 다중적이고 복수적인 차이들을 존중하는 방향에서 페미니즘을 구축하고자 한다. 이전의 제3세계 페미니스트들이 인종이라는 개념으로 정치적인 차원에서의 여성주의 운동에 관심을 가졌다면 요즈음의 경향은 문화적인 차원에서 제3세계 여성들의 차이를 드러내는 작업에 관심을 가지고 있다고 할 수 있다. 이 경향은 이전의 동일성·정체성의 정치를 강조하던 흐름에 비하면 보다 여성 범주를 확장하고 여러 문화권의 상호 작용을 수용할 수 있다는 면에서 긍정적이라고 하겠다.

그런데 차이의 정치학의 전략이 가질 수 있는 문제점은 자칫하면 다문화주의로 흐를 수 있는 위험이 있다는 것이다. 이 문화도 괜찮고 저 문화도 괜찮다고 하면서 모든 것이 문화의 차이에 의한 것이라는 식으로 흐를 위험이 있는 것이다. 다문화주의는 또 다른 한편으로 제3세계의 다양한 문화들의 특수성을 어느 정도 용인해주는 선에서 타협해버리는 문제점을 가질 수 있다. 즉, 세계 주류 문화가 타격을 받지 않을 만큼만 제3세계의 문화를 인정해주는 것에 불과해버리는 문제점을 가질 수 있다. 이 경우 차이가 존중된 듯한 착각을 하게 되지만 주류 문화가 봐주는 한도 내에서만 인정된다는 면에서 차이가 제대로 존중된 것이라 보기 어려운 문제가 있다.

이런 문제 의식에서 서구 중심적 페미니즘을 극복하려는 노력을 하는 페미니스트가 스피박(Gayatri Spivak)이다. 차이의 정치학 흐름을 받아들이면서 다문화주의에 빠지지 않으려는 노력으로 그녀는 '문화의 정치'를 주장한다. 스피박은 서구 중심적 페미니즘을 극복하려면 제1세계니 제3세계니 하는 구분을 넘어서서 모든 인종과 민족을 대상으로 하는 큰 틀에서 여성 문제를 보아야 한다고 생각한다. 모든 인종과 민족을 대상으로 하는 큰 틀에서 볼 때 우리가 주목해야 할 가장 중요한 사실은 서구 중심의 근대화 과정 중 제국주의와 식민주의에서 자유로운 지역이나 민족은 없었다는 사실이다. 식민화의 경험을 가진 식민지 국가나 무차별한 정복의 경험을 가진 제국주의 국가나 어느 국가가 다른 국가를 문화적 정치적으로 지배했던 그 비인간적인 경험에서 자유롭지 못하기 때문이다. 그러므로 식민지 국가뿐만 아니라 제국주의 국가도 제국주의를 벗어나야 하고 그렇기 때문에 탈식민화는 전지구적인 과제가 된다. 이런 점에서 스피박은 제국주의를 극복하기 위해서는 '탈식민주의 페미니즘'을 전지구적 페미니즘으로 삼아야 한다고 생각한다.

스피박은 데리다의 해체주의를 받아들이는 탈식민주의를 페미니즘과 접목시킨다. 고정된 틀을 거부하고 모든 이분법을 넘어서고자 하는 데리다의 해체주의가 어떻게 여성 해방을 주장하는 페미니즘과 결합될 수 있는가에 대해서 많은 사람들이 의문을 가지고 있지만 오히려 스피박은 자신의 페미니즘에서 과감하게 데리다의 해체주의와 마르크스주의를 전략적으로 결합시킨다. 스피박에게서 데리다의 해체주의적 인식과 마르크스주의의 결합이 어떻게 가능해지는가는 포스트모더니즘과 마르크스주의, 그리고 데리다를 모두 이해해야만 가능해지는 어렵고도 중요한 문제일 것인데 여기서는 간략하게만 살펴보기로 하겠다.

데리다는 여성을 반진리로 보는 니체의 시각을 계승해 여성의 반진리적 특성을 강조한다. 여성을 반진리라고 하면 기존의 페미니즘과 상당히 거리가 있어보이고 심지어는 반페미니즘적으로 보이기까지 한다. 그러나 데리다는 진리를 우월하다고 생각하지 않기 때문에 그가 여성을 비하하고 있는 것은 아니다. 오히려 여성을 반진리라고 함으로써 서구중심주의를 극복할 수 있는 가능성을 여성에게서 발견하는 것이다. 데리다의 철학에서 여성은 이성 우위, (양심의 소리, 내면의 소리를 중시하는) 소리 중심의 남성중심주의·서구중심주의를 전도시키는 기능을 한다.

데리다는 모든 것을 흔적의 연쇄로 생각하고 모든 것을 고정시키고자 하는 시도를 거부한다. 스피박은 이러한 데리다의 해체주의적 인식에다가 마르크스주의를 결합시키는데 이는 결코 통할 수 없을 듯한 극단의 두 흐름을 합치는 것이다. 마르크스주의는 주체를 강조하고, 해체주의는 주체를 해체하기 때문에 이 둘의 결합은 전혀 불가능해보인다. 그런데 스피박은 그람시(A. Gramsci)의 '하위 주체' 개념을 차용하여 주체에게 요구되는 과도한 부담을 버리면서 행위의 연속성을 확보하는 새로운 의미의 전략적 주체 개념을 정립한다. 여기서 행위의 연속성이라는 개념에서 데리다의 흔적 연쇄 개념을 들여오기 때문에 스피박이 데리다와 마르크스를 결합시키고 있다는 것을 알 수 있다. 그리고 여기서 과도한 부담을 버린다는 것은 주체가 주체 의식을 가지고 주체에게 필요한 모든 일을 할 수 있으리라는 기대를 하지 않는 것을 의미한다. 스피박은 이에 대해 「루이보나파르트의 브뤼메르 18일」에서 마르크스가 언급한 것을 빌어 설명하는데 마르크스 역시 동일한 이해 관계를 가지고 있다고 해서 모두 계급 의식을 가지는 것은 아님을 언급했다고 지적한다. 당사자가 계급 의식을 가지지 못한 경우 계급 의식을 가지도록 추동해주는 사람이 필요하다는 것이다. 여기서 스피박은 제3세계 여성이 자신의 문제를 개념화할 능력을 가지고 있지 않으므로 지식인이 역할해주어야 할 부분이 있다는 주장을 끌어낸다. 제3세계의 보통 여성인 여성 하위 주체가 자신의 현실을 극복하기 위한 행동을 적극적으로 하는 데에는 상당한 어려움이 따른다. 왜냐 하면 제3세계 여성은 자신을 둘러싼 문제들을 개념화하거나 표현하는 데에 상당한 장애를 느낄 수밖에 없는 현실에 처해 있기 때문이다. 제3세계 여성은 자신의 현실이 지나치게 중첩되어 있기 때문에 자신의 현실의 의미를 쉽게 파악할 수 없는 채로 그저 억압만 당하기 일쑤다. 식민지 남성에게는 해방의 빛이 될 수 있는 근대적 국가 개념이나 민족주의 의식이 식민지 여성에게는 또 다른 여성 억압으로 등장할 수도 있다. 그 근대 사회가 남성 중심으로 구축되거나 민족의 독립이 남성 중심으로 이루어질 경우에는 여성은 그러한 근대 국가 개념이나 민족 독립에 대해 문제를 제기할 수밖에 없는 처지에 놓이기도 한다. 이 경우 식민지 여성은 민족의 독립을 원하지 않거나 근대적인 해방을 원하지 않는 반동으로 몰리기 십상이다. 즉, 제3세계 여성은 제국주의에도 가부장제에도 저항해야 하는 어려움에 봉착한다. 무엇에 저항하는 것이 우선인가? 도대체 이것이 우선 순위를 둘 수 있는 문제이기는 한가?

스피박은 페미니스트라고 하는 사람들도 제국주의에 침윤되어 있는 경우가 많고 또 여성이면서도 의사 남성(명예 남성 : 사회에서 요구하는 남성적 특징을 스스로 체화해서 자신이 여성이라는 의식을 가지지 않는 여성)으로 사는 경우나 식민지 여성보다는 나은 현실에서 살게 되는 경우에는 여성 하위 주체의 경험을 제대로 이론화하기 힘들다고 본다. 지식인 여성은 식민지 여성의 경험을 알기가 힘든 것이 사실이고 그렇다고 식민지 여성 스스로가 여성 하위 주체로서 자신의 경험을 표현하기도 힘든 것이 사실이다. 제3세계 여성은 스스로의 경험을 표현할 언어조차 가지고 있지 않기 때문이다. 설사 식민지 국가 출신의 여성이라 하더라도 지식인 여성의 경우에는 식민지 여성이 당하는 겹겹의 억압에 처하지는 않기 때문에 그 경험이 다르다. 그렇지만 여기서 스피박이 제3세계 여성에 대한 페미니즘이 가능하지 않다는 것을 말하고자 하는 것은 아니다. 오히려 스피박은 지식인 여성이 끊임없이 식민지 여성에게 '말 걸기'를 하고 지식인 여성 스스로 자신이 하위 계층의 여성들과는 다른 경험을 하고 있음을 지속적으로 각성하기를 주장한다. 스피박은 지식인 여성이 제3세계 여성의 경험을 지속적으로 이론화하면서 제3세계 여성에 대한 말 걸기를 포기하지 않으며 그 말 걸기의 결과를 서술하는 것을 게을리 하지 말아야 함을 주장하는 것이다.

현대의 여성 문제를 해결하려면 중심을 해체하고 이질성과 차이를 존중하면서도 억압과 차별의 문제를 해결해야 하므로 전략적으로 본질론을 택해서 하위 주체를 내세우고자 하는 것이 스피박의 기본 의도다. 그람시의 하위 주체 개념을 차용하여 스피박이 내놓는 주체는 '성별화된 하위 주체'다. 그람시가 개념화한 하위 주체는 정통 마르크스주의에서처럼 프롤레타리아 계급에만 국한되지 않는다. 계급과 무관하게 자본의 논리에 쉽게 동화되지 않는 채로 다양한 형태로 존재하는 혁명의 담지자 역할을 해줄 수 있는, 말 그대로 약화된 개념의 주체다. 그람시가 마르크스의 주체 개념을 약화시켜서 그 대상 층을 확대시켰다면, 스피박은 그 주체의 성별화 과정에까지 관심을 두는 것이다. 그녀가 말하는 하위 주체, 즉 탈식민 여성 주체는 민족 국가 개념을 초월한 국제주의자의 면모를 지닌다. 그녀가 생각하는 하위 주체는 복잡하고 다층적인 억압 중에서 성 범주나 인종 범주로 인한 억압에만 국한해서 생각하지 않으며 다른 여러 다양한 범주들로 인한 갈등이나 차이들을 배제하지 않는다. 그래서 하위 주체에게는 제3세계 여성으로서 자신의 식민주의 경험을 재현하는 일, 원주민의 언어와 문화를 회복하는 일이 중요해진다. 이 '문화를 회복하는 과정', 즉 식민주의 경험을 재현하는 것을 문화적 재현이라고 한다. 그래서 스피박의 차이의 정치학적 전략을 문화의 정치라고 하는 것이다.

제3세계 여성은 자신의 삶의 다층적인 면모 중 어느 한쪽에서도 편안할 수 없다. 전통적인 신분이나 관습에서도 자유롭지 못하고 또 제국주의 문화나 서구 중심의 근대화에서도 벗어나지 못하며 가부장제 이데올로기로부터도 자유롭지 못하고 합리적이라고 하는 미국 문화의 세례 속에서도 불편할 수밖에 없다. 그렇다고 식민지 이전의 고유 문화로 돌아가는 것은 불가능한 일이며 바람직하지도 않다. 사실 제국주의에 침윤되지 않은 제3세계 여성 고유의 문화라는 것도 무엇인지 알 수 없다. 다만 스피박이 문화의 재현에서 하고자 하는 것은 제3세계 여성에게 부과되어 있는 억압의 다층적 층위를 밝혀내고 제3세계 여성이 주체적으로 그러한 억압의 다층적인 층위들을 자각하게 하는 작업이다. 이로써 제3세계 여성은 탈식민 여성 하위 주체로서 설 수 있게 되는 것이다. 스피박은 이 문화의 정치라는 작업으로 지식인 여성 편에서 탈식민 여성 하위 주체에게 말 걸기를 하는 것이다. 이러한 이론화 작업을 통해 스피박은 바로 문화 정치적인 실천을 하고 있는 것이다. 이러한 스피박의 문화의 정치는 제국주의 국가와 식민 국가의 차이, 식민 국가 지식인 여성과 제3세계 여성 간의 차이에 대한 차이의 정치학적 작업이므로 전략으로서의 차이의 정치학으로 분류할 수 있다.

5. 차이의 정치학의 의의

동일성·정체성의 정치학과 차이의 정치학의 공통점은 실질적인 사회 변혁을 원하기에 정치학이라는 용어를 택한다는 것이다. 페미니즘 자체가 정치라는 것은 페미니스트들 사이의 암묵적인 합의점이다. 모든 페미니즘은 그것이 어떤 정치적 효과를 가져올 것인가를 생각해야 한다. 이는 페미니즘 영역의 이론 작업이 실제 여성의 삶의 문제를 제기하는 중요한 역할을 하기 때문이다. 여성에게 부여된 복잡한 조건과 문제 상황을 제대로 개념화하려면 어떻게 문제를 형성해내고 어떠한 문제를 풀려고 하느냐 하는 점이 중요하다. 페미니즘의 영역에서 전략에 관한 이론 작업은 이러한 면 때문에 중요하다.

이 장에서는 현대 페미니즘의 동향은 남녀의 차이뿐만 아니라 여성내의 차이에도 주목하는 방향으로 발전하고 있음을 보았다. 영의 주장대로 여성을 보편 주체로 보지 않고 특정한 공통성을 소유하고 지향과 가치, 목표를 공유하는 사회 집단으로 보면 성별로 인한 차이나 여성들간의 차이를 배제하지 않으면서 페미니즘 운동을 지속할 수 있을 것이다. 각기 다른 고유한 경험을 하는 여성들을 사회 집단의 개념으로 묶게 되면 여성이 자신이 속한 여러 사회 집단 중 하나인 여성 사회 집단에서 여성들간의 차이를 배제하지 않으면서도 여성 해방을 위한 공통의 노력을 할 수 있기 때문이다. 스피박의 문화의 정치는 제3세계 여성 경험의 문제를 밀도 있게 다룸으로써 차이의 정치학을 전략으로서 사용할 때 나올 수 있는 페미니즘의 긍정적 모델을 보여준 경우라고 보인다. 그리고 이들 차이의 정치학적 전략에 따른 다양한 국지전적 여성 해방 운동이 여성 해방 운동일 수 있는 것은 그것이 모두 여성이 억압받고 있는 사회 현실의 변화를 지향하는 운동이기 때문일 것이다.

지금까지 페미니즘의 전략을 크게 두 가지로 나누어서 보았는데 이 두 가지 동일성·정체성의 정치와 차이의 정치가 크게 보면 그리 다르지 않은 전략일 수 있다는 점을 지적해야 하겠다. 동일성·정체성의 정치는 사실 남성과 여성의 다름에 주목하고 시작된 것이기 때문에 넓은 의미의 차이의 정치라고 할 수 있다. 동일성·정체성의 정치에서 전제하고 있는 정체성 개념이 상당히 많은 여성들을 포괄하는 정체성이라면, 차이의 정치에서 전제하고 있는 정체성 개념은 상대적으로 적은 여성들을 포괄하는 다양한 정체성일 것이다. 그리고 차이의 정치학에서는 여성들간의 차이나는 다양한 정체성에 대해 이전의 동일성·정체성의 정치에서 보다 더 주목하는 것이라 볼 수 있겠다. 정체성의 정치의 견지에서 보면 차이의 정치는 여성의 정체성을 복수화된 것으로, 즉 여럿으로 보는 것이고 차이의 정치에서 보면 정체성의 정치가 결국은 남성과는 다른 여성의 정체성을 주장한 것이므로 넓은 의미의 차이의 정치에 해당한다고 볼 수 있다. 그렇지만 차이의 정치학은 차이를 관계적으로 이해한다는 면에서 동일성의 정치학과 갈라진다고 하겠다.

페미니즘에서 중요한 것은 페미니즘 이론의 효과다. 이런 면에서 볼 때 차이의 정치학이 지니는 이론적 효과는 긍정적이다. 여성이 당하고 있는 억압을 종식시키는 길로 나아가는 첫 걸음은 무엇이, 왜, 어떻게 불편한지를 말하는 것이다. 즉, 여성 해방을 도모하려면 여성이 당하고 있는 억압이 무엇인지를 개념화하는 작업부터 시작해야 하는데 차이의 정치학은 이러한 작업에 좋은 원동력을 제공해주기 때문이다. 차이의 정치학은 다양한 억압의 내용을 설명해주며 이를 통해 억압을 깰 수 있는 실마리를 제공한다. 더 나아가서 차이의 정치학은 복잡한 현실의 문제를 정리하고 개념화하는 구조 틀로서 이용할 수 있다는 장점이 있다. 현실의 문제를 생각할 때 차이의 정치학이라는 구조 틀을 이용하면 기존의 방식과는 다른 차원에서 좀더 유연하게 접근할 수 있는데, 가장 문제가 되는 것은 차이를 관계적으로 이해하고 그에 맞추어 실천한다는 것이 어렵다는 점일 것이다. 그러나 차이에 대해 경직된 태도를 가지지 않아야만 차이를 억압하지 않을 수 있으므로, 차이를 관계적으로 생각하려는 노력은 아주 중요하고 이러한 측면에서 차이의 정치학의 이론적 효과를 인정할 수 있다.

□ 생각해볼 문제

① 여성과 남성의 신체는 다르게 구성되어 있다. 여성 신체의 사회적 기능은 재생산이고 남성 신체의 사회적 기능은 병역이다. 그러므로 여성은 출산을 하고 남성은 병역을 마쳐야 하는가? 아니면 여성과 남성은 동일하게 대한민국 국민이므로 성과 관련 없이 병역을 마쳐야 하는가? 또 출산을 하지 않은 여성과 병역을 마치지 않은 남성의 경우는 어떠한가?

② 흔히들 여성의 적은 여성이라고 한다. 며느리를 구박하는 사람은 같은 여성인 시어머니이고 시누이라는 것이다. 또 중세 시대에 사회적으로 용납되지 않는 특성을 가진 여자는 마녀라고 해서 화형을 시키거나 수장을 시켰는데 이때 강하게 비판을 한 사람들 중에도 여자가 포함되어 있다. 이 경우 며느리를 나무라는 여성이나 또 마녀로 찍힌 여성을 비판하는 여성은 어떤 심리 때문에 같은 여자의 잘못을 오히려 들추려 하는 것일까?

③ 여성할당제는 여성과 남성이 딛고 서 있는 현실적 조건이 다름을 배려하여 여성에게 주류 사회에 합류할 수 있는 기회를 주기 위해 도입된 제도다. 그렇기 때문에 여성과 남성의 차이에 주목한 차이의 정치학적 전략에 따른 것이라고 볼 수 있다. 그러나 여성할당제는 역차별의 논란을 불러일으키고 있다. 여성할당제는 정당한 것인가 아니면 역차별인가? 그 이유는 무엇인가?

④ 우리나라에서 모성 보호 정책 등(생리 휴가, 산전 산후 휴가 등) 여성이 남성과 다른 점을 배려하려는 사회적 정책들이 실질적인 효과를 거두지 못하고 있는 경우가 많다. 양성 평등에

서 선진적인 시스템을 갖추고 있는 나라에서도 임신, 출산을
할 경우 승진에서 누락되게 되는 경우가 많다. 여성이 가지는
차이에 대해 어떤 태도를 취할 때 여성의 차이를 존중하면서도
차이로 인한 억압의 요소를 들여오지 않을 수 있을까?

□ 더 읽어야 할 책

▷ 장미경, 『페미니즘의 이론과 정치』, 문화과학사, 1999

  사회학적 관점에서 페미니즘 이론을 여러 각도에서 소개한
책. 그 가운데 제1부의 근대와 탈근대 그리고 페미니즘에서는
정체성의 정치를 바라보는 관점과 차이의 정치학과 페미니즘
의 관계 등을 소개하고 있다.

▷ 『세계 사상』 4호, 동문선, 1999

  「차이의 정치학 : 페미니즘의 다양한 목소리」를 기획 특집으
로 한 무크지. 이 중에서 특히 스피박의 "하위 주체가 말할 수
있는가? 다원화주의의 문제들"은 성별화된 하위 주체를 탈식
민주의의 맥락과 보편화된 젠더의 위치에서 여성으로 구성하
려는 노력을 기울인 글이다.

▷ 이상화, 「페미니즘과 차이의 정치학」, 『여성과 철학』, 철학과
    현실사, 1999

  아이리스 영의 차이의 정치학을 중심으로 페미니즘에서 차
이의 정치학이 갖는 의의를 정리한 논문. 차이의 강조는 분리
주의를 영구화하는 것이 아니라 다양한 조건 내의 차별을 제거
하고 실질적인 평등을 지향하는 해방의 정치학임을 보여주는
글이다.

제3부
여성과 동양철학

제12장

유교를 통해 여성과 여성의 삶 이해하기 : 미덕과 악덕 사이

□ **주제어**

충효, 수신제가치국평천하, 삼종지도, 칠출, 열녀, 화(和), 동(同), 예(禮)

1. 한국 여성의 유교적 삶에 대한 검열의 필요성

"팔자 좋은 여자의 전형은? 이브. 왜? 시어머니가 없어서.
그 다음은? 마리아. 왜? 며느리가 없어서.
또 그 다음은? 독신녀. 왜? 며느리도 시어머니도 없어서."

우스갯소리지만 한국에서 살아가는 거의 대부분의 기혼 여성이면 이런 이야기가 말하고 있는 본질을 놓치지 않을 것이다. 명절이면 기혼 여성에게 무거운 짐으로 다가오는 명절 스트레스 그리고 연령, 성격, 가문에 따라 정도의 차이는 있겠지만 개별 집안마다 다양한 모습으로 존재하는 고부간 갈등의 문제는 한국의 전통적 가족 양식과 연관되어 있는 한국 여성의 구체적 삶의 모습이다.

어디 이뿐인가? 여자 팔자 뒤웅박, 아들을 두어야 노후 내지는 죽은 이후에까지도 편안할 수 있다는 생각은 우리 곁에서 우리 삶의 일부를 장악하고 있는 전통적 가치관의 흔적들이다. 그리고 이러한 전통적 가치관의 상당 부분은 전통 유교와 매우 밀접하게 연관되어 있다. 따라서 여성의 억압적 지위와 역할 등에 대해 관심이 높아지면 높아지는 만큼 유교 문화에 대한 관심은 우리에게 중요한 것으로 다가온다. 우리의 전통적 문화 안에서 유교는 여성의 삶에 지대한 영향력을 행사하였으며, 이러한 영향력으로부터 우리 모두 아직까지 완전히 자유롭지는 못하기 때문이다.

우리가 여성 문제를 고민할 때 떠올리는 제반 문제들, 예컨대 남존여비, 남아 선호 사상, 가부장적 가치관 그리고 기혼 여성 대부분이 심각하게 겪고 있는 시댁과 고부 간의 갈등 등의 문제가 유교 문화와 긴밀하게 연관되어 있다는 사실에 대해 부정할 사람은 아마 없을 것이다. 하지만 그렇다고 해서 여성 억압적 상황의 책임을 유교에만 전가한다는 것은 설득력을 가질 수 없으며, 따라서 그 해결 역시 유교 하나로만 풀어낸다는 것은 유의미하지도 가능하지도 않을 것이다.

그럼에도 불구하고 우리가 유교를 통해 현재를 분석하고자 하는, 분석해야만 하는 이유는 유교가 아직도 일정한 모습으로 우리의 삶의 저변에 자리하고 있음을 부정할 수 없기 때문이다. 우리의 실제적인 삶과 유리되지 않은 '지금, 여기, 나에게 그리고 우리에게' 주어진 문제를 올바르게, 생생하게 건드려내야 하는 필연적인 이유들은 유교에 대한 검열 작업의 필요성을 제안한다. 우리 주변의 여성의 삶의 문제 중 아주 많은 부분이 수입된 페미니즘 이론만으로는 그 핵심을 정확하게 건드릴 수 없기 때문이다.

유교를 통하여 여성 문제를 접근하려는 일련의 시도들은 유교가 한국 여성의 삶을 사회적, 문화적 측면에서 상당 부분 규정하고 있다는 것을 전제로 한다. 하지만 유교를 통하여 우리의 현실적 삶을 읽어내려는 이러한 작업이 '공자를 살려야' 하거나 또는 '공자를 죽여야' 하는 것과 직결될 필요는 없을 것이다. 한국에서 페미니즘을 논의하면서 유교를 언급해야 하는 것이 갖는 의미는 우리의 삶의 저변에 아직도 짙게 깔려 있는 유교 문화의 그림자가 긍정적으로 혹은 부정적으로 읽혀질 수 있는 부분을 밝혀내고 그것을 통해 우리가 살아가야 할 바람직한 삶의 밑그림을 스케치해낼 수 있는 것에 있기 때문이다. 따라서 이러한 작업이 종료되었을 때, 그것이 유교의 모습이든 아니든 그것은 우리에게 그다지 주요한 문제가 될 수 없다. 지금 우리에게 중요한 문제는 '억압적 상황이 존재한다'는 것이어야 하며, 우리의 미래를 향하여 주요한 문제로 될 것은 억압적 상황을 '어떻게 극복할 것인가'가 되어야 하기 때문이다.

전통과 현대를 잇는 맥락과 연결 고리를 어떤 시점에서 끊어야 하고 또 어떤 시점에서 이어야 할 것인지를 고민해야 하는 우리는 이러한 이유에서 유교와 여성 문제에 대해 많은 관심을 갖는다. 유교와 여성 억압에 대한 논의를 풀어가기 위해 우리가 그 동안 주목해왔던 방식은 대체로 다음의 두 가지 논의 방향을 통해서다.

하나는 유교의 본령 자체가 남성 중심의 계급적 사회를 토대로 하며 이러한 속에서 남성, 군자, 가부장, 통치자 계급이 아닌 여성, 소인, 가족 구성원, 피통치자 계급은 논의의 중심 대상이 될 수 없다는 생각에서 출발한다. 따라서 유교의 핵심 강령이라 할 수 있는 "수신제가치국평천하(修身齊家治國平天下)", 내성외왕(內聖外王 : 유교에서는 자기 수양을 통하여 궁극적으로 도달하려는 최고의 바람직한 인간 형태를 내면적으로는 성인, 사회적 측면에서는 왕으로 이해한다) 그리고 수기치인(修己治人 : 유교에서는 자기 몸을 도덕적으로 수양하면 거기에서 끝나는 것이 아니라 자기 수양을 통해 남을 인도하고 다스리는 것까지가 자기 몸의 완전한 실현으로 평가된다) 등이 강조되는 속에서 여성이 올바른 주체로 설 수 있는 기회는 사실상 어렵다는 논의를 하게 된다. 왜냐 하면 유교 사회 안에서 이러한 덕목을 실천할 기회가 여성에게는 열려져 있기 않기 때문이다. 따라서 이러한 방법론을 견지하는 입장에서는 대체로 유교 내지는 유교 문화 안에서는 여성 억압적 측면을 올바르게 드러내어 설명해내지 못할 뿐 아니라 그것의 한계를 극복하는 방법을 모색하는 것은 거의 불가능하다는 결론을 이끌어낸다.

또 다른 하나는 유교적 인간 관계에 주목하여 현대 사회에서 나타나는 인간 관계의 잘못된 양상을 치료할 수 있다는 입장이다. 이러한 입장에서는 유교적 인간 관계는 서구 근대적 패러다임에서의 고립적이고 개별적인 인간이 강조되는 것이 아니라 인간간의 '관계'성이 강조된다는 측면에 주목하면서 여성 문제를 다루는 데에서도 여성의 권리나 지위의 문제를 직접적으로 거론하기보다는 남성과의 관계, 다른 가족 구성원과의 관계를 통해 여성 삶의 긍정적 또는 부정적 측면을 설명해내려는 입장을 견지한다.

2. 유교의 가부장제 성립

우리가 여성주의 안에서 유교를 문제로 삼는 기본적인 인식은 아마도 우리 현실적 삶을 지배하고 있는 다양한 형태의 가부장적 이념의 온상이 유교 내지는 유교적 전통이라는 생각에서 비롯될 것이다. 아버지, 맞아들, 맞손자를 중심으로 이루어지는 전통 유교의 가부장적 원리 안에서 여성의 지위는 상대적으로 낮은 것일 수밖에 없었다. 어떤 사회를 주도하는 중심부가 존재하는 속에서 그 중심부에서 제외되어 있는 계층은 곧바로 권력의 장에서 소외되기 마련이기 때문이다. 특히 생물학적 성을 통하여 그것이 소외되는 경우는 어떤 경우보다도 원천적으로 소외될 가능성을 갖는다.

유교에서 가부장적 이념의 틀은 어떻게 마련되어 왔는가? 그리고 그러한 가부장적 이념은 어떤 과정을 통해서 그렇게 오랜 세월 동안 유지되고 확대될 수 있었는가? 유교적 가부장제가 형성되는 모습을 우리는 중국의 주대 문화가 마련되어가는 과정 속에서 찾을 수 있다. 그리고 이러한 주대의 예(禮) 문화를 그대로 실현하고자 하였던 공자의 무던한 노력을 통하여 강력한 가부장적 힘을 실은 주대 예제의 모습이 유교에 온전히 반영되는 모습을 볼 수 있다.

중국 고대 사회에 군혼 제도 내지는 모계제의 흔적이 존재했었는가의 문제는 중국의 주나라 이전의 사적이 모호하기 때문에 정확히 알 수 없지만, 단편적으로 보이는 중국 고대의 문화를 반영하고 있는 여러 문헌들을 통해 추정해볼 수 있다. 그 중 여성주의 인식과 연관하여 흥미로운 것은 "옛날에는 임금이란 존재 없이 백성들끼리만 모여 살았으며, 그때는 자기를 낳은 어머니는 알았으나 아비가 누구인지는 알지 못하였으며, 친척, 형제, 부처, 남녀의 구별이 없었다"는 『여씨춘추』나 『장자』 등에 보이는 기록이다. 아비가 누구인지 몰랐다는 사실은 중국 고대 사회에서의 혼인 제도가 지금의 일부일처제와는 다른 형태였다는 것과 모계제 사회가 존재했을 수도 있다는 추정을 가능하게 하는 자료가 되기 때문이다. 그리고 나아가 이는 현재의 가족의 모델이 초역사적인, 자연적인 것이 아닐 수 있다는 가능성 또한 제공해주기도 하기 때문이다.

중국의 설화 중 감천설화(하늘과 감응하여 아이를 출산하였다는 내용의 설화)는 아버지 없이 태어난 위대한 시조들의 출생에 관한 이야기를 담고 있다. 중국의 감천설화 중 가장 대표적인 것으로 은나라의 시조 계(契)나 주나라의 시조 후직(后稷)의 탄생에 관한 이야기를 들 수 있다. 계는 어머니인 간적(簡狄)이 제비 알을 먹고 낳았다고 전해지며, 후직은 전설 속의 왕 제곡의 정비로 알려진 강원(姜原)이 들에 나가 거인의 발자국을 발견하고 그것을 밟은 후에 잉태하게 되었다고 전해진다.

물론 신화적 설화가 신빙성 없는 자료라거나 또는 감천설화 자체가 오히려 강력한 가부장 이데올로기를 만들어내려는 제도적 장치로서의 역할을 수행한다고 말할 수도 있을 것이다. 당시의 지도자에 대해 강력한 권력을 부여하기 위한 하나의 방편으로 인간의 아들이 아닌 하늘의 아들임을 강조하였다는 주장을 할 수도 있을 것이기 때문이다. 하지만 부계 이데올로기를 강화하기 위한 근거로 당시에 존재하지도 않았을 어미만 알고 아비는 모르는 시대를 굳이 상정할 필요는 없었을 것이다.

중국에서 아주 오래 전에 어머니는 알고 아버지는 알지 못하였던 시대가 있었음은 이러한 감천설화 이외에도 여러 문화적 흔적을 통해서 발견된다. 혈통을 중심으로 삼는 성(姓) 자의 기원은 女와 生의 결합체인데 이는 어머니를 중심으로 혈통이 이어지던 단계의 문화를 반영하는 것이라고 전해진다. 고대의 사람들은 성이 생겨나는 것을 "하늘의 아들이 덕을 세웠을 때는 태어난 곳을 따라서 성을 받게 된다"고 생각하였다. 아버지를 모르던 시대의 사람들에게 '태어난 곳'은 곧 어머니가 거주하던 곳과 긴밀하게 연관된다. 신농의 어머니가 강수(姜水)에서 살았고 황제의 어머니가 희수(姬水)에서 살았던 것을 연유로 신농의 성은 강(姜)씨가, 황제의 성은 희(姬)씨가 되었다고 하는 것도 어머니와 자식과의 연계성이 강하게 부각되었던 시대적 배경을 설명하는 것이라 하겠다.

이러한 문화적 전통과 연관하여 현재 우리는 은대 문화를 담고 있는 오래된 문헌들 안에서 태양신을 동모(東母)로, 달신을 서모(西母)로 일컫는다거나, 선비(先妣 : 선대의 돌아가신 할머니)에 대한 제사가 일반적이었다는 것, 그리고 중국의 인류를 창조하였다고 전해지는 여신인 여와의 제사가 성대히 치러졌다는 모계적 전통의 흔적을 엿보기도 한다.

이러한 문화적 배경과는 상당히 다른 부계적, 남성 중심적인 가부장제 이념들이 발생하게 되는 시기는 은나라 말, 주나라 초기까지 거슬러 올라간다. 당시 가장 큰 부족이었던 은족을 정벌하고 주나라를 세운 희씨 부족은 혈연 집단 그리고 친친(親親 : 친한 사람은 친한 사람으로 대우받아야 한다) 이념을 통해 강력한 봉건적 유대 장치를 마련하였고, 이는 주나라 왕을 전체 조상의 우두머리로 삼음으로써 혈족 관계를 통한 가부장적 결합 장치인 종법 제도에 의해 유지되고 강화되는 형식을 취하였다. 이때 주나라 왕은 공동체 안에서 가장 지위가 높은 자로 군림할 수 있었고, 혈연 관계로 맺어지는 주나라의 공동체적 유대는 국가의 기초가 되었다. 이러한 속에서 혈연적 관계를 통해 맺어지는 충성(효제)은 곧 국가에 대한 충성과 연장선상에서 논의되었다. 즉, 서주 시기의 통치 체제의 기초는 종족 구성원의 혈연적 유대에 있었기 때문에 혈연적 유대 관계 속에서 부모에 대한 아들의 효와 연장자에 대한 연소자의 공손함은 왕에 대한 신하의 충(忠)과 같은 맥락으로 설명되었다.

주대에 가부장적 종족 지배에 대한 보다 확실한 장치는 조상 숭배 의식의 부각을 통해 이루어졌다. 조상 숭배 의식은 주나라의 가부장적 종족 지배인 종법 제도와도 긴밀하게 연관되어 있었는데, 조상 숭배 의식으로부터 파생되어 나오는 일종의 강력한 종교적 권위는 종법 봉건제를 확고히 하는 데 충분한 역할을 하였다. 이전 시기인 은대와는 달리 주대에 조상 숭배 의식이 발전하였다고 하는 사실은 이 시기에 이미 강력한 남성 중심적 가부장적 사회로의 전향이 마련된 것이라는 추론을 가능하게 한다. 왜냐 하면 조상신을 가리키는 祖 자의 글자 형성은 [示 + 且]로 이루어지는데, 示는 제사 지낼 때 옆에 서 있는 시종을 나타내어 제사의 의미와 긴밀히 연관되어 있고, 且는 남근을 의미하는 것이기 때문이다. 따라서 은대에 거행되었던 선대의 할머니에 대한 제사 대신 출현하는 주대의 祖에 대한 제사 및 祖 자의 의미 등은 모두 주대 문화가 가부장적, 남성 중심적 성향을 강하게 드러내는 것임을 표출하는 것이라 하겠다.

다른 토테미즘, 샤머니즘적인 신들을 모두 포섭하는 조상신의 권위와 위신 앞에서 중국 고대인들은 여러 가지 재앙으로부터 자신을 비롯한 자손의 안녕을 비는 예식을 거행하였다. 이러한 예식에 참여할 수 있는 집단의 구성은 왕을 중심으로 하면서 그 왕과 가까운 또는 먼 친인척들로 이루어졌다. 모든 제사 집단인 종(宗)에서는 종족 구성원들의 우두머리인 종자(宗子)의 권위가 다른 종족 구성원들에 비하여 우월하였는데, 그것은 종자만이 조상에 대한 제사에서 제물을 바칠 수 있었기 때문이었다. 종자는 정실 부인에게서 낳은 장자로 이어지며, 이로부터 맏아들과 다른 아들들은 물론 정실 자식과 첩에게서 얻은 서자의 지위가 크게 달라지는 양상을 맞이하게 되었다. 또한 이 같은 사실들은 아들을 낳아 대를 잇고 가계를 이어야 한다는 임무를 통해 여성의 몸이 출산의 도구로 사용되고, 대를 잇기 위해서는 축첩을 하는 것이 정당한 것으로 받아들여지는 상황을 야기시켰다. 따라서 여성 안에서 처와 첩의 지위가 다르게 자리매김됨을 통하여 또 다른 여성 억압이 시작되게 되었다. 이렇게 대가족 종법 제도가 정착되어감에 따라 남성은 가정과 사회에서 그 지위가 상승하였고 상대적으로 여성의 지위는 하락하였다. 특히 모든 계승의 문제와 상속의 문제가 적장자를 중심으로 이루어지는 사회 제도들은 남성을 중히 여기고 여성을 경시하는 풍조 내지는 남아 선호 사상 등의 관념을 성숙시키는 계기로 작용하였다.

3. 유교의 핵심 개념 안에서 여성을 이해하기

1) 충효와 여성

진(晉)나라 헌공은 여희를 아내로 맞아들였다. 여희는 헌공의 총애를 받았고 두 아들을 낳았다. 그런데 헌공에게는 전처 소생의 장남인 신생이 있었고 신생은 이미 태자로 책봉되어 있었다. 여희는 자기가 낳은 아들을 태자로 세우려고 신생을 모함하는 계략을 꾸민다. 따라서 독을 넣은 음식을 태자가 바친 것이라고 하여 헌공의 음식상에 내놓고, 헌공이 막 음식을 먹으려 할 때 독이 들어 있음을 알려 태자 신생이 자신들 모두를 죽이려고 꾸민 음모라고 말한다. 감옥에 갇힌 신생에게 주변 사람들은 도망하도록 권유하지만 신생은 그런 권유를 무시하고 결국 누명을 쓰고 죽는다. 신생이 도망을 피하지 않고 죽음을 맞이하는 이유는 아버지가 총애하는 사람의 잘못을 천하에 드러낼 수 없으며, 또 아버지의 명령을 따르는 것이 자식이 해야 할 마땅한 도리라는 이유 때문이었다.

『춘추좌전』에 나오는 이 이야기는 당시의 효 의식을 단적으로 보여주는 사례로 자주 인용된다. 잘못된 것인 줄 알면서도 아버지의 명령이라면 죽음까지도 마다하지 않는 것이 바로 효의 으뜸이 됨을 보여준다.

한국 현대 사회에서 결혼 적령기에 있는 여성들이 기피하는, 즉 가장 많은 핸디캡을 지닌 신랑 후보감은 맏아들, 외아들 그리고 효자라고 한다. 우리는 자신을 낳아준 부모에게 감사의 마음을 가져야 하고 그렇게 하는 것이 온당 인간의 도리라고 생각한다. 그런데 자신을 낳아준 부모에게 효도하는 남성이 왜 예비 신부들에게는 가장 인기 없는 신랑 후보감으로 되는 것일까? 오히려 가장 인간적이고 가장 도덕적인 그래서 가장 바람직한 신랑감이 되어야 하는 것은 아닐까? 남의 일일 때는 물론 모두가 그렇게 생각할 것이다. 그러나 그것이 바로 자신의 일로 다가올 때 그 상황은 달라진다.

부모에 대한 효가 가장 가치 있는 윤리 덕목으로 될 때, 그리고 가부장적 문화가 그대로 온존할 때, 그 안에서 며느리가 되는 여성의 삶은 억압적인 것으로 다가오기 때문이다. 기혼 여성에게 효 의식은 자신을 낳아준 부모에 대한 것이 아니라 자신의 남편의 부모를 향한 것으로 되며 그것은 자발적인 선택이 아니라 강요되는 강제가 된다. 시부모들은 며느리를 아들의 배우자로서의 여성이라는 인식보다는 가문의 대를 이어야 할 그리고 자신들에게 효도해야 할 대상으로 이해한다. 따라서 "부모가 며느리를 얻는 것은 효도를 받음에 있다"는 생각이 강하게 작용하는 경향을 갖는다. 이 같은 생각이 기본적으로 깔려 있는 속에서 며느리로서의 여성에게는 아주 오랫동안 "매질을 하거나 꾸짖어도 기꺼이 받아들여야 하는" 내용들이 의미 있는 교훈으로 되어 왔다.

그렇다면 유교와 효는 어떤 연관성을 가지며, 유교 안에서 효의 의미는 어떤 것인가? 한편으로 인간의 삶에서 바람직하고 도덕적인 덕목이라고 생각되는 효는 왜 또 다른 한편으로는 여성을 억압하는 장치가 되는가?

계급 상하간의 철저한 유대 장치를 마련함을 통해 전체 사회 구성원의 질서 유지를 도모하려는 주대의 정치적 목적 의식은 유교의 핵심 내용과 긴밀하게 연관되어 있었다. 가족 내의 질서 유지는 전체 사회의 질서를 유지하는 필수 조건이었는데, 효제, 충신 등이 강조되는 유교적 개념들은 이러한 목적 의식과 긴밀하게 부합될 수 있었다. 유교에서 부모에 대한 효는 나의 몸을 낳아준 그리고 나의 몸과 긴밀하게 연관되어 있는 부모에 대한 사랑으로부터 시작한다. 유교에서 효 의식의 출발은 바로 내 몸과 머리카락, 피부를 소중히 하는 것으로부터 비롯된다고 이해되는데, 이는 나의 몸은 부모님에게서 물려받은 것이고 부모님의 몸과 직간접으로 연결되어 있다는 생각에서 비롯된다.

이렇게 나와 부모와의 연관성을 강조하는 성향은 여기에서 그치지 않고, 나의 몸과 후대의 몸과의 거대하고 긴 연관성까지도 염두에 둔다. 따라서 나는 나의 집안이 나의 몸에서 끝나게 하지 않을 의무가 있으며, 이를 위해 아들을 낳아 대를 이어야 할 막중한 책임이 강요된다. 부모에게서 받은 나의 몸을 잘 보존하는 것과 동시에 나의 몸을 후대에까지 길이 남기는 것이 가장 큰 효도의 방법으로 상정되는 것은 바로 이러한 이유에서다. 따라서 혼인하지 않거나 혼인하였어도 대를 잇지 못함은 가장 큰 불효의 조건이 되며, 심지어는 대를 이을 아들을 낳지 못하였는데도 첩을 들이지 않는 행위는 부모와 조상에 대한 큰 불효로 간주되기도 하였다.

유교 사회에서 효는 국가의 충과 연관되어 설명되었고, 이러한 충효의 덕목은 봉건 사회 내의 모든 인간 관계와 질서, 예컨대 부부, 장유, 붕우 등의 관계를 규정짓는 기초가 되었다. 특히 한대에 와서는 부부의 관계가 군신, 부자의 관계에 유비되어 거론되었다. 따라서 일부종사(一夫從事)나 불경이부(不更二夫 : 열녀는 지아비를 바꾸지 않는다) 같은 개념들은 불사이군(不事 二君 : 충신은 두 임금을 섬기지 않는다)의 덕목과 연관되어 논 의되었다. 그리고 여기에서 도덕적 명분을 지닌 절의의 문제가 중요한 개념으로 거론되었다.

그러나 남편에 대한 아내의 정절과 임금에 대한 신하의 정절 이 유비되어 논의되었다는 것이 실제로 이것들이 동일한 가치 를 지니는 것으로 파악되었음을 의미하지는 않는다. 당시 사회 에서 아내가 남편에 대해 지조를 지켜야 할 정절의 내용은 남 편 개인을 향한 지조나 사랑을 지키는 것, 체면과 권위를 지키 는 것의 범주를 훨씬 능가하는 복잡하고도 다양한 함의를 가지 고 있었다. 그것은 한 가문을 지키는 것임과 동시에 봉건 질서 를 확고히 하는 역할도 담당하고 있었다. 하지만 여성의 정절 의 문제는 남편과 가문에 대한 문제로만 제한되어 인식되거나 은폐되어 인식되었다.

이렇게 가족 내에서 효가 강조되고 그 효가 국가와 사회에 대한 충으로 연결되는 사회 안에서, 그리고 그 효의 내용이 부 모 봉양, 대 잇기, 순수 혈통 지키기 등으로 요약되는 사회 안에 서 여성은 시부모의 편안한 노후를 책임져야 할, 집안의 대를 잇는 아들을 낳아야 할, 한 가문의 순수한 혈통을 지켜야 할 그 런 몸으로 살아가도록 강요받는다.

2) 조화[和], 균등[同]과 여성

남녀 관계에 대하여 말할 때 우리는 자주 동일성을 강조할 것인가 차이를 인정하는 방식을 선택할 것인가를 두고 생각하 게 된다. 그것은 여성과 남성 모두가 동일한 인간임을 강조하 는 범주에서 논의를 시작할 것인가, 아니면 인간이라는 범주에서는 같지만 어쨌든 다른 몸을 가지고 있으므로 그들간의 생물학적 차이를 인정하는 범주로부터 논의를 시작할 것인가의 고민이라고 바꿔 말할 수 있다. 동일성의 철학이 이미 한물 갔다고 여겨지고 차이의 철학이 거론되는 속에서 이러한 고민은 더 강하게 다가오며, 그 속에서 유교에서 말하는 화와 동의 의미는 페미니즘 안에서 새롭게 논의의 주제가 된다.

그렇다면 유교에서의 조화의 의미는 현대 사회에서 그리고 현대 페미니즘 담론에서 어떤 맥락으로 논의될 수 있는가? 이들은 과연 여성주의적 관점에서 긍정적으로 평가될 수 있는 것인가? 남녀의 문제에서 그 관계 설정은 조화로운 것이어야 하는가 아니면 동등한 것이어야 하는가? 이러한 문제에 총체적으로 접근하기 위해 우리는 유교적 조화의 의미에 대해 살펴보고자 한다.

유교에서 '화(和)'의 의미는 다음과 같이 설명된다.

화(和)는 고깃국[갱(羹)]을 끓이는 것과 같습니다. 물, 불, 식초, 간장, 고기, 소금, 매실 등을 넣고 장작으로 불을 지피고, 요리사는 국물에 양념을 잘해서 모든 맛을 고르게 해야 합니다. 맛이 덜 나면 더 넣고 넘치면 좀 덜어내야 사람들이 그것을 먹고 맛이 있다고 할 것입니다. …… 맑음과 탁함, 큰 것과 작은 것, 짧은 것과 긴 것, 슬픔과 기쁨, 느림과 빠름, 높고 낮음, 나가고 들어옴 등과 같은 서로 대립하는 것들이 서로 보완해주어 화합할 수 있는 것입니다. …… 만약 물에 물로 맛을 낸다면[동등, 동(同)] 누가 그것을 맛있다고 먹겠습니까? 거문고, 비파의 모든 음을 한 가지로만 한다면[동(同)] 누가 그것을 좋다고 듣겠습니까?

이 같은 설명에 의하면 화(和)란 모든 것이 같아야 함을 강조하지 않지만 각자가 가지고 있는 특성이 서로 어우러질 수 있는 것을 말하는 것이라 할 수 있다. 이러한 조화의 의미는 그 자체로 비판받거나 의심될 여지를 갖지 않는다. 화는 대립성의 조화와 화합으로 해석될 수 있다고 하는 것 그리고 그것이 외형적으로 보여주는 함의 자체를 두고 비판할 사람은 아마 없을 것이기 때문이다. 그럼에도 불구하고 유교의 조화 이론은 현대 페미니즘 담론 안에서 결코 단순하게 논의되지 않는다. 그 이유는 무엇인가?

유교에서 화와 동은 사상적으로 춘추시대에 새롭게 부상하는 소인과 군자 간의 대립되는 세계관의 표상을 보여주는 것으로 설명될 수 있다. 『논어』의 "군자는 화(和)를 말하고 동(同)을 말하지 않으며, 소인은 동을 말하지 화를 말하지 않는다"는 화와 동에 관한 대표적인 언급이다. 여기에서 우리는 동을 주장하는 소인의 입장과 화를 주장하는 군자 간에 서로 다른 이해관계의 대립을 엿볼 수 있다. 그들간의 대립은 소인들이 군자와의 평등을 요구하면서 동의 입장을 펴는 반면, 군자들은 무너져가는 전통적 체제를 새롭게 마련하기 위해 자기 내부 상하 간의 화합과 조화의 세계관을 주장하는 것으로 나타난다. 즉, 이미 기득권을 차지한 군자 계층의 지식인층에게는 균등보다는 조화가 더 필수적인 요건이라 생각되었는데, 지배 세력 내의 상하가 서로 화합할 때 피지배층인 민(民)도 쟁탈의 마음이 없어질 수 있다고 생각했기 때문이다. 하지만 이러한 군자 계층의 생각과는 달리 새로운 계층으로 떠오르는 소인층에서는 이미 마련된 차별적 지위로부터 화합을 꾀하는 것은 부당하다고 이해되며 따라서 군자와 소인 간의 동일성, 즉 동이 강조되는 경향을 보인다.

유교에서 말하는 화를 이렇게 해석해볼 때, 유교에서 말하는 화의 의미란 사실상 '차이' 그리고 이러한 차이를 기반으로 한

'차별'이 내재되어 있는 개념이라고 말할 수 있을 것이다. 유교적 화의 의미를 '다양한 차이'를 인정하고 그것들의 조화를 말하는 것이라는 주장을 펼 수도 있을 것이다. 하지만 이러한 주장은 사실을 지나치게 단순화한 것이라는 비판을 면치 못할 것이다. 왜냐 하면 우리가 '차이'라고 말할 때, 그것은 분명 서로 다른 존재 방식에 대한 '동등한 가치'를 인정하는 것을 말하는 것이지 서로 다르다는 것을 근거로 서로 '다른 가치'를 산출하는 것까지를 용납하는 것은 아니기 때문이다. 따라서 유교적 화의 의미를 다양한 차이의 인정이라는 선상에서 해석하기 위해서는 유교 사회 안에서 다양하게 산출되는 인간 관계의 양상들을 어떻게 해석할 것인가에 대해 먼저 논의해야 할 것이다. 예컨대 군자와 소인 간의 조화를 말하게 될 때 군자와 소인 간에는 그야말로 단순한 차이만이 존재하는가? 임금과 신하 간에, 아버지와 자식 간에 그리고 남성과 여성 간에 동등한 가치라는 것이 논의될 여지는 과연 있는가?

어떤 서로 다른 것들 사이에서 그들간의 가치를 동등하게 만드는 근거는 무엇인가? 어떤 것과 다른 어떤 것이 동등하다고 주장하려면 그것은 그들간에 존재하는 차이를 뛰어넘을 수 있는 상호 공통적인 어떤 것이 있기 때문일 것이다. 그리고 상호 간에 인정할 수 있는 공통된 가치 기준을 이끌어내기 위해서는 차별적인 원칙으로 되지 않을 만큼 강력한 더 큰 공통된 것들을 찾아내야만 할 것이다. 이러한 작업이 이루어지지 않은 선에서의 조화의 강조란 자칫 차이를 차별로 둔갑시키기 때문이다. 인간 사회에서 평등, 동등이 진정한 평등으로 말해지는 것이 아니라 다양한 것들이 조화를 이루는 관계가 진정한 의미의 평등이라는 유가적 발상은 유가의 예 사상과 깊이 연관되어 있다.

3) 예(禮)와 여성

어떤 사람을 예의바르다 또는 예스럽다고 말할 때 그 사람의 행위에 대한 사전적인 의미는 '격식에 잘 들어맞는 행위를 하는 자'일 것이다. 그런데 구체적인 행위 방식에서 과연 어떤 행위가 격식에 맞는 것인가의 문제는 그리 간단하지 않다. 자신의 정체성을 어떤 것에 두느냐에 따라 예의와 격식의 문제는 달라질 것이기 때문이다. 예컨대 나는 A라는 사람의 딸이기도 하지만 B라는 사람의 며느리이기도 하며 B라는 사람의 아들 C의 배우자임과 동시에 C와의 사이에 D라는 자식을 둔 어머니이기도 하다. 만약 A, B, C 그리고 D가 동시에 같은 장소에 있게 된다고 하면 나는 어떤 행위를 함으로써 예스러운 사람이 될 수 있을까? 다양한 인간 관계 안에서 비례(非禮), 불효(不孝), 불인(不仁) 그리고 부자(不慈) 등의 덕목을 동시에 만족하기란 과연 가능하기나 한 것일까? 가족 관계 안에서의 나의 정체성뿐 아니라 사회 관계 내에서의 나의 정체성까지를 합친다면 내가 예스럽게 행해야 할 행동의 범주를 설정하기란 더욱더 어려워질 것이다.

유가적 설명 방식 안에서 예스러운 사람, 예에 맞는 행위란 어떤 것이어야 하는가? 특히 예스러운 여성의 삶이란 어떤 것인가? 이런 물음에 답하기 위해 먼저 유가적 예의 성격에 대해 살펴보는 방법을 택하자. 유가에서 예는 여러 종류의 상하간의 올바른 관계의 형식이며, 이런 관계를 조절하는 올바른 길이다. 예컨대 군신, 부자, 부부 관계를 언급하는 삼강(三綱)과 부자, 군신, 부부, 교우, 장유 관계를 말하는 오륜(五倫)은 유교 사회 안에서의 인간 관계를 보여주는 대표적인 패러다임이다. 이들 인간 관계에서 '예(禮)스러움'이란 그들이 처한 지위에서 그것에 알맞은 행위와 의식을 의미한다. 따라서 임금이 신하의, 아버지가 자식의, 남편이 아내의 행위나 역할을 하는 것은 예스럽지 못한 행동의 범주에 속하는 것이라고 바꾸어 말할 수 있다. 따라서 유가에서 예스럽다는 것은 서로 다른 사회적 자리들이 각각 자신의 올바른 자리에 상응한 행위 방식을 선택하는 것을 말한다. 즉, 예의 전형이란 사회적 행위자들이 남과의 관계 안에서 나의 자리를 위치지우고 자신의 자리에 머물면서 조화로운 삶을 영위하는 것이다.

이렇게 내가 나에게 알맞은 행위 방식을 한다는 것 그 자체를 두고 잘못된 것이라거나 비민주적, 억압적이라고 말할 수는 없을 것이다. 하지만 각자에게 맞는 행위 방식이 각자의 선택이 아니라 이미 규정되는 것이라고 할 때, 심지어 그것이 선천적으로 주어진다고 할 때 문제는 달라진다. 유가의 예가 현대 사회 윤리에서 그리고 페미니즘 안에서 문제로 되는 지점은 바로 여기다. 유가에서 예를 내 몸에 실현하거나 각인하는 과정은 결코 나의 선택에 의해서 이루어지는 것이 아니라 임금으로, 신하로, 아버지로, 자식으로, 남편으로, 아내로 이미 규정되어 있는 '내'가 있고 그런 나는 그 자리에 걸맞은 행위 양식을 해야 한다고 말해지기 때문이다. 더구나 그것이 생물학적으로 규정지어지는 여성과 남성의 경우에 그 정도는 더욱 강하게 작용한다.

유가에서 예는 다양한 인간 관계들을 각자의 위치에 따라 수직적으로 다르게 규정하면서 사회 질서를 창출하거나 또는 재창출하는 역할을 한다고 요약할 수 있다. 하지만 이들간에 이루어지는, 그리고 우리 눈에 차별적인 행위 방식으로밖에 보이지 않는 유교적 예스러움이나 예에 알맞은 움직거림 등은 결코 유교 사회 안에서는 인간 상호간을 분열시키는 것으로서 존재하지 않는다. 그것은 오히려 일체 관계를 경험시키는 가장 일반적이고도 바람직한 형식으로 된다. 예가 유교 사회에서 이렇게 간주되는 주요한 이유는 유교 사회에서 인간 관계는 상호 직접적으로 이루어지는 것이 아니라 도덕적 덕목에 의해서 관습적으로 규정된 채로 매개되고 있기 때문이다. 즉, 유교 사회에서의 차등적인 인간 관계는 그 사회 안에서는 결코 부당한 것으로 받아들여지지 않는데, 그것은 신분에 의해서 차등화된 사회 구조가 자연 발생적으로 이루어진 역할 분담 체계로 받아들여지기 때문이다. 그리고 그에 맞는 행위 양식들은 스스로가 선택한 것이거나 또는 자신의 본질로부터 비롯되는 것으로 여겨진다. 더 나아가 이러한 의식들은 각자 자신들의 양심으로 인식된다. 때문에 예에 맞는 행위 양식이나 예스러움은 자발적인 것으로 된다.

4. 내쳐버릴 수 없는 단상

이상에서 살펴본 그대로 유교를 해석하고 바라본다면 현대 사회 윤리나 페미니즘 이론에 적극적으로 받아들여야 할 만한 어떤 덕목도 유교에는 없는 것처럼 보인다. 차이 안에 이미 차별을 내포하고 있는 유교적 조화의 의미나 사회적 지위의 크기들이 균등하면 질서로운 사회를 만들기 어렵고, 세력이 누구에게나 똑같으면 통일되기 어렵다는 유교적 예 개념 그리고 충과 효에 기반한 유교적 가족 윤리와 사회 윤리 등 모두는 우리에게 해방의 길보다는 억압과 질곡의 길만을 열어줄 듯하다.

그럼에도 불구하고 우리가 유가철학을 들여다봐야 하고 그 것을 분석해내야만 하는 것은 이미 언급했던 것처럼 유교가 우리 삶의 저변에서 긍정적으로 또는 부정적으로 많은 부분 긴밀하게 작용하고 있다는 이유에서일 것이다. 유교의 핵심 강령이 본질적으로 무엇을 의미하는 것이었든 우리는 그것들 안에서 생활하고 있으며 그것들이 지켜져야 한다는 굳은 신조를 가지고 있음을 인정하고 그것을 감안하여 본다면, 유가적 단상들을 단순히 내쳐버릴 수만은 없을 것이기 때문이다.

이쯤에서 우리는 유가의 덕목들이 결코 시대를 초월하여 일관되게 해석되지 않았음에 주의해볼 필요가 있다. 앞에서 우리는 신생의 예를 들면서 유가에서의 전통적인 효 의식을 살펴본 바 있다. 여기서 우리는 강력한 아버지의 권위가 강하게 동반되는 것이 효의 기본적인 맥락이라고 파악되는 전형을 바라볼 수 있었다. 하지만 같은 예를 두고 후대의 주자학자들은 전통적 효 의식과 생각을 달리한다. 주자학자들에게 신생은 결코 효자로 분류되지 않는다. 왜냐 하면 신생은 아버지가 잘못되었음을 간하지 않았고 그래서 후세 대대로 잘못된 아버지, 잘못된 임금으로서의 이름을 남기게 하였다는 이유에서다. 주자학자들이 평가한 효 의식은 우리에게 시사하는 바 크다. 그것은 우리가 또 다른 맥락에서의 비판을 가할 수 있다는 가능성을 제시해주는 것이며 유가적 덕목들에 대해 고정적이고 고착적인 의식을 제거해야 한다는 당위성을 부여해주기 때문이다. 이러한 것에 힘입어 우리가 할 수 있는 일은 새로운 이미지의 유가적 덕목을 만드는 것일 것이다. 새로운 이미지로 변신한 그 덕목들을 과연 유가적 덕목이라 할 수 있을 것인가에 대해 우리가 고민할 필요는 없을 것이다. 우리가 하고자 하는 일은 그리고 해야 할 일은 인간이 바람직하게 살아가는 데 의미를 줄 수 있는 것이 무엇인가를 찾아내는 일일 것이기 때문이다.

우리가 현재 사용하고 있는 언어의 범주로 해방의 언어를 만들려는 노력, 여기에서 우리가 유교를 이해하려는 필요성이 주어진다. 우리가 자주 사용하는 언어로 또는 자주 말해지고 있는 개념으로 우리의 삶의 모습을 분석해낸다는 것은 그만큼 우리의 삶을 밀도 있게 그려낼 것이기 때문이다. 효자, 효부 등에 관한 이야기가 우리 삶에 밀착되어 있는 이야기라면 우리는 그것으로부터 논의를 시작해야 할 것이다.

효부에게 주는 상이 그 사람의 삶을 얼마나 값지게 만들 수 있는 것인가에서부터 동시에 그것이 그 사람의 삶을 얼마나 비인간적으로 만들 수 있는가에 대해서도 꼼꼼히 분석해보아야 할 것이다. 비참하고 어려운 상황에서 어떤 효성스러운 행위를 했느냐가 찬양되는 방식으로만 논의될 것이 아니라 그 행위는 동시에 얼마나 많은 질곡의 삶이었는가에 대한 논의로도 이어져야 할 것이다. 마찬가지로 조화나 예의 개념들이 우리에게 친숙하고 소중한 개념으로 받아들여진다면 그것은 왜인가로부터 그것이 그렇지 않을 수 있다는 논의까지가 진지하게 고민되어야 할 것이다.

이러한 필요성을 충족시키려는 노력은 분명 유교를 부흥시키는 노력이나 유교를 폐기해야 한다는 것과 같은 단순 논리로 끝나지 않는다. 왜냐 하면 그것은 현재 자기 자신의 모습이 어떠한가를 발견해야 한다는 필요성으로부터 출발하는 것이고, 또한 이미 예전부터 마련되어 있는 것에 따라 순전히 기존의 모델을 본뜨는 것만으로 새로운 자기 발견이 이루어지지 않는다는 두 가지 점을 동시에 전제로 하는 것이기 때문이다.

□ 생각해볼 문제

① 지구화, 세계화를 말하는 요즈음 우리가 아직도 유교에 대해 관심을 가지는 것은 어떤 이유에서인지 생각해보자.

② 유교와 페미니즘을 연결짓고자 하는 사람들 가운데는 유교가 여성을 억압한 적이 없다고 말하기도 한다. 이런 이야기를 하는 사람들은 예전에는 안방 문화가 따로 존재하였고 남편이 자신의 아내에게 하대하는 말을 사용하지 않았으며, 집안에서 어머니의 위력이 대단한 것이었음을 근거로 든다. 유교와 여성 억압이란 주제를 논의할 때 이 같은 근거들이 얼마만큼 효력을 가지는 것인지에 대해 생각해보자.

③ 예전에 유교 사회에서 쓰개치마를 쓰고 모르는 남자와 손이 닿았다고 하여 목숨을 스스로 끊는 일이 이제는 일어나지 않는다고 하는 것을 두고 오늘날의 상황을 여성 해방에 한 걸음 나아간 것이라고 말할 수 있는지에 대해 생각해보자.

④ 유교에서는 동(同)을 이야기하지 않고 화(和)를 말한다고 한다. 즉, 유가철학에서의 화(和)는 기본적으로 서로 다른 것을 인정하는 선에서 출발한다. 요즈음 유교의 조화 이론은 '차이', '관계 윤리' 등과 더불어 많이 논의되고 있는데, 이러한 논의를 여성주의적 측면에서 생각해보자.

⑤ 효, 예, 조화, 인 등의 유교적 핵심 개념을 통해서도 여성 해방적인 논의를 할 수 있는가에 대해 생각해보자. 이들이 여성 억압적인 측면을 과거에 가졌다고는 하지만, 여전히 인간성 회복에 도움이 되는 요소도 있다고 주장하는 사람들의 의견은 모

두 결국 반페미니즘적인 논의로 되는 것인가?

□ 더 읽어야 할 책

▷ 『논어』

　공자의 언행, 공자와 제자, 여러 인사와의 문답, 제자들 사이의 대화, 공자의 생각과 비평 등을 수록한 책이다. 인, 효제충신, 군자와 소인, 예 등에 관한 유가의 핵심 개념을 이해할 수 있다.

▷ 『맹자』

　공자보다 150여 년 뒤의 인물이었고 공자의 정통을 이었다고 전해지는 맹자의 말을 담은 책이다. 『논어』가 춘추 시기의 상황을 전해주는 책이라면 『맹자』는 전국 시기의 그것을 전해주는 책이라 하겠다. 이들간의 논의를 주의해보면 춘추 시기 유학의 전개와 전국 시기의 유학의 전개가 어떻게 다른지에 대해서 알 수 있다.

▷ 『공자가 죽어야 나라가 산다』, 김경일, 바다출판사

　유교가 우리 삶에 작용해왔던 여러 부정적인 면들을 신랄히 비판함을 통해 유교를 바라보는 틀을 새롭게 제공해주는 책이다. 특히, 중국 고고학을 공부한 지은이의 선행 연구들에 기초하여 많은 자료를 제시해주고 있다.

▷ 『열녀전』, 유향 지음, 이숙인 옮김, 예문서원

　'열녀전(列女傳)'이 '열녀전(烈女傳)'과 다르다고 할 때, 이는 열녀전이 과거 여성들의 삶을 열거해놓은 자료라는 점을 강조하는 말일 것이다. 지은이 반소의 입장을 옮긴이는 그렇게 이

해하고자 하였다. 이 책은 '열녀전'을 정말 옛 여인들의 삶의 맥락을 펼쳐놓은 자료집으로만 이해할 것인가 아니면 '열녀전'의 내용이 여전히 열녀(烈女)의 측면을 내용적으로 그대로 온존하고 있는 것인가에 대해서 생각해볼 기회를 제공한다.

▷『한국의 여성과 남성』, 조혜정, 문학과지성사

가부장제의 비인간적인 억압상에 대해 보여주면서 지은이는 한국 사회 안에서 가부장 체제의 전복과 그 붕괴를 통한 해체 작업 및 인간적인 삶의 회복이 얼마만큼 절실한 것인지에 대해 논의하고 있다. 특히 제2장 한국의 가부장제 관한 해석학적 분석에서는 유교 문화와 한국 여성의 삶에 대한 논의가 진지하게 마련되고 있다.

제13장

음양과 성 차이 : 끝나지 않은 싸움

□ **주제어**

　음양, 상반상생, 차이, 차별

1. 음양, 그 실재와 허상

　"남자는 양에 속하고 여자는 음에 속한다. 비는 음에 속하고 가뭄은 양에 속한다. 가뭄이 오는 것은 양이 지나치게 강하기 때문이니 여자들은 나와 춤을 춰 음기를 발산해야 한다. 이때 남자들은 숨어야 한다. 반대로 비가 많이 오면 여자들은 숨고 남자들은 나와 활동을 해야 한다."

　음양과 천재지변을 연결짓고 있는 오래된 전적 안에서 발견할 수 있는 이야기다. 이러한 이야기들 속에는 '음양'으로 모든 것을 설명할 수 있다는 종교적 믿음 같은 것이 짙게 깔려 있다.

그런데 현재 우리 중에 이런 이야기를 듣고 가뭄이 들었을 때 밖에 나가 춤을 추는 여성은 과연 얼마나 될까? 가뭄에 집안에 숨어 있을 남자는 정말 있을까? 이런 이야기를 듣는 순간 우리 중 대부분은 일단 무시할 것이다. 하지만 그런 이야기를 듣고 혼자가 되어 집으로 돌아가는 길에 그리고 잠자리에 들면서 이러한 이야기는 자꾸만 귓가를 맴돌면서 정말 그럴까? 그럴지도 모른다고 생각하게 될 수도 있을 것이다. 아니 거기에서 그치는 것이 아니라, 그래서 홍수가 나면 장병(남성)들이 나와서 수해 복구를 하게 되는 것이라고까지 말할 수도 있을 것이다. 그렇게 하지 않으면 다음에 또 수해를 맞게 될지도 모른다는 등등.

분명 비가 많이 내려서 야기되는 홍수는 물과 연관되어 있으며 물은 구름과 그리고 그것은 양기보다는 음기와 연관되어 있다는 유추를 가능케 한다. 이와 마찬가지 견지에서 비가 오지 않아 건조한 상황이 계속되는 가뭄은 물기가 없는 햇볕과 연관되어 있고 그러기에 음보다는 양과 연관된 현상으로 설명되는 것 역시 가능하다.

하지만 이러한 모든 상황이 음-여성, 양-남성으로 설명되는 것에 우리 모두는 동감할 수 있을까? 여성은 음에 속하고 남성은 양에 속한다는 믿음은 약함과 부드러움, 수동적으로 대표되는 음의 속성들을 여성에, 강함과 공격적, 적극적으로 대표되는 양의 속성들을 남성에 배속시키면서 수많은 속임수의 행렬들을 만들어낸다. 양의 속성, 음의 속성으로 떠올려지는 행렬은 꼬리에 꼬리를 물고 끊임없이 이어진다. 처음에는 황당하거나 의아스럽기도 하지만 자꾸 들으면서 그런 이야기들은 잊어버릴세라 외우고 되뇌면서 또 부풀려지면서 그런 이야기를 들려주는 사람에 대해 내가 모르는 것을 아는 데서 오는 존경심마저 갖게 한다.

음양으로 모든 본질과 현상을 설명할 수 있다는 추상적인 믿음들 때문에 음양 개념은 우리의 삶 속 아주 깊숙한 곳에까지 침투하여 있으면서 모든 현상을 설명해주는 하나의 거대한 체계로 자리하고 있다. 그래서 음양은 어렵거나 신비로운 이야기로만 그치지 않는다. 해가 뜨고 달이 지는 일 그리고 밥 먹고 옷 입는 일 등과 밀접하게 연관되어 있다. 해는 양, 달은 음, 수박껍질은 양, 수박 속은 음, 오징어 겉은 음, 오징어의 속(본질)은 양, 강은 음, 바다는 양, 봄과 여름은 양, 가을과 겨울은 음, 생명은 양, 죽음은 음, 한복 저고리 섶에서 드러나 있는 부분은 양, 감춰져 있는 부분은 음, 또 전통 가옥의 기와 중 겉에 있는 것은 숫키와, 안에 감춰지는 것은 암키와며 이는 음양의 조건과 딱 맞아떨어진다는 이야기 등등이 바로 그 예다. 이러한 음양의 속성을 규정짓는 내용은 음은 부드럽고 약하고 어둡고 수동적이라는 것, 양은 강하고 딱딱하며 밝으며 적극적이라는 것으로부터 비롯된다. 그리고 이러한 속성 모두는 음으로 여성을 설명하고, 남성을 양으로 설명하는 것을 가능하게 해주는 근거로 기능한다. 물론 이러한 이야기들은 그 자체가 신뢰가 전혀 가지 않는 그런 것은 아니다. 만약 그렇지 않다면 음양의 개념이 우리에게 그 오랜 세월 동안 지속적으로 유지되어올 수 없었을 것이며, 순간적인 어떤 개념으로 끝나버렸을 것이다.

하지만 여성과 남성을 대변해주는 하나의 개념 체계로 자리잡은 음양 개념이 애초에는 자연 현상을 설명하는 기본적이고 초보적인 수준의 상징 체계였다는 사실을 아는 사람은 과연 몇이나 될까? 그리고 우리가 굳건하게 가지고 있는 여성은 음, 남성을 양이라고 생각하는 믿음과는 달리 중국에서 따뜻한 몸을 가졌다는 이유로 여성이 "양물(陽物)"로 설명되던 시절이 있었다고 하는 사실은 얼마나 많은 사람이 알고 있을까? 모든 여성은 정말 부드럽고 약한 성향을 가지며, 모든 남성은 강하고 터

프하며 능동적일까? 부드러운 남성, 터프한 여성은 없을까? 그런 남성, 그런 여성이 현실적으로 있다고 하더라도 그런 여성, 그런 남성은 정상인의 범주에 들 수 없는 특별한, 비정상적인 경우로 되고 마는 것일까? 여성은 음, 남성은 양이라는 사실에 반기를 들거나 의심을 해보는 것은 자연 법칙을 어기는 용서할 수 없는 중죄인이 되는 걸까?

2. 음양 개념의 역사적 변천

중국의 오래된 문헌 가운데 한자의 형성 과정이나 기원 등을 설명해놓은 책이 있다. 그러한 책에 의거해볼 때 음양이라는 글자는 해(日)와 연관되어 설명되는데. 음(陰)은 구름이 해를 가리는 것이며, 양(陽)은 해가 땅위로 솟아올라 빛을 발하는 것이다. 이러한 것으로부터 양은 해가 잘 드는 산의 남쪽, 음은 해가 잘 들지 않는 산의 북쪽이라는 의미가 창출되며 또한 어둡다, 밝다, 따뜻하다, 춥다 등의 의미로 확대된다. 중국에서 고대부터 전해내려오는 몇 가지 초기 문헌을 통해서 우리는 이러한 사실을 보다 분명하게 알 수 있다.

이렇게 단순히 자연 현상을 설명하는 개념으로서의 음양은 춘추시대로 접어들면서 초기의 그것과는 달리 하늘이 생성한 여섯 가지 기운(육기) 중의 두 기로 설명된다. 육기(六氣)는 바람[풍(風)], 비[우(雨)], 어두움[회(晦)], 밝음[명(明)] 그리고 음과 양이다. 이 여섯 개의 기가 나누어져 사시(四時)가 되고, 질서를 갖추면 오절(五節)이 된다. 춘추 시기의 사람들은 이들간의 질서와 조화가 지켜지지 않고 지나침이 있으면 재앙이 생겨난다고 생각하였다. 그래서 음(陰)이 지나치면 한질이 생기고, 양(陽)이 지나치면 열병이 생기며, 바람이 지나치면 수족병이 생기고, 비가 지나치면 복통이 생기며, 어두움이 지나치면 심란증이 생기고, 밝음이 지나치면 마음에 병이 생긴다고 이해하였다.

이렇게 음양 개념을 이해하는 것은 춘추시대의 음양 개념이 그 전 시기에 비하여 발전된 형태라고 할 수 있을 것이다. 이는 음양이 햇빛과 관련하여 나타나는 단순한 자연 현상을 설명하는 것으로서가 아니라 이제 실체적 개념으로 사용되기 시작하였다는 것으로 이해할 수 있기 때문이다. 하지만 아직 음양은 '춥다' 또는 '덥다'는 감각을 실체적인 기로 추상화한 개념일 뿐 이후의 시기에서와 같이 만물의 배후 혹은 만물을 형성하는 두 개의 실체화된 개념으로 이해되지는 않았다.

춘추시대 말기에서 전국시대에 이르면 여섯 개의 기운 중에서 가장 부각되었던 음양의 두 기가 만물을 구성하는 두 원리로 작용하기 시작하는 변화가 나타난다. 육기 중 바람[風], 비[雨], 어두움[晦], 밝음[明]의 네 기와 비교해볼 때 음과 양은 좀더 추상적인 성향이 강했고, 이러한 추상적 경향성은 다른 네 기의 성질을 포괄하는 대표적인 두 기로 남게 하는 역할을 하였다. 주역에서의 —과 --의 두 가지 서로 다른 부호가 각각 양과 음으로 설명되는 것도 이 시기 이후의 일이다.

하지만 아직 이때에 음과 양의 차별적 양상이 나타나지는 않는다. 중국에서 음양 개념이 보다 차별적인 양상으로 발전하게 되는 것은 전한 시기 동중서에게서 비롯된다. 우리가 음양 개념의 역사를 알고자 할 때 동중서를 주목하게 되는 이유는 크게 다음의 몇 가지 이유에서다. 첫째로, 음양 개념이 오행과 연관지어 설명되기 시작하면서 좀더 복잡해지고 좀더 완성된 모습으로 발전하기 시작하였는데, 이러한 작업은 동중서의 음양론, 즉 음양과 오행의 관계를 천지의 기가 나누어지면 음양이, 천지의 기가 나열되면 오행이 된다는 설명 방식에서 대표적으로 살펴볼 수 있다. 두 번째로, 동중서는 음양오행을 설명하는 과정에서 천과 인간의 관계를 보다 구체화시키고 그것에 기초하여 천인감응을 강조하고 있다는 이유에서다. 동중서의 이러한 생각은 "천지의 표징과 음양의 복사본은 항상 인간의 몸에서 나타난다"는 데에서 출발하는데, 이로부터 인간의 몸은 하늘과 같다고 보는, 예컨대 소우주, 대우주의 개념이 등장한다. 또 다른 이유는 동중서 이후로 음양에 가치 개념이 부가되기 시작하였다는 것이다. 이러한 생각은 하늘과 인간의 관계가 밀접하게 연관되는 사고로부터 비롯되며, 이러한 인식으로부터 음양을 인륜 관계의 근거로 삼게 된다. 따라서 지아비, 남성, 군주는 양에, 지어미, 여성, 신하는 음에 배속되면서 양은 존귀하고 음은 비천한 것으로 인식된다. 물론 동중서에게서도 음과 양 어느 하나만으로 만물이 생겨날 수 있다고 이해되지는 않는다. 하지만 동중서의 사상에 나타나는 음양의 개념을 좀더 구체화시켜보면 양기와 음기는 상반된 것으로 파악되며, 그 중 양기는 존귀한 것, 음기는 비천한 것으로 이해된다. 때문에 장부는 비록 천하더라도 모두 양이며, 부인은 비록 귀하더라도 모두 음이라고 이해되는 설명 방식을 취한다.

이렇게 음양이 만물을 이루는 두 가지 대표적인 실체적 개념이 되고, 거기에 존비(尊卑)의 개념이 부가되는 방식으로 전개되는 한대의 음양 개념은 송대 성리학 이론 체계 안에서 또 한 번의 변화 과정을 겪는다. 이는 음양 개념을 가지고 『주역』을 해석하는 과정 안에서 이루어진다. 『주역』의 이론을 원리적으로 접근하려는 주희의 작업에서 음양 개념이 설명 근거로 사용되기 때문이다. 주희는 우주의 원리를 설명하는 것과 인간 사회의 일을 설명하는 것을 동일시하는 맥락에서 설명하였는데, 이러한 설명 방식은 음-여 양-남을 고착화시키게 되었다. 예컨대 주희는 『주역』을 상편과 하편으로 나누면서 우주의 원리를 설명하는 상편은 순양과 순음으로 이루어지는 건곤괘에서 시작하고, 인간의 일을 설명하는 하편은 부부의 도리를 설명하는 함괘와 항괘에서 시작했다. 주희의 음양관에서 여성주의적 관점에서 주시할 것은 음의 독자적인 존재성을 인정하지 않는다는 것이다. 주도적인 위치에 놓이는 것은 양이며 음은 이러한 양의 보조자로서의 역할만이 강조되는 방식으로 설명된다. 따라서 그는 음양 개념에서 음은 독립적으로 따로 존재하는 것이 아니라 '양이 다한 곳'으로 규정되는데, 이는 음을 양의 결핍으로 파악한 것의 전형이다. 물론 주희가 말하는 음이 단지 여성만을 의미하는 것은 아니다. 임금과 신하, 아비와 자식, 남편과 부인이라는 사회적 관계망 안에서 신하, 자식, 부인 등을 지칭하는 개념으로 사용된다. 하지만 이때도 여전히 음이 권력을 가지지 못한 사회의 약자들을 통칭하는 개념으로 사용되고 있고 특히 음을 여성으로 유비하는 관점이 전대와 비교하여 좀더 일반화된 개념으로 사용되고 있다는 점을 감안하면, 송대에 와서 여성 차별적인 성향이 더욱 강화되었다고 말하는 것이 무리는 아닐 것이다.

이상에서 살펴본 바와 같이 음양 개념은 음양 개념이 본래 가지고 있었던 의미들로부터 좀더 추상화되고 상징화되는 변천 과정을 겪는다. 이러한 방식으로 음양 개념의 변천사를 살펴보면 음양 개념이 문화적, 역사적 배경에 따라 다르게 발전되어 왔음을 알 수 있다. 이는 현재 우리가 알고 있는 지식 내지는 상식으로서의 음양 개념, 그리고 음양으로 설명되는 많은 현상들이 실제와는 어느 정도 유리된 허구일 수 있음을 보여주는 것이기도 하다. 물론 음양으로 어떤 현상 내지는 사물을 설명하는 방식들이 아주 황당무계하거나 허무맹랑한 것은 아닐 것이다.

그것들은 일련의 연관성을 가지고 있으며 나름대로의 설명 방식을 가지고 있다. 남성과 여성이 가지고 있는 몸을 평균적으로 비교해볼 때, 여성은 대체로 연약하고 부드러운 피부를 가지며 덜 발달된 근육을 갖는다. 또한 물리적인 힘도 남성만큼 강하지 않다. 그것이 생물학적으로 그런 것이라고 생각하든 또는 사회적, 문화적으로 그렇게 구성된 것이라고 생각하든 현존하는 여성의 모습은 그렇게 규정된다. 그리고 여성의 몸이 이렇기 때문에 여성들이 갖는 성향(여성성)은 바로 이런 몸의 모습과 일치한 어떤 것이라고 연관지어 생각된다. 때문에 부드러운 말씨, 유순한 몸짓, 수동적이고 소극적인 언행 등이 여성적인 것으로 된다. 그리고 인간 안에 이런 성향을 가진 인간, 저런 성향을 가진 인간이 있다고 생각되는 것이 아니라 남성은 남성성을 여성은 여성성을 갖는다고 생각된다. 그래서 우리는 아주 많은 다양한 정체성을 가지는 인간들임에도 불구하고 여성은 음에, 남성은 양에 배속시키면서 그것을 진리라고 믿는다.

하지만 음양으로 모든 남성, 모든 여성을 설명할 수 있다는 믿음은 남성과 여성의 차이를 과장하거나 왜곡하고 두 성이 공유하는 능력을 간과하도록 하며 또한 남성들 안에서 또는 여성들 안에 존재하는 차이들을 사상시켜버린다.

3. 음양 개념의 차이와 차별

우리는 흔히 음양을 말할 때 서로 갈등만 하는 것이 아니라 서로 다르지만 차이를 인정하는 방식이며, 거기에서 어떤 차별적 성향도 드러나지 않는다고 말한다. 그리고 이때 음양 개념은 우주를 구성하는 두 가지의 대대하는 힘 내지는 생명을 창출하는 두 가지 원리로 이해된다. 우리가 앞에서 살펴본 것처럼 음양 개념은 여러 단계의 변화 과정을 거치면서 발전해왔다. 그 중에는 상호 보완적이고 단순히 차이를 말하는 것으로 이해 되는 측면이 있는가 하면, 차이를 말한다고 하면서도 그 안에 이미 우열적인 가치 개념을 포함하고 있거나 음이 양의 결핍 상황으로 이해되는 측면을 갖기도 한다. 우리가 음양을 단순히 차이를 말하는 것이라고 이해하면서도 어느 샌가 음양으로 설 명하는 속에는 양을 긍정적 개념으로 이해하고 있는 것은 이러 한 생각과 연관되어 있다. 이러한 상황 속에서 우리가 음양 개 념을 진정한 '차이'의 방식으로 이해한다는 것이 과연 가능한 일이기나 한가?

『주역』이란 책은 음양 개념을 통해 생명 창출을 전개하고 있 는 대표적인 자료로 알려져 있다. 하지만 우리가 흔히 생각하 는 것과는 달리 음양이란 개념은 『주역』에서 연원하지 않는다. 때문에 『주역』의 원문 격인 경(經)에서 음양 개념은 단 한 번 도 연용되어 나오지 않는다. 『주역』의 경에서 음양 중의 '음' 자가 보이는 곳은 중부괘 구이효 한 군데 뿐이며, 이때도 '음' 자는 지금 우리가 사용하는 만물의 근원을 이루는 두 가지 원 리로서가 아니라 '그늘'이라는 자연 현상을 설명하는 의미로 해석된다.

이런 사실에도 불구하고 우리가 『주역』 하면 음양을 떠올리 게 되는 것은 어떤 이유일까? 그것은 공자가 지었다고 전해지 는 『십익』(역전)에 음양 개념이 하나의 대대하는 짝으로 사용 되고 이것이 강하고 부드러움[강유(剛柔)], 움직임과 고요함[동 정(動靜)], 굽힘과 폄[굴신(屈伸)], 해와 달[일월(日月)] 등의 만 물의 변화 과정을 설명하는 개념들이었으며, 더 나아가 다른 어떤 개념들보다도 가장 포괄적이고 대표적인 개념으로 사용 되었기 때문이다. 더욱이 한대와 송대의 유학자들이 음양 체계 를 통해 『주역』을 해석하는 작업은 후대에 『주역』과 음양을 동일시하여 이해하게 하는 원인이 되었다. 이런 과정들과 더불어 음양 개념의 역사적 변천은 시작된다. 따라서 후대에 가해진 여러 작업들을 배제한 선에서『주역』을 바라보면,『주역』은 음양 개념의 '다름'을 통하여 만물의 생명 창출을 말하고 있으며 여기에는 음양간의 어떠한 차별적 양상도 마련되어 있지 않다고 이해하여도 좋을 것이다.

『주역』에서는 만물이 생성되는 과정을 설명하고 있는데, 이 때 만물의 생성은 음과 양이 서로 만나 엉기는 것으로 이해된다. 즉, 음과 양의 기운이 서로 만나고, 이렇게 만난 두 기가 엉기어[인온(絪縕) : 두 기가 조금의 틈도 없이 엉김)] 교감을 하고, 교감 후에 만물이 생성된다는 것이다. 이것이『주역』에서의 만물 생성 과정에 대한 설명이고 따라서『주역』에서는 음과 양이 서로 만난다는 것만으로는 만물 생성이 이루어지지 않는다고 말할 수 있다. 음과 양이 만나는 것만으로 생명 창출이 되지 않는다는 설명은『주역』태(泰)괘와 비(否)괘를 통해서 자세히 볼 수 있다.

조금 어렵지만『주역』의 태괘와 비괘를 살펴보자. 태괘는 천지가 교통하여 만물이 이루어짐을 나타내는 괘다. 태괘는 하괘(下卦 : 아래 있는 괘)가 건괘이고 상괘(上卦 : 위에 있는 괘)가 곤괘로 이루어져 있는데, 양만으로 이루어진 건괘는 올라가는 기운을, 음만으로 이루어진 곤괘는 내려가는 기운을 표상한다. 올라가고 내려오는 기를 통해 인온, 교감이 가능하다. 이와는 반대로 비괘는 상괘가 건괘이고 하괘는 곤괘로 이루어져 있다. 상괘는 올라가는 기운을, 하괘는 내려오는 기운을 표상하므로 음과 양이 비록 만나지만 서로 교감, 인온할 수 없어 기가 엉기지 못하며 따라서 생명을 창출할 수 없다. 괘의 이름 역시 비(否)며 이는 '막히다'의 의미를 갖는다.

이와 비슷한 경우를 우리는『주역』의 소축괘(小畜卦), 소과

괘(小過卦)에서 찾아볼 수 있다. 이 두 괘에서는 밀운불우(密雲不雨)를 통해 설명하고 있다. '밀운불우'란 음과 양의 두 기운이 서로 엉기어 생명 창출이 어려운 상황을 설명하는 말이다. 구름은 잔뜩 끼어 있는데 비는 내리지 않는 상황이다. 무더운 여름날에 비는 내리지 않고 구름만 잔뜩 끼어 있으면 불쾌지수가 높아진다. 이러한 날씨가 상징하는 바대로 이 두 괘는 모두 일이 막혀 고생하거나 일이 제대로 풀리지 않는다는 점괘를 준다. 이와는 달리, 음양의 두 기운이 교감하는 상황을 통하여 만물이 생성됨을 말하고 있는 괘는 해괘(解卦)다. 해괘의 단전(彖傳)과 상전(象傳)에서 이러한 상황을 볼 수 있는데, 뇌우가 교대로 일어나 답답하게 막혀 있던 기를 해산시키며, 어려웠던 일이 해결된다는 점괘를 제시한다.

『주역』의 생명 생산 관점에서 볼 때, 교감은 필수적이며 이때 음과 양 어느 하나에 편중되어 조화를 이루지 못하면 생명 생산의 작업은 결코 이룰 수 없다. 때문에 『주역』에서는 남자가 여자에게 스스로 낮추어 조화를 마련하는 상을 마련하기도 하고 온전한 음양의 조화를 이루기 위하여 일 대 일의 교감이 이루어져야 함을 말하기도 한다.

이러한 사고, 즉 음과 양이 거의 동등한 작용과 지위를 가지고 어우러져 있다는 생각 안에서는 음이 없는 우주란 생각할 수 없다. 여기에서 음과 양은 거의 동등한 작용과 지위를 가지는 것이며, 때문에 『주역』에서 말하는 음과 양의 관계는 다르기 때문에 화합하지 못하고 그래서 공동체를 깨뜨리거나 파괴로 이어지거나 하는 것으로 설명될 수 없다.

『주역』에서 갈등을 묘사하고 있는 대표적인 괘는 규괘인데, 규는 서로 얼굴을 돌려 외면하고 있는 형상이다. 규괘의 상괘는 리괘(離卦)로 불[火]이며 하괘는 태괘(兌卦)로 연못[澤]이다. 불과 물이 한 데 있어 서로 어울릴 수 없는 상을 마련한다. 따라서 규괘는 두 여자가 한 집안에 있어 서로 갈등하는 모습을 설명하는 괘로 많이 인용된다. 한 집안에 두 여자가 있는 모습, 즉 고부간의 갈등이나 처첩간의 갈등을 묘사하는 것으로 보인다. 하지만 규괘의 후반부를 보면 "천지가 비록 등져 있으나 하는 일이 같고 남녀가 등져 있으나 뜻이 같으며 만물이 서로 등져 있으나 일은 같다. 규의 쓰임이 매우 크다"고 되어 있어 규괘가 궁극적으로 함의하는 의미가 어긋나 있는 것 그 자체에 있지 않음을 보여주고 있다.

규괘의 상하를 뒤집은 괘는 혁괘(革卦)다. 혁(革)은 짐승의 가죽이다. 짐승의 가죽을 모두 벗겨 손질하면 본래의 모습과는 상당히 다른 모습이 된다는 의미에서 혁은 바꾼다는 의미를 창출한다. 혁괘에서도 물과 불이 서로 만나 상충하여 갈등을 야기하지만 서로 충돌하여 파괴로 이어지지는 않는다. 오히려 새로운 세계를 향한 발전과 도약을 이끈다.

하지만 그럼에도 불구하고 우리에게 음양은 결코 단순히 차이(다름)만을 말하는 개념으로 다가오는 것이 아니라 차별적 성향을 강하게 드러내주는 개념으로 읽힌다. 그것은 음양이 인류 도덕을 설명하는 가치 개념으로 등장하게 되는 상황과 맞물려 있으며, 음양 개념이 생명을 창출하는 두 가지 대대하는 힘(원리)으로서가 아니라 우열의 가치 체계로 편입되는 단계로 돌입하게 됨으로써 이미 단순한 차이로서가 아니라 차별적 양상으로 드러나기 때문이다.

이러한 차별적 양상을 마련하는 것에는 양이 생명과 연관되는 의식 속에서 더욱 강하게 부각된다. 태양으로부터 시작하는 음기와 양기의 창출 방식은 차츰 원기로서의 태양과 순수한 양기의 특성과의 사이에 유사성을 발견하게 되면서 원기(태양)＝양이라는 의식으로 변해간다. 여기에서도 만물의 구성은 음과 양의 작용으로 설명되지만, 음은 가능한 배제되고 순전한 양기만이 강조된다. 특히, 중국 고대 사람들이 현상적으로 보기에 봄과 여름은 모든 생명이 자라나지만 가을과 겨울은 생명 활동이 중단되는 것처럼 보였을 것이다. 때문에 생명과 좀더 밀접한 관계를 갖는다고 생각되었던 양에는 긍정적 의미가 부여되었고, 어둡고 그늘져서 생명과는 덜 관계된다고 여겨지는 음에는 부정적 의미가 부여되었다. 자연적 두 기에 존귀, 비천의 도덕적 속성이 내포되어 있다고 하는 사고는 양기와 음기를 서로 상반되는 가치를 함의하는 것으로 이해한다.

『춘추번로』의 "봄이 되어 양이 비로소 나옴에 만물도 역시 나온다. 양이 성장하여 날씨가 따뜻해지니 만물도 역시 성장한다. 가을, 겨울이 와서 양이 쇠퇴하기 시작하면 만물도 역시 쇠퇴하기 시작한다. 만물은 양을 따라서 생겨나고 쇠퇴하는 것이니 삼왕(三王)의 올바름은 양을 따라서 다시 일어난다. 이것으로 보건대 양을 귀하게 여기고 음을 천하게 여긴다"와 같은 말은 이 같은 상황을 잘 설명해준다.

이렇게 만물이 성장하는 구도를 오로지 양과 연관하여 설명하는 속에서는 어두움, 축축함, 습기 등을 표상하는 음은 생명과는 관련되지 않은 것으로 인식된다. 때문에 음은 양이 존재하기 위해서 있지만 그 자체가 적극적으로 활동해서는 안 된다는 것으로 이해된다. 그리고 이 같은 인식이 음을 여성으로 양을 남성으로 설명하는 방식으로 연관되고 더 나아가 남존여비의 관념과 연관됨을 통해 여성은 남성과 더불어 인간 생명 활동을 창출하지만 결코 여성 자신이 주체적으로 되지는 않는다는 관념을 창출하게 된다. 때문에 음양의 구도로 설명하려는 모든 상황들은 "우주 질서 유지의 근본 원리로서의 음양 원리를 인간 관계에 적용하여 사회 질서와 인간 관계의 조화를 유지하려고 하였다. 따라서 성차별의 사회 질서 및 사회 제도를 영구화시키는 결과를 초래하였다"는 생각으로부터 우리를 자유롭게 하지 못한다.

4. 음-녀, 양-남의 설명 방식에 대한 여성주의 비판

우리는 앞에서 음양 개념이 가지고 있는 차이와 차별성에 대해 살펴보았다. 생명 창출의 원리로 음양 개념을 사용하고 있는 『주역』을 통해 볼 때, 분명 음양의 관계는 서로 갈등만 하거나 갈등하기 때문에 서로를 파괴로 이끄는 그런 관계는 아니다. 음과 양은 밝음과 어두움, 부드러움과 강함 등과 같이 서로 다른 성향을 설명하는 상징 체계며 개념이다. 그것은 '다름' 안에서 상호 보완하는 관계에 놓여 있으며, 이런 속에 차별적 의미는 마련되어 있지 않다고 할 수 있다. 이러한 때문에 『주역』의 생명 창출 원리로서의 음양 개념은 고립되고 원자화된 인간 관계에서의 문제들을 치유할 수 있는 하나의 대안으로 제시된다.

하지만 『주역』에서의 생명 창출의 원리로서의 음양 개념이 비록 다른 어느 것을 지배하거나 우열의 가치를 지니는 것이 아닌 철저하게 상보적, 대대적 원리 체계임을 인정한다 하더라도 음-녀, 양-남이라는 패러다임을 여성주의적 입장에서 온전히 다 받아들일 수는 없을 것이다. 물론 여성주의 역시 분명 음이 소극적이고 부드러우며 연약한 성향을 가진다는 것 그리고 양이 그 반대편의 자리에 위치하게 될 성향으로 분류된다는 것 자체를 문제로 삼지는 않는다. 하지만 여성주의에서는 외연이 아주 넓은 개념을 가지고 복잡한 정체성을 가진 존재를 단일한 이름으로 묶는 작업을 하게 되는 양-남, 음-녀의 구도에 대해서는 전적으로 찬성하지 않는다. 왜냐 하면 이를 통해 여성으로 의미되는 것, 여성이라 불리는 것들을 여성으로 당연시하게 되기 때문이다. 즉, 음양으로 남녀를 설명하는 구도는 차이의 문제를 거론하고 있으면서도 어느 틈엔가 차별의 문제로 바뀌어버릴 수 있다는 것이다.

우리가 음양, 음양의 원리를 하나의 대안으로 제시하게 되는 것은 음양의 '관계'를 무엇보다 강조하기 때문이다. 음양의 원리가 보여주는 '관계'를 통해 인간간의 관계 윤리를 상정할 수 있다는 희망적인 의도에서다. 현대 사회에서의 문제점 중 하나로 우리는 개인주의와 고립된 개인 등의 문제를 꼽으며, 때문에 인간간의 관계성에 대한 문제는 매우 강조되고 있다. 하지만 음양의 '관계'를 통해 문제를 해결하려는 시도는 자칫 '관계'를 '존재' 그 자체보다 더 중요하게 인식하게 되는 오류에 빠지기 쉽다. 여성이 음과 음의 속성에, 남성이 양과 양의 속성에 동일시되는 것을 통해 남성과 여성의 상호 보조적인 관계가 강조되는 상황은 거기에서 그치는 것이 아니라 여성은 부드러운, 연약한, 수동적인 존재며, 남성은 강하고 적극적이라는 고정된 틀을 구성하게 되기 때문이다. 여성주의가 음양의 '관계성'으로만 논의의 초점을 모을 수 없는 이유는 여성 모두를 남성 모두와는 달리 음과 동일시함으로써 간과하게 될 많은 것들을 놓치지 않기 위해서다.

여성을 음과 짝 지우고 그래서 여성은 음의 속성을 많이 가졌다고 규정짓는 것을 통해 많은 여성들은 그러한 속성을 가지도록 강요되며, 그러한 속성을 가지지 못한 여성 내지는 거부하고 싶은 여성은 비정상적이고 일탈적인 인간으로 되고 만다. 이러한 상황은 남성에게도 똑같이 적용된다. 때문에 여성을 음으로 남성을 양으로 규정짓는 것은 순수한 본질로서의 남성과 여성만을 말하게 되고, 남성과 여성을 서로 분리시키는 불평등한 범주를 생산하기도 한다. 이는 남성과 여성 사이의 평균적 차이를 절대적 차이로 전환함으로 통해 이루어진다. 남성이 여성보다 물리적으로 힘이 세다는 말은 실제로는 남성만큼 힘이 센 또는 남성보다 더 힘이 센 여성들을 고려하지 않은 말이다. 이렇게 말하는 것은 여성과 남성 간의 인간으로서의 동질적인 측면을 간과하게 될 뿐만 아니라 여성들간에 존재하는 다양한 차이들을 묵살해버린다.

여성을 음으로 규정짓는 논의들은 대체로 여성들이 모두 같은 몸을 가진다는 것을 전제로 한다. 하지만 그것은 남성을 양에 규정짓는 상황 그리고 남성은 모두 같은 몸을 가졌다는 이유, 그러니까 여성과 남성은 다른 몸을 가졌고 여성과 남성은 다른 몸을 가졌으므로 다른 성향을 가질 수밖에 없다는 단선적인 논의다. 현대를 살아가는 여성들보다 더 연약한 몸 그리고 더 유순한 몸짓이 강요되던 예전에도 여성들의 몸과 그 몸으로부터 산출되는 성향들은 다르게 나타난다. 힘이 세다고 소문난 전강동이를 씨름에서 이긴 전강동이의 누나나 고대수와 같은 이야기들은 여성이면 모두 같은 몸을 가지며 같은 힘을 가진다는 것에 대해 반박할 수 있는 자료를 제시해준다. 우리는 자주 남성과 여성을 말할 때 가장 손쉬운 방법으로 해부학적인 설명 방식을 선택하면서 남성과 여성의 같은 점보다는 해부학적으로 다르게 주어져 있는 면을 부각시킨다. 물론 성은 개인에게 해부학적으로 주어져 있다. 하지만 인간이 갖고 있는 다양한 성향들을 해부학적인 논의로 정확하게 다 설명할 수는 없을 것이다. 예컨대 여성이라고 불리는 사람 모두가 출산의 기능을 온전히 다할 수 있는 것이 아니고, 출산하는 몸을 가지는 것도 아니다. 또한 모든 여성이 다 출산을 희망하는 것은 더더욱 아니다. 여성의 몸을 또는 남성의 몸을 가졌다는 이유로 모든 것이 동일할 수밖에 없다고 규정짓는 작업들은 수많은 차이와 동질성을 간과해버리는 잘못된 결론을 양산할 수 있다.

5. 음-녀, 양-남으로 엉킨 실타래를 풀며

어린 시절 누구나 물이 담긴 컵에 나무 막대를 넣으면 굴절되어 보이는 실험을 해본 경험이 있을 것이다. 물이 담긴 컵에 막대를 넣는 광경을 목격한 사람 내지는 그것의 원리를 아는 사람은 컵에 넣기 전과 넣은 후의 나무 막대의 모습이 어떻게 다르게 보이는지를 알아서 비록 물이 담긴 컵 안에 잠겨 있는 동안은 굴절되어 보이지만 굴절된 상태가 막대의 본질이 아님을 안다. 하지만 이런 실험의 상황을 알지 못한 채 더구나 그 현상을 그대로 받아들이고 그 상황에 안주하여 막대를 꺼내보려 하지 않는 사람은 물 컵에 담긴 채로 보이는 굴절된 나무 막대의 상황이 본질이 아니라는 것을 알지 못한다.

자신이 그 동안 잘못 알고 있었던 것을 제대로 알게 될 때, 우리는 무언의 희열을 느낄 수 있다. 잘못 알았던 것을 새롭게 또는 뒤집어보는 데에는 새롭게 알게 될 어떤 것에 대한 경외감이 있기 때문이다. 하지만 이러한 희열을 누구나 다 좋아하는 것은 아니다. 게으르거나 기존의 것들에 안주함을 통해 이익이 보장되는 사람에게는 새로운 사실의 발견이란 희열이나 경외감이 아니라 두려움과 바람직하지 않은 것으로 다가오기 때문이다. 음양에 관해 알고 있는 우리의 지식과 상식, 그것은 과연 그런가?

이 세상에 밝음과 어두움, 물과 불, 숨어드는 속성과 활동적인 속성, 단단함과 부드러움 등이 있다는 것은 분명 실제와 연관되어 있다. 이런 의미에서 음양을 실제라고 말할 수도 있을 것이다. 인간에는 남자와 여자가 있고 그들은 서로 다른 몸을 가지기 때문에 음양으로 남녀를 설명하는 것은 가능한 것처럼 또는 마땅한 것처럼 보인다. 하지만 어떤 몸을 가진 사람이 어떤 성향을 가진다는 것 그래서 음과 양 중 하나에 속한다는 논리에는 많은 비약이 담겨져 있다. 사실 이렇게 만들어지는 배타적인 성 정체성은 남성과 여성의 몸이 갖는 많은 유사점들을 은폐하고 차이점만을 부각함으로써 이루어지며, 이런 과정 속에서 음적인 성향을 갖는 남성이나 양적인 성향을 갖는 여성들은 간과된다.

우리가 그 동안 진행해왔던 음양의 가장무도회에서 여성은 음, 남성은 양이라는 가면만을 써야 한다고 약속되어 있다. 태초부터 이런 약속이 정해져 있었다고 생각하는 사람들이 아직도 건재하지만 이런 약속은 역사적 과정 속에서 이루어졌으며, 처음에는 여성은 음에, 남성은 양에 더 잘 어울린다고 생각하다가 더 오랜 세월을 보내고난 이후에는 음이 바로 여성이고 양이 바로 남성이라고 말하게 되었다. 그래서 이제는 이러한 약속의 내용에 의심을 갖는 자, 약속을 파기하려는 자는 기존의 가치 체계의 혼란을 야기하는 자로 되어버린다. 우리 주변에는 음양의 가면을 쓰는 가장무도회를 끝내는 것이 불가능하다고 보는 사람들이 있다. 이런 생각을 하는 사람들은 가장무도회를 현실로 간주하기 때문에 오히려 가장무도회를 끝내고 현실로 돌아오는 것이 가장무도회를 시작하는 것이라고 이해한다. 또 다른 어떤 사람들은 이런 상황의 내막을 모두 알면서도 끝내고 싶어하지 않는다.

이런 많은 훼방꾼들 속에서 가장무도회를 끝내야 한다고 나서는 여성주의 요원들의 작업은 멀고도 지난해보인다. 하지만 그럼에도 불구하고 가장무도회의 실상은 이것이며 그래서 끝내야 한다고 끊임없이 여성주의는 말한다.

언젠가 어느 학생이 하던 말이 생각난다. 그 학생은 머리에 상당히 멋을 내는 학생이었는데도 불구하고 머리에 염색은 절대로 하지 않는단다. 왜 그러냐는 나의 물음에 노랗게 염색을 하면 자신을 마치 서양 사람으로 정체화하는 것 같고 그러다보면 자신이 한국 사람임을 잊게 될 것 같다는 생각에서란다. 그것은 마치 정장을 입으면 정장에 맞는 그리고 캐주얼을 입으면 캐주얼에 걸맞은 어떤 행동이 야기되는 것과 마찬가지일 것이고, 때문에 노랑머리를 가지게 되면 한국인으로서의 정체성을 놓아버리게 될 것 같아서 염색을 하지 못 하노라던 그 학생의 말이 어느 정도 설득력 있게 받아들여진다.

세계를 움직이는 또는 만들어가는 두 가지 원리가 있다는 가정을 받아들일 때, 음양 개념은 그것을 설명하는 해석 장치 중의 하나일 것이다. 그렇기 때문에 우리는 아직 음양이라는 개념을 폐기한다는 단순한 방법은 염두에 두지 않는다. 우리 중 어떤 사람들은 음의 속성을 많이 지닐 수 있다. 또 다른 사람은 양의 속성을 많이 지닐 수 있다. 하지만 이들에게도 이것이 전적인 것은 아니다.

이 음양 개념으로 여성과 남성을 말할 때 주의해야 할 것은 음양은 하나의 개념일 뿐이며(그것이 비록 실제와 아주 유리된 것은 아니라 할지라도), 개념은 하나의 사유 장치일 뿐이므로 사유 장치가 사유 주체를 대신하는 일은 철저하게 비판되어야 할 것이다. 이런 의미에서 오랫동안 음의 가면을 쓰도록 또는 양의 가면을 쓰도록 강요받아왔던 우리들은 이제 그 동안 실제의 나의 생각이나 나의 몸이 지향하는 것과는 다른 어떤 행동과 생각을 하느라 얼마나 힘겨웠는지를 말해야 한다. 그리고 어떤 것에 의해 미리 규정된 가면을 쓰는 것이 아니라 나에게 맞는, 더 엄밀하게 말하면 나의 내면을 그대로 드러내줄 수 있는 가면을 쓸 수 있어야 한다. 그때 그것은 이제 가면이란 이름으로 불리지 않을 것이다.

□ 생각해볼 문제

① 우리 주변에서 음양으로 설명되는 것에 대해 생각해보고 그 안에서 남성성, 여성성의 특징은 어떻게 연관되어 설명되는가에 대해 생각해보자.

② 한의사 중에 어떤 사람은 인간의 몸에서 상부는 양에 하부는 음에 속하며, 남녀 중 남자는 양에 여자는 음에 해당하므로 남성은 머리를 쓰는 일에 여성은 하부(생식기)를 쓰는 일에 더 적합하다고 말한다. 그들은 임상 결과까지 들먹이면서 때문에 여성이 지나치게 양(머리)을 쓰는 일을 하게 되면 음적인 성향들이 발달하지 못하고 그래서 임신하기 어렵다고 하는데, 이러한 논의들을 우리는 어떻게 반박할 수 있을지 생각해보자.

③ 음을 여성으로, 양을 남성으로 유비시키게 되는 역사적 과정에 대해 이야기해보고, 그 반대로 유비시킬 수 있는 근거는 없는지 생각해보자. 또 이러한 유비에 대한 문제점은 무엇인지에 대해 생각해보고 이러한 문제점을 넘어서는 방법은 어떤 것이 있을지에 대해서 논의해보자.

□ 더 읽어야 할 책

▷『주역』

인간을 포함한 우주의 삼라만상이 발생하고 순환하는 원리가 담겨 있다고 전해지는 책이다. 유교에서는 경전으로, 일반인에게는 점서로 널리 알려진 이 책은 육십사괘에 대한 해석이 본문과 그 본문에 대한 해설 등의 형식으로 이루어져 있다.『주역』의 분문 격인 경과 그것에 대한 해설인 전을 구분해서 보는 방법은『주역』이 여성 억압의 온상처럼 읽혀지는 것에 대해 반박할 수 있는 자료를 제공해준다.

▷『음양이 뭐지?』어윤형, 전창선, 세기, 1994

한의학을 공부한 저자의 약력을 살려 자칫 어렵다고 느껴지는 음양 개념을 우리 몸과 연관하여 알기 쉽게 풀어내고 있다. 음-녀, 양-남이라는 구도에 반박할 수 있는 근거들을 찾아볼 수도 있는 반면, 한편으로는 여전히 음-녀, 양-남의 구도에서 완전히 벗어나지 못하고 있는 모순을 드러내기도 한다.

▷『음양오행설의 연구』, 양계초, 풍우란 외 지음, 김홍경 편역, 신지서원

현재 우리가 사용하고 있는 음양과 오행의 개념이 중국에서 어떤 경로를 통해 이루어졌는가를 자세하게 알 수 있다. 시중에 나와 있는 음양 오행에 관한 대부분의 책이 술수학과 연관되어 있는 데 반해 이 책은 학문적으로 음양 오행 개념을 접근하려는 연구자들에게 좋은 자료가 될 수 있다.

제14장

노자와 페미니즘의 관계 :
페미니즘인가 반(反, 半)페미니즘인가?

□ **주제어**

　생명, 무, 도, 암컷, 현빈, 유약, 겸허, 물, 주음 사상

　근대적 성향에 대한 반성과 더불어 동양 사상에 대한 관심이 부쩍 늘어나 있다. 그 중에서도 노자와 도가 사상은 더욱 그렇다. 노자는 근대 철학의 한계를 극복할 만한 뭔가를 우리에게 제시해준다는 기대감에서 21세기와 노자를 연관지어 이야기하려는 노력들을 한다. 노자 내지는 도가 사상이 그 어떤 동양 사상보다 더 인기를 끄는 것은 이들 사상의 출발이 그 동안 지배적인 관념을 양산했었던 가부장제적이고 로고스적인 것과는 다른 선상에서 비롯된다는 이유에서다. 우리가 잘 알고 있듯이 유가와 도가는 중국 사상의 원류를 이루는 양대 산맥이다. 중국 사상의 역사는 이 두 사상의 변천 과정 속에 있다고 해도 과언이 아닐 것이다. 이 두 사상이 가지고 있는 문화 전통은 중국

의 역사 속에서 매우 다르게 나타난다. 유가가 천명으로서의 인간의 선, 즉 본성에 따라 인의 등의 덕목을 실천하는 것을 도의 실현이라 하였던 것에 비하여, 도가철학에서는 인간의 입장을 버리고 자연의 도에 합치하는 것이 이상적인 것으로 생각된다. 도가철학 안에서 도는 만물을 만들어내는 근원적 모체다. 만물의 근원적 모체로서의 도를 노자는 여성과 여성적 원리로 설명한다. 그리고 이는 유교가 가부장제 문화를 대표한다는 것과 연관지어볼 때 각별한 의미를 지닌다.

음양의 조화는 유가 경전인 『주역』에서도 언급되지만, 『주역』에서 양은 음을 주도하는 원리로 이해된다. 이에 반하여 음의 속성을 지닌 여성 원리의 숭배라는 노자의 발상은 분명 유가적 발상과는 다른 면모를 지닌다고 할 수 있다. 그래서 많은 사람들이 유가와는 다른 사상적 맥락을 노자에게서 발견하며 그를 통해 여성주의와의 만남을 시도하려 한다. 하지만 이러한 막연한 시도들을 통해 과연 노자철학이 '여성'을 옹호한 것이라는 결론을 내리는 것이 정당한 것인지에 대해서는 의문이다. 노자철학이 '여성'을 옹호했다고 말하기보다는 여성적 원리를 통해 그리고 그것의 종교적 승화를 통해 남성과 남성 원리를 말했던 유가에 대항하는 안티테제를 만들어낸 것이라고 하는 것이 더 설득력 있는 노자 이해 방식은 아닐까? 그런데 만약 우리가 이러한 의미로 노자철학을 이해하게 될 때, 노자철학은 페미니즘에 유용한 방식으로 읽힐 수 있는가? 어쩌면 이러한 방식은 페미니즘 논의와는 긴밀한 연관성을 결여한 채로 있는 것은 아닐까?

1. 노자철학과 여성 숭배 사상의 기원

유가철학이 주대 문화를 근간으로 하였다면 도가철학은 은

대 문화의 전통을 이어 발전하였다. 노자가 살았던 초나라에 은대 문화가 남아 있었다고 전해지는 많은 전적을 통해서 이러한 사실을 알 수 있다. 기원전 11세기경에 중국 최초의 왕조였던 은나라는 멸망하고 주나라가 형성된다. 은나라와 주나라는 서로 상당히 다른 전통을 가지고 있었으며, 이 시기 은주 혁명은 문화적인 현상뿐 아니라 종교적, 정치적 측면에서도 많은 변화를 야기시켰다. 특히, 종교적 측면에서 은나라는 모권적 신앙인 제(帝)를, 주나라는 부권적 신앙인 천(天)을 숭배하였다. 제(帝)가 농경이나 비와 관계가 있는 위대한 대지모신, 풍요의 여신을 말한다면, 애초 유목민이었던 주 민족이 숭배하였던 천(天)은 터키, 몽고계의 천신(天神)에서 유래한다고 하며 가부장적, 남성적 원리의 지상신이라고 전해진다.

이러한 은대의 문화적 전통은 이른바 여성적 원리라 이름되는 것(출산, 모성, 부드러움, 陰)에 대한 숭배 현상과 밀접하게 연관되어 있었다. 여성 원리가 숭배되는 현상은 중국의 은대에만 국한하는 특이한 현상은 아니며 그것은 거의 전세계 민족에게서 공통적으로 나타난다. 때문에 전세계적으로 구석기시대의 작품으로 추정되는 작품들 중 많은 것이 임신한 여성, 여성의 성기, 둔부 등의 모습을 강하게 부각시킨 모습을 담고 있으며, 여성의 몸을 통하여 생명체를 낳게 된다는 것에 신비성을 부가하고 있다. 이 시기 개체 생명의 지속과 발전이라는 측면에서 인간 의식은 생육의 문제에 민감한 관심을 보이기 시작하였던 것이라 설명될 수 있다.

여성의 몸과 인류의 생명 탄생이 서로 긴밀하게 연결되어 설명되는 것을 우리는 중국 고대 신화에서 찾아볼 수 있다. 인류 창조를 여성 신과 결부시켜 다루고 있는 대표적인 전적으로 『초사, 천문편』을 꼽을 수 있다. 『초사』는 도가철학과 밀접한 연관을 가지고 있는 초나라 문화의 흔적을 다양하게 반영하고 있는 책으로 알려져 있다.『초사, 천문편』의 "여와의 몸은 누가 만든 것일까?" 하는 물음은 여와가 다른 사람을 만들었다고 전해지는데, 그렇다면 여와의 몸은 누가 만들었다는 것인가의 의미를 내포하고 있다. 여성 신인 여와가 인류를 만들어내는 과정은 다음과 같다.

천지가 개벽한 이래 대지에 다른 모든 사물은 있었지만 아직 인류는 없었다. 땅위를 걷던 대지의 여신 여와는 너무 고독하다고 생각하여 천지간에 생기를 불러일으켜야겠다고 생각하였다. 여와는 땅에서 황토를 파내어 그것을 물과 섞어 둥글게 빚어 인형과 같은 작은 모양을 만들었다. 이것을 땅에 놓자 살아 움직였다. 그러나 대지는 넓고 넓었다. 여와가 아무리 열심히 만들어도 무한한 대지를 꽉 채울 만큼의 인간을 만들어내는 일은 쉽지 않았다. 그래서 여와는 줄 하나를 구해다가 진흙탕 속에 넣고는 누런 진흙 물을 적셔서 땅을 향해 한바탕 휘둘렀다. 그러자 진흙 물이 방울방울 튀어 모두 인간으로 되었다.

이렇게 인류가 만들어지자 여와는 남녀가 서로 함께 가정을 꾸려 살아가도록 혼인 제도를 만들었다. 이러한 때문에 여와는 중국에서 '고매'라는 중매신으로 불려지기도 한다. 음력 2월이 되면 여와를 모신 사당 근처에서 고매(여와)를 위한 제사를 지내고 제사가 끝난 후에 청춘 남녀가 자유롭게 짝짓기 하는 행사가 거행되었다. 또한 여와를 위한 제사가 치러진 이후에는 혼인하였지만 아이가 없는 부부들이 아이를 점지해달라고 빌기도 하였다. 이 같은 사실은 여와가 인류의 창조자, 혼인의 신, 잉태의 신의 역할까지도 담당하는 위대한 여신의 이미지를 지니고 있음을 알려준다.

여와가 인류를 창조하고 혼인 제도를 만든 이후 한동안은 아무 일도 일어나지 않았고 그러던 어느 해 갑자기 큰 변동이 생겨났다. 하늘의 한쪽 귀퉁이가 무너져내려 보기 싫은 구멍이 뚫려버렸고 땅도 갈라져 어둡고 깊은 틈이 생겼다. 여와는 자신이 만들어낸 인간들이 이런 재앙을 당하는 것을 보고는 무너진 하늘과 땅을 고치는 작업을 하기로 하였다. 오색 돌을 가져다가 그 돌을 녹여 뚫어진 하늘의 구멍을 메웠다. 여와가 오색 돌을 다듬어 구멍난 하늘을 메웠다고 하는 이 신화에서 후대의 사람들은 구멍난 하늘과 여성의 생식기를 연관지어 생각하였으며, 이는 '여성 음부 숭배 사상'으로 불렸다.

신이 인간을 만들 때 그 재료로 흙을 사용하였다는 것은 세계 각지의 신화에서 공통적으로 보인다. 여와 신화에서 흙과 인류의 창조가 깊이 연관되어 논의된다는 것 그리고 특별히 여신과 관련되어 설명되고 있다는 것으로부터 우리는 흙과 모성, 대지모 등의 연관 고리를 찾아볼 수 있다. 즉, 여와의 인류 창조에 대한 욕구, 변형의 능력 등은 확실히 대지모 원형 속의 여성의 변형 특성을 말해주는 자료라 할 수 있다. 여와에 대한 이러한 자료들은 중국에 모계제 사회가 실제로 존재했었느냐의 여부를 떠나서 오랜 세월 동안 한결같이 고수되어왔던 가부장제 문화에 대한 새로운 인식의 장을 열어주는 자료로 이용될 수 있다. 여와에 관한 신화는 또한 복희와 여와의 결합 창조 신화로 전해지기도 하는데, 신화 연구가들에 의하면 이러한 신화는 여와 일인의 창조 신화에 비하여 후대에 마련된 것으로 보인다.

사람들에게 여와보다 더 유명하고 더 인기를 끄는 대모신은 서왕모다. 서왕모는 사(死)와 불사(不死)에 관계하는 여신이며, 이름에서 나타나는 것처럼 서방의 대모신으로 일컬어진다. 중국 고대 신화를 연구하는 사람들에 의하면 서왕모의 서(西)의 어원은 사(死)와 같으며, 태양이 빛을 분산시키면서 가라앉는 방향의 이미지와 시체가 갈가리 분해하여 대지로 돌아가는 이미지를 갖는다고 풀이된다. 중국 신화에서 서왕모의 모습은 표범의 꼬리, 호랑이의 이빨을 가지고 있으며, 쑥의 머리에 비녀를 지르고 있는 것으로 그려진다. 선한 이미지를 지니고 있는 여와의 모습과는 달리 무서운 모신으로서의 모습을 표상하고 있다. 자기가 낳은 것을 삼켜버리려고 하는, 생을 가진 것으로는 무서운 대모의 모습을 지닌다. 비록 무서운 모습으로 그려지기는 하지만 이 역시 인류 초기의 여성 신의 모습을 담고 있다. 죽음[死]과 죽지 않음[不死]을 함께 관장하고 있는 서왕모에게서 우리는 영원성과 반복성, 총체성, 통일성의 모습을 만날 수 있다.

일반적으로 이 같은 여신의 모습은 모계 사회 문화의 잔영이라고 이해되는데, 그것은 부계 사회 성립 이후에 이러한 여신의 모습은 더 이상 만날 수 없기 때문이다. 부계 사회 이후의 여성 신의 모습은 이제 독립적으로서가 아니라 남성 신(아버지 신)의 배우자, 딸의 모습으로 등장한다. 따라서 여와에 관한 신화 역시 독립적으로 인류의 생명을 관장하는 여신으로 그려지던 여와의 모습 대신 복희라는 남성 신과의 관계 속에서 그려지게 되고, 진나라와 한나라 이전의 고사에서만 복희와 여와가 관련을 갖지 않은 채 설명된다는 것 등은 이러한 사실을 뒷받침하는 자료가 된다. 초기 신화에서 여와가 단독으로 출현하는 것에 비하여 후대의 자료에서는 복희 신화와 결합되어 또 다른 신화를 만들어내기도 하고 여와와 복희가 결혼하여 인류를 재창조하는 형식의 신화도 마련된다.

이상과 같은 고대 신화에서 드러나는 여신의 이미지들은 노자의 『도덕경』에서 보이는 여러 가지 여성과 여성성에 대한 메타포들, 여성의 생식기 등의 논의와 매우 많이 닮아 있다. 특히 생명 창출과 기름이라는 측면에서의 여성의 이미지는 중국 고대 신화에서 만날 수 있는 여신의 그것과 밀접한 연관성을 가지고 있다.

2. 노자철학에서 여성적 원리를 만나기

동양철학과 페미니즘의 관계를 말할 때 우리가 특별히 도가(노자)철학에 관심을 갖게 되는 것은, 유가철학을 가부장제적 문화를 양산하는 대표적인 동양 사상으로 꼽을 수 있다면, 도가(노자)철학은 그러한 유가적 문화를 비판하는 논리를 함축하고 있으며, 그 속에서 가부장제에 대한 비판까지도 이끌어낼 수 있다는 생각에서일 것이다. 이러한 논의는 다른 가부장제 문화 안에서의 여성의 몸이 본질적으로 한계를 지니고 있다고 이해되는 것과는 분명히 다른 맥락이다. 그리고 이는 분명 우리가 노자와 페미니즘을 연결지어 말할 수 있는 가장 큰 근거로 된다. 그렇기 때문에 우리 주변의 많은 사람들이 유교철학과는 달리 노자철학과 페미니즘의 만남을 주선해보고자 노력한다. 노자철학과 페미니즘의 만남을 가능하다고 여기는 사람들에게서 자주 사용되는 노자철학의 여성적 원리는 어떤 것인가? 그리고 그것은 과연 페미니즘 논의와 연관되는 것인가? 이러한 물음에 접근하기 위하여 먼저 노자철학 안에서 여성, 여성적 원리로 이해될 수 있는 개념들을 만나보자.

1) 도(道) · 생명의 근원

전철역 주변을 걸어갈 때 슬그머니 다가와서 "도를 아십니까?"라고 속삭이는 사람을 만나곤 한다. 갑작스런 질문에 단박에 답변을 못하기도 하지만 사실 도가 무엇인지에 대해 한마디로 말하기란 매우 어렵기 때문에서라도 "도란 이것이다"라고 얼른 답변하기 어렵다. 이런 상황은 도라고 하는 것이 우리 생활과는 동떨어진 그런 것이어서만은 아닐 것이다. 왜냐 하면 우리 주변에서 도란 말은 자주 사용되고 있기 때문이다. 어떤 일에 아주 능숙한 사람을 두고 우리는 "도 통했다"라고 말한다. 또 자신이 견디기 힘든 일을 인내할 때 "도 닦는 마음으로 참았다"고도 말한다. 이런 것들로부터 볼 때 도에는 '아주 어려운' 또는 '아주 잘하는'이란 의미가 함축되어 있는 듯하다. 물론 장자는 도가 기와에도 오줌이나 똥에도 들어 있는 것이라고 말하고 있지만, 분명 우리는 도를 이렇게 친근한 개념으로 사용하고 있지 않는 것 같다. 도가철학의 시조로 알려져 있는 노자 사상에서 도란 과연 무엇일까? 노자 사상을 도가 사상, 도가철학이라 이름하는 걸 보면 분명 노자철학에서 핵심이 되는 개념은 도일 것이다.

노자철학에서 도는 우주의 근원이자 만물을 산출하는 신비스런 생성의 근원으로 표상된다. "도가 만물을 낳고 덕으로써 그것을 기르고 모든 사물에게 형체를 주며 힘을 주어 그것이 성장하도록 한다"는 『도덕경』51장의 말은 도가 자연, 천, 천지, 조화, 조물 등과 연관하여 가장 중요한 개념임을 알려주고 있다. 노자의 도는 하나를 낳고 둘은 셋을 낳고 셋은 만물을 낳는다는 『도덕경』40장의 내용에서도 우리는 도가 모든 존재의 생명의 근원이 됨을 알 수 있다.

'도'가 모든 생명의 근원이 된다는 노자철학의 핵심 내용이 페미니즘 논의와 연관될 수 있는 것은 이러한 도가 바로 여성적 원리와 맞닿아 있다는 인식에서부터 출발한다. 『도덕경』6장의 "골짜기의 신은 죽지 않으니 이것을 현빈(신비한 암컷)이라 한다. 현빈의 문은 천지의 뿌리라고 하는데, 겨우겨우 이어지는 듯하면서도 쓰는 데 힘들이지 않는다"나, 『도덕경』52장

의 "천하에 어미가 있으니 그것이 천하의 어미가 된다"는 내용
들은 만물의 시초로서의 도 그리고 그것은 어머니라는 개념으
로 은유되는 과정을 보여준다. 모든 생명을 잉태하는 근원지로
서의 골짜기가 상징하는 여성의 생식기 그리고 만물의 근원으
로서의 어머니라는 표현 등은 분명 노자와 여성 그리고 더 나
아가 페미니즘과를 연결지어 말하는 근거로 된다.

2) 무(無), 허(虛), 정(靜) · 있음을 낳는 없음, 있음의 효용성으로서의 없음

노자철학에서 무(無) 개념은 여러 곳에서 매우 중요한 개념
으로 등장한다. 『도덕경』 1장에서는 아직 드러나지 않고 이름
이 없는 무명(無名)은 만물의 시작이 되고, 드러나고 이름이 생
기게 되면 생장시키고 발육시키고 형태를 갖추어주고 이루어
주므로 만물의 어미가 된다는 내용을 자세히 설명하고 있다.
분명 이러한 설명 속에서 모든 있음은 없음에서 비롯된다고 설
명될 수 있으며, 이때의 무는 있음을 낳는 절대적인 것으로서
의 의미를 지니고 있다고 할 수 있다.

가부장제의 문화 안에서 여성은 비어 있음, 고요함, 수동성
등으로 이미지화되며 이러한 이미지들은 다소 부정적인 성향
으로 분리된다. 하지만 노자에게서 비어 있음[虛]과 없음[無]은
우리의 일반적인 인식과는 달리 결코 비정상적이거나 모자람
으로서 이해되지 않는다. 노자철학에서 '있음'이 어떤 구실을
할 수 있게 되는 것은 '없음'이 작용하는 까닭으로 이해된다. 예
컨대 수레가 굴러가는 것은 바퀴, 바퀴 살이 '있기' 때문이다.
하지만 바퀴 살이 있다는 것만으로 수레가 잘 굴러가는 것은
아니다. 여러 개의 바퀴 살은 바퀴 한 가운데의 바퀴 통의 빈
공간으로 모아져 그 안에서 돌아가게 된다. 즉, 바퀴 통의 구멍

이 수레를 굴러가게 하는 근원지라 할 수 있다. 만약 바퀴 통 안이 비어 있지 않다면 30개의 바퀴 살은 돌아갈 수 없고 수레 역시 굴러갈 수 없다. 음식은 그릇이 '있어야' 담을 수 있다. 하지만 그릇 안에 빈 공간이 없다면 음식을 담을 수 없다. 그렇다면 음식을 담을 수 있는 것은 그릇이 '있기' 때문이기보다 그릇 안이 비어 있다는 더 근원적인 이유에서다. 또 우리가 산의 정상에 올라서 '야호!'라고 외치면 바로 '야호!'라고 메아리가 되어 돌아온다. 이렇게 메아리가 있을 수 있는 것은 산의 정상이 '있기' 때문이다. 하지만 이것 역시 한 번 더 생각해보면 산의 정상과 정상 사이의 '비어 있는' 곳, 즉 골짜기 때문이다.

3) 유약과 겸허

노자에게서 유약은 도의 정당한 운동 방식으로 설명되며 때문에 나약함을 의미하는 것이 아니라 생명력을 지닌 생명력이 넘치는 부드러움을 표상하고 있다. 『도덕경』 76장의 "사람은 연약하게 태어나지만 단단하게 굳어져 죽고 만물 초목은 부드럽게 나서 딱딱하게 말라죽는다. 그러므로 단단하고 강한 것은 죽음의 무리이고 부드럽고 연약한 것은 삶의 무리다. 그래서 군사가 강하기만 하면 이길 수 없고 나무가 강하기만 하면 부러진다. 강하고 큰 것은 낮은 곳에 있고 부드럽고 연약한 것은 높은 곳에 있다"는 내용은 유약이 나약함을 의미하는 것이 아니라 생명력과 긴밀하게 연관되어 있음을 말해주고 있다. 이때의 유약은 강함과 상반되는 것으로서의 위치가 아니라 강함을 이미 내재한, 강함을 이기는 부드러움으로 이야기된다. 따라서 "유약한 것이 굳세고 강한 것을 이기는 것"(36장)으로 설명된다. 그리고 유약한 것을 보존하는 것이 보다 강한 것의 내용이 된다.

한편, 노자의 유약함이란 일반적인 의미에서의 약함의 의미가 아닌 강함을 이미 내재하고 있지만 그것을 자랑하거나 내세우는 것이 아닌 겸허의 미덕을 가진 것이다. 그리고 이러한 부드러움은 또한 암컷, 갓난아기, 여성적 원리 등과 긴밀하게 연관되어 있다. 덕을 두텁게 품은 자를 갓난아기에 비유하고 이러한 갓난아기는 벌이나 전갈, 살무사 같은 (강한) 것들에게 해침을 받지 않는다는 것을 강함보다 더 강한 유약함을 말하는 것(『도덕경』 55장)이나, "암컷은 자신을 낮추니 천하가 만나는 곳이요, 천하의 암컷이다. 암컷은 항상 고요함으로 수컷을 이기며 고요함으로 아래가 된다"는 『도덕경』 61장의 내용은 역시 이러한 내용을 함축하고 있다.

4) 자연 · 무위 · 무욕

'자연'이라는 말은 긍정적 또는 부정적 이미지를 모두 산출할 수 있는 이중적 의미를 가지고 있다. 가령 어떤 옷을 입었을 때 '자연스럽다'고 말하는 것은 몸에 또는 분위기에 옷이 '잘 어울린다'의 의미로 해석되는 경우일 것이다. 이때의 자연스러움은 인공적, 가공적인 것이 내포하는 부정적 의미를 능가하는 긍정적인 어떤 것으로 이해된다. 그런데 한편으로 '자연 그대로'의 의미는 향수를 불러일으키는 어떤 것임과 동시에 '불편함', '거침'의 의미로 쓰여지기도 한다. 문명을 거치지 않은, 야생적인 그래서 불편한 것으로 다가온다. 자연 그대로의 화장실은 문명을 거친 화장실보다 불편하고 더럽다. 또 자연 그대로의 음식은 불 또는 조미료를 첨가하여 가공한 음식보다 맛없고 질기고 소화력도 떨어진다. 따라서 자연에 대한 이미지가 이렇게 다르게 창출되는 것은 분명 어떠한 문화 안에서 자연이 어떻게 담론화되느냐에 따라 달라지는 것이라고 말할 수 있다.

노자철학을 말할 때 '자연주의'라고 이름하는 것은 노자철학을 온전히 다 말하는 것은 아닐지라도 무리한 논의이거나 억지 설명은 아닐 것이다. 노자에게서 자연은 살아 있는 존재 내지는 생명을 키워내는 근원지로 이해되며 끊임없이 이어지는 도의 운동성과 그것으로 말미암는 만물의 생성 과정으로 설명된다. 『도덕경』 25장의 "사람은 땅을 본받고 땅은 하늘을 본받고 하늘은 도를 본받고 도는 자연스러움을 본받는다"의 내용은 도와 자연과의 관계를 명확하게 보여준다. 여기서 자연은 객관적 대상으로서의 명사형 '자연(natur)'이 아니라 '스스로 그러하다'라는 동사형으로서의 의미로 해석된다고 한다. 하지만 그런 '스스로 그러함'의 법칙을 잘 지키는 존재가 '자연'이고 보면 노자의 '자연'은 '도'임과 동시에 명사형 '자연'이라고 보는 것도 가능할 것이다.

자연에 대한 이러한 노자의 해석 방식은 따라서 문명은 인간의 자연성을 파괴하는 것인 반면, 자연(도)은 억지로 함이 없는 무위(無爲)가 된다. 물론 이때의 '무위'는 '아무것도 하지 않는 것'의 의미는 아니다. 억지로 함이 없지만 하지 않음이 없는 것이며, 그것은 바로 세상일을 저절로 안정시키는 것이 되기 때문이다.

근대 철학 안에서 여성과 자연이 유비되는 것은 일반적이다. 여성이 자연에 유비되는 방식은 한편으로는 남성-문명, 여성-자연이라는 근대적 패러다임 안에서 부정적으로 작동하기도 하지만 한편으로는 이러한 근대적 프로젝트를 넘어서려는 많은 노력들 안에서 긍정적인 면이 부각되기도 한다. 여성이 자연과 유비되는 근거는 여성의 몸이 담당하는 출산력으로부터 출발하는 많은 요소들, 예컨대 달의 주기와 여성의 생리 주기, 생명을 길러내는 대지모의 이미지 등과 연관되어 있다. 노자에게서 자연과 무위, 도가 찬양되는 방식 안에서 그것들간의 끈의 연관 고리를 추적해보면 그것의 이미지는 여성, 암컷, 어머니의 그것과 상당히 많은 부분 닮아 있고 이러한 때문에 노자 안에서 자연과 여성을 밀접하게 연관짓는 논의가 가능해지기도 한다.

3. 노자철학의 여성 원리에 대한 여성주의 분석

1) 생명의 근원으로서의 도(道)·모(母)

우리 중 많은 사람은 여성의 옛 이미지가 희미해지는 것을 보면서 대단한 향수를 느낀다. 이러한 향수의 내용 중 절반 이상은 아마도 대지모, 무한한 생명력을 지닌 위대한 어머니, 여신 등의 이미지일 것이다. 노자철학과 페미니즘의 연관성을 생각해본 사람이라면 대체로 한번쯤 노자『도덕경』에 보이는 생명의 원리로서의 어머니에 대하여 관심을 기울인다.

노자가 보는 최초의 우주는 미분화된 혼돈의 상태며, 도 또는 모라 일컬어진다(『노자』 25장, 52장). 이는 모-자의 관계를 모든 관계의 근원으로 파악하는 것이라 말할 수 있으며, 유가철학에서 할아버지-아버지-아들을 중심으로 모든 관계가 설명되는 것과는 다른 문화적 양상의 반영으로 보인다. 노자에게서 어머니의 의미는 만물의 시작이라는 심오한 사상적 측면과 실제적, 실체적 측면으로 부각되었다. 깊은 계곡, 신비한 문 등의 용어들은 여성의 성기와 연관하여 거론되었고, 여성의 성기는 나아가서 생명을 잉태하고 키워내는 곳으로서의 의미를 지닌다. 그리고 그것은 도(道), 모(母), 무(無), 정(靜), 허(虛), 음(陰), 물 등의 원리로 표상되며, 여성성이 갖는 우월성을 드러내는 방식으로 설명된다. 이러한 것들로부터 우리는 노자의 여성관을 많은 가부장적 문화에서 보이는 여성관과는 지평을 달리하는 여성 중심적인, 여성 우월적인 면이 있는 것으로 이해하곤 한다.

노자철학에서 여성이, 여성적 원리가 극찬되는 것은 특히 만물을 생성해내는 근원지로서의 작용으로 설명되는 속에서 찾을 수 있다. 골짜기의 신은 죽지 않으며 만물을 창조해내는데, 이를 현빈(玄牝)이라 일컫는다. 현빈의 문은 천지 만물의 근원이다. 골짜기 신은 보이지 않고 없는 듯하면서도 존재하고 그 작용은 끊이지 않는다는 『노자』 6장의 도의 근원 내지는 만물의 근원으로 설명되는 현빈(암컷)과 현빈의 문 그리고 골짜기의 신[곡신(谷神)] 등은 모두 여성과 여성의 생식기를 의미하는 상징이다. 『노자』에서 여성 또는 여성적 원리가 칭송되는 이 같은 내용들은 외형적으로 여성의 출산이라는 것과 아주 많이 닮아 있다.

우리가 어머니에 대해 존경심을 갖는 것은 분명 생명을 잉태한다는 점과 밀접하게 연관되어 있다. 금녀의 집처럼 떠올려지는 남성 문화의 전형인 군대 집단에 속해 있는 장병들도 "엄마가 보고플 때 엄마 사진 꺼내놓고 엄마 얼굴 보고나면 잠이 듭니다. 어머니 ……"라는 노래를 들으면서 눈물을 흘리고, 백발이 성성한 60대의 할아버지도 노모의 팔순 잔치에서 「어머님 은혜」를 부르면서 눈가를 슬며시 훔친다.

여성성 중에 특히 어머니 역할과 그에 수반하는 이미지는 여성의 다른 어떤 것보다도 가치롭게 여겨지는 것이 일반적이다. 그러나 이러한 어머니 역할과 이미지가 가지고 있는 여성주의적 함의는 그것이 여성 억압의 원천이 되는가 아니면 해방의 자료가 되는가와 연관하여 매우 중요하고도 첨예한 물음이 되어왔다. 여성을 말할 때 꼬리표처럼 달라붙는 '어머니'라는 이름은 여성주의 안에서 어떤 내용으로 읽힐 수 있는 것인가? 어머니와 연관한 여러 가지 논의들이 페미니즘 담론 안에서 부정적인 시각으로 받아들여지는 까닭은 무엇인가? 이러한 물음에 대한 논의가 명백하게 이루어진 이후에야 '생명의 근원으로서의 여성'이라는 제목을 단 "노자의 페미니즘" 논의가 가능하게 될 것이다.

사실 우리가 일반적으로 생각하는 것과는 달리 모든 여자들이 다 어머니가 되지는 않는다. 또 모든 여자가 어머니 역할에 잘 어울리거나 어머니 역할을 잘 하는 능력을 선천적으로 가지는 것도 아니다. '어머니의 은혜'라고 칭송되는 바로 그것의 내용들은 곧 '어머니의 역할'과 '할 일'로 되며, 어느 틈에 그것은 희생과 봉사의 이름으로 치장된 강제 사항이 되어 있다. 따라서 훌륭한 어머니 역할이 배제된 여성은 온전한 여성이 되는 것은 물론 바람직한 인간의 전형에서도 멀어지게 된다.

2) 없음(무 : 無)과 있음(유 : 有)

일상적으로 우리는 없음, 결핍 등은 있음, 풍부함에 비해 좋지 않은 것이란 생각을 한다. 없음이나 결핍이 탐욕이나 많이 가짐과 비교하여 더 도덕적이라는 생각을 가끔 하기는 하지만 그래도 남보다 뭔가를 더 가지고 있다는 것은 좋은 것으로 여겨진다. 가부장적 문화 안에서 인간의 몸을 설명하는 방식도 이 같은 내용에서 크게 벗어나지 않는다. 남성의 몸(페니스)과 연관하여 여성의 몸을 부정적으로 설명하는 것은 결핍, 비어 있음, 구멍이다. 여기에서 '비어 있음'은 '가득 차 있음'과는 상반되는 의미가 된다. '차 있음' 또는 '있음'이 정상인 것으로 간주될 때, 비어 있음(虛)이나 결핍은 모자람, 부족한 것, 비정상적인 것으로 된다.

그런데 인간 사회에서 특히 인간의 몸을 설명할 때, 언제나 있음이 없음에 비해 우월하거나 정상인 것으로 이해되지는 않는다. 손가락이 다섯 개가 정상이라고 여겨지는 사회에서 손가락 여섯 개를 가진 사람은 비정상인이다. 영화 『패왕별희』를 보면 경극 배우 단(旦: 경극의 여자 배역)이 되기 위하여 주인공의 어머니는 자기 자식에게 장애가 되는 여섯 번째 손가락을 작두로 자르는 장면이 나온다. 여섯 개의 손가락을 가지고서는 사람들에게 아름다운 손놀림을 보여줄 수 없기 때문이다. 여기서는 분명 남보다 더 가지고 있다는 것이 장애이고 비정상이다. 그러나 인간 몸의 유전 인자가 인간 사회의 모든 것을 가늠하게 된다는 전제하에 미래 인간 사회의 모습을 그리고 있는 영화 『가타카』에서는 『패왕별희』에서와는 달리 여섯 개의 손가락이 장애로 여겨지는 것이 아니라 다섯 개의 손가락으로는 결코 가능하지 않은 아름다운 곡을 연주할 수 있는 우성 인자로 간주된다. 여섯 개의 손가락은 장애가 아니라 유능한 피아니스트가 되기 위한 선결 조건이 된다.

이러한 내용은 있음과 없음 중 어떤 것이 더 좋은 것인지 또는 더 정상인지를 판가름하는 것은 절대적인 것이 아니라 다분히 상대적이라는 사실임을 보여준다. 우리가 남성의 페니스가 달린 몸이 더 정상이고 그것이 없는 여성의 몸은 뭔가 "더 달려야 할" 비정상적인, 결핍 상태의 몸으로 간주해온 것은 그 동안의 역사가 가부장제적, 남성 중심적인 문화였기 때문이라는 것을 알려준다. 만약 우리가 남성 중심적 가부장제의 역사를 갖지 않았다면 더 나아가 여성 중심적인 문화였더라면, 여성의 몸이 정상인 것으로 인식되었을 것이고, 이때 남성의 페니스는 정상인 것으로나 선망의 대상으로서가 아니라 불필요하게 툭 불거져 나와 있는 조물주의 실패작쯤으로 여겨졌을지 모른다는 상상이 가능해진다.

가부장적 문화 안에서의 이러한 일반적인 설명 방식과는 사뭇 다른 논의를 우리는 노자에게서 발견할 수 있다. 노자철학에서 '없음'은 '있음'에 상반되는 결핍된 것으로 읽혀지는 것이 아니라 '있음'의 효용을 낳는 원리며, 나아가서 생명을 낳는 원천으로 이해된다. 이때의 '없음'은 '있음을 넘어선 없음' 내지는 '있음을 낳는 없음'이라고 말할 수 있다. 그리고 이러한 비어 있는 것으로서의 현빈, 암컷, 골짜기 신이 표상하게 되는 여성 성기는 모자람으로서가 아니라 생명을 만들어내고 생명을 담는 원천으로서 읽힌다.

물론 이렇게 생명의 근원지가 여성에만 긴밀하게 연관되어 논의되는 것에 대해 여성주의는 전적으로 동의하지 않는다. 그럼에도 불구하고 노자철학에서 보이는 가부장제와 많은 부분 다르게 나타나는 인식의 잔영들은 가부장제 문화가 초역사적으로 일관되게 유지되어왔을 것이라는 우리의 굳건한 추상적 믿음들에 틈을 내는 자료가 된다.

3) 유약함[유약(柔弱)]과 강함[(강강(剛强)]

넓은 벌판에 무성한 가지를 가진 큰 떡갈나무가 있었습니다. 그 옆에는 잔 바람에도 허리를 굽혀 절하는 갈대가 서 있었습니다. 떡갈나무는 갈대에게 "원, 이런 작은 바람결에도 자기 몸을 이기지 못하다니 안 됐군" 하고 말했습니다. 그러던 어느 날 하늘이 시커멓게 변하더니 커다란 폭풍우가 몰아쳤습니다. 벌판의 나무들은 송두리째 뽑혀지거나 부러졌습니다. 떡갈나무는 비바람을 참으며 안간힘을 썼지만 거센 바람이 불어오자 허리가 뚝 잘려나갔습니다. 하지만 갈대는 바람이 부는 대로 고개를 숙이고 있었기 때문에 상처 하나 없이 견딜 수 있었습니다.

『이솝우화』에 나오는 이 이야기가 주는 교훈은 "강한 것은 부러진다" 또는 인간이 사회를 살아가는 데에 유약함의 원리가 긍정적으로 작용하기도 한다는 것이다. 하지만 현실을 살아가는 우리는 이런 이야기에서보다 "정복할 것인가? 정복당할 것인가?" "일등이 아니면 기억되지 않습니다", "강한 것으로 넣어주세요" 등의 내용들에서 더 중요한(?) 교훈을 배우곤 한다. 이러한 광고 카피 내용에는 강한 것, 일등, 남을 정복하는 것은 좋은 것이라는, 그리고 정복당하는 것, 일등이 아닌 것, 약한 것은 경쟁에서 낙오된 것이며 그렇기 때문에 좋지 않은 것이라는 이미지가 반영되어 있다.

인간 사회에서 강함이 좋은 것으로 표상되는 궁극적인 이유는 남을 지배할 수 있다는 이유에서일 것이다. 때때로 약육강식의 원리는 동물의 세계에서만 유효한 것처럼 생각되며 그것은 이성을 가진 인간 사회에서는 저급한 사회 원리로 간주되기도 한다. 하지만 일상적으로 인간 사회에서 강한 것과 남의 위에 설 수 있는 능력은 우월한 것으로 판단된다. 남보다 나은 지적 능력과 남보다 강한 신체적 조건은 세상을 살아가는 데 편리하고 좋은 것으로 생각되기 때문이다.

가부장제 문화 안에서 남녀의 문제 역시 이러한 논의 구도에서 크게 벗어나지 않는다. 그래서 보다 강한 피부와 물리적 힘, 강직한 성품의 소유자라 여겨지는 남성과 연약한 피부와 호르몬 그리고 유순한 성품을 가지고 있다고 생각되는 여성은 사회적 활동을 할 수 있는 능력의 면에서 매우 다르게 평가된다. 가부장제 역사 안에서 강함은 남성에, 약함은 여성에 유비되는 내용은 강함이 더 우월한 것으로 여겨지는 것과 더불어 남성성의 우월함을 강조하는 논리로 사용되고, 때문에 강한 몸과 강직한 성품을 가진 남성은 여성에 비해 사회 활동에 더 적합한 존재로 인식된다.

노자철학이 우리에게 흥미로운 것은 가부장제의 이러한 일반적인 논의와는 매우 다른 내용을 만나게 해준다는 것 때문이다. 이미 언급했던 바와 같이 노자철학에서 여성의 원리가 강조되는 측면은 생명과 밀접한 연관을 가진 것으로 거론된다. 이는 가부장제 안에서 부정적으로 작용해왔던 '유약함'과 부드러움, 음(陰)의 유비가 창출해내는 여성적 원리의 이미지를 생명, 생명력과 동일시함으로써 긍정적이고 적극적인 이미지로 변신시키는 데 기여한다. 때문에 노자철학에서 유약함은 나약함의 의미와 연결되는 부정적 이미지가 아니라 생명 그리고 생명을 창출하는 원리로 그려진다. 모든 살아 있는 생명은 처음에는 부드럽지만 점차로 단단해지며 이러한 단단함은 죽음을 향한 여정의 과정에 있는 것으로 설명된다. 이미 죽은 것의 몸은 단단하기 때문이다.

유약함에 대한 찬사는 나아가 유약함의 극치로서의 물에 대한 찬사로 이어진다. 노자에게서 물은 세상에서 가장 유약하면서도 강한 것을 이기며, 스스로 낮은 데로 찾아가는 겸허함을 지닌 존재로 표상된다. "세상에서 물보다 더 유약한 것은 없으나 굳고 강한 것을 공격하는 데에서 이를 능가하는 것이 없음은 (물의 유약함을) 대신할 것이 없는 때문이다. 그러므로 부드러움이 강함을 이기고 약한 것이 강한 것을 이긴다는 사실을 이 세상에서 모르는 사람이 없거니와 이를 실행하는 사람이 없다" 등은 부드러움, 유약함, 겸허함 그리고 생명 등의 속성을 드러내주는 말이다.

페미니즘 논의에서 어떤 사람들은 여성이 남성보다 우월한 자질을 가지고 있음을 강조하여 말하고 싶어한다. 그래서 여성은 남성처럼 공격적이지 않기 때문에 전쟁이나 소송 같은 일은 일으키지 않으며, 모성이라는 세상에서 가장 멋진 것을 독점하고 있다고 말한다.

유약함이 갖는 긍정적 측면을 고취시키는 것은 가부장제 하에서의 강함을 드러내는 방식과는 분명 다른 맥락이다. 하지만 이러한 논의가 항상 긍정적 의미를 주는 것은 아니다. 가부장제 역사 안에서 늘 약자로, 유약함으로 자리했던 여성들에게는 더욱 그럴 것이다. 노자는 『도덕경』 안에서 살아 있는 것은 부드럽고 죽은 것, 생명을 소실한 것은 뻣뻣하다는 논리를 통해 유약함이 강함을 이긴다는 논리를 이끌어내고 있지만, 그 동안의 여성 억압을 이런 방식에 유비하는 것이 과연 가능한 것인가에 대해서도 논의해보아야 할 것이다. 그 동안 여성을 억압해왔던 것은 죽어서 뻣뻣한 강함이 아니라 살아서 움직이는 강함이었고, 그런 의미에서 생명과 죽음 / 유약함과 강하고 뻣뻣함이라는 구도를 통해 노자와 페미니즘의 만남을 주선하는 것은 치밀하지 못한 전략이라고도 말할 수 있기 때문이다.

4) 자연, 무위 그리고 여성

이미 논의했던 것처럼 노자 사상을 이해할 때, 친자연적 또는 자연주의적 방식으로 이해하는 것이 아주 무리는 아니다. 노자 사상을 친자연적 또는 자연주의적 방식으로 이해하는 것 역시 노자 이해 방식의 한 가지 범주가 될 것이기 때문이다. 그리고 이러한 이해 방식은 여성-자연을 남성-문명에 비해 폄하해왔던 가부장제적이고 근대적인 담론의 틀을 넘어서는 대안으로 논의될 수 있다.

이런 시도를 하려는 사람들에게 노자의 여성과 여성적 원리에 대한 논의는 여성의 생명을 길러내고 창출하는 능력, 유약함 등이 찬양되는 방식과 연관한 내용으로 자주 사용된다. 그리고 이들은 도, 무위, 박(樸 : 소박함), 자연 등으로 치환되며, 현빈, 암컷, 어머니, 물 등의 이미지와 함께 여성 내지는 여성성과 연관된다. 노자에게서 보이는 일련의 주요한 개념들이 여성

내지는 여성성과 연관된다고 하는 것은 여성주의 측면에서 어떤 문제점을 갖는 것인가?

노자와 페미니즘을 거론하게 될 때, 특히 노자 텍스트 안에서 여성과 자연을 유비시키는 논의가 갖는 위험성은 노자에게서 도와 무, 허 정, 유약함, 박 그리고 자연 등으로 규정되는 속성 중의 많은 부분이 여성의 몸과 연관되어 설명된다는 것이며, 이로부터 여성은 사회 속에서 생명의 육체적 측면과 연결되어 인식될 수 있다는 것이다.

실제로 여성과 자연은 오랫동안 서로 연관된 채로 인식되어 왔다. '어머니 지구', '대지모', '처녀림' 등의 자연을 설명하는 단어들이나 자연 재해에 붙여지는 여러 가지 이름들은 여성과 자연의 긴밀한 연관 관계를 보여주는 자료가 된다. 그 동안 여성의 역할은 자연에 좀더 가까운 것처럼 이해되었고 따라서 여성의 '자연적 활동'은 기껏해야 임신, 출산, 양육, 성 관계, 식사 준비, 세탁 등과 연관된 것으로 규정되어 왔다. 그리고 이러한 여성과 생명의 육체적 측면과의 연관성에 대한 믿음은 인간 사회 안에서 매우 견고한 형태로 나타난다.

때문에 노자의 사회 법칙 내지는 문명에 대한 비판적 무기로서의 자연에 대한 이해 방식은 그에 연결되는 많은 여성적 은유들과 더불어 가부장적인 요소들에 대한 비판적 무기임에도 불구하고 한편으로는 여성 억압을 낳는 기제가 되기도 한다.

4. 페미니즘과 반(反, 半)페미니즘의 간극을 넘어서기 위하여

생명 생산의 측면에서 여성 역할의 중요성을 간파하고 여성적 원리에 대한 가치들이 긍정적으로 평가된다는 면을 놓고 볼 때, 노자의 철학이 가부장 체제에 가하는 비판적 의미는 각별하다. 하지만 노자철학을 여성주의적 시각에서 평가할 때 이러한 주장이 항상 적합하거나 긍정적이라고 할 수 있을 것인지에 대해서는 우리 모두 생각해보아야 할 것이다. 수천 년 동안 음(陰), 자연, 고요함의 의미를 지닌 채 살아온 여성에게는 이러한 방식의 찬사들이 결코 힘을 가진 어떤 전략으로 되지 않기 때문이다.

그렇다면 여성주의 전략을 마련하는 데 유익하도록 그리고 의미를 갖기 위해서는 노자 텍스트를 또는 노자의 사상을 어떻게 읽어내야 할 것인가? 그것은 그 동안 많이 진행되어왔던 방식과는 새로운 차원에서 논의되어야 할 것이다. 노자철학이 여성주의 시각에서 좀더 힘있게 읽히기 위한 작업의 첫 걸음은 여성 또는 여성의 원리라고 불렸던 것들이 찬양되는 패러다임으로서가 아니라 그것을 총체화하고 뛰어넘는 것으로서의 역할로 바꾸어 읽어낼 수 있는 데서 비롯된다.

예컨대 여성 또는 여성적 원리가 찬양되던 시대가 있었다는 것 그리고 노자 『도덕경』은 그러한 시대를 배경으로 한다는 것으로부터 읽어내야 할 것은 여성이 남성을 지배한 시절이 있었다고 하는 단순한 사실에 대한 추억에서 끝나는 것이 아니다. 그것은 아주 오래 전부터 내지는 원래부터 가부장제가 존재했었다고 하는 우리의 고정적이고도 추상적인 믿음을 무산시키는 작업으로 연결되어야 할 것이다. 즉, 여성이 항상 남성에게 지배를 당하지만은 않았다는 것, 그리고 언제나 한결같이 가부장제적 사회가 존재했었던 것이 아님을 비판하는 자료로 사용되어야 한다. 가부장 체제를 넘어서는 진정한 대안은 모계제 사회로의 회귀가 아니기 때문이다. 여성, 여성의 원리가 찬양되던 시대가 있었음을 통해 여성의 우월성이나 여성 지배의 결론을 내리는 것은 또 다른 '지배자'의 이름일 뿐이며, 따라서 그것은 진정한 대안으로 되지 않는다. 우리가 진정으로 바라는 대안은 동반자적 사회라고 불릴 어떤 것이어야 한다.

또한 여성주의가 『도덕경』에서 배우는 주요한 교훈은 도, 무, 현빈, 유약 등으로 은유되는 여성, 여성적 원리에 대한 찬양 그 자체가 아니라 그들 상징 체계가 함의하고 있는 내용, 즉 "높으면 누르고 낮으면 들어올리며, 남으면 덜어내고 모자라면 보태 준다"(『도덕경』 77장)로 수렴되는 자연의 원칙 그것일 것이다.

□ 생각해볼 문제

① 인간에게서 출생의 사건은 매우 중요하고도 신비한 사건이다. 그리고 이러한 출산의 역할은 여성(암컷)의 몸을 통해 이루어진다. 이런 면에서 여성 몸의 중요성이 부각될 수 있다. 노자 텍스트 안에서 여성과 출생의 사건을 연결지어 논의하는 것으로부터 여성 지위의 향상을 생각해볼 수 있는지에 대해 이야기해보자.

② 노자철학에서 말하는 여성적 원리란 무엇인가에 대해 이야기해보고, 그것이 여성주의에서 긍정적으로 읽힐 수 있는 부분은 무엇인가에 대해 생각해보자.

③ 노자의 부드러움, 겸허함, 무(無), 생명 등이 여성, 여성적 원리로 은유됨을 통해 산출될 수 있는 여성 억압적 측면은 어떤 것인지에 대해 생각해보자.

④ ②, ③의 논의를 통하여 '노자와 페미니즘'이라는 주제에 대해 어떤 결론을 맺을 수 있는지에 대해 생각해보자.

⑤ 노자철학에서 말하는 모성은 유가에서 말하는 모성과 비교해볼 때 다른 측면을 발견할 수 있는가? 만약 발견할 수 있다면 그것은 어떤 측면에서 다르게 논의될 수 있는지 생각해보자.

□ 더 읽어야 할 책

▷ 『노자』

　다른 제자백가의 문헌과는 달리 적극적인 유위의 절대적 규제에 대한 부정적 대안으로서 그런 인위적 규범에서 벗어난 자연스런 무위의 원리에 대한 총체적이고 종합적인 파악이 제기되고 있다. 특히 도, 겸허, 유약 등의 성향이나 자연에 대한 찬양 방식들이 여성주의 논의와 연관된다는 이유에서 노자, 그리고 그의 저서라 알려져 있는 『도덕경』에 대한 관심이 모아지는 책이다.

▷『중국여성사회사』, 岩邊成雄 외, 일월서각
　중국의 신화와 전설 시기로부터 유교 문화 하에서의 여성의 삶 그리고 후비나 기생들의 삶, 여류 문인에 관한 이야기까지 다양하게 담고 있는 중국 여성사다. 출판된 지 조금 오래된 책이고 일본 학자들의 정서로 씌어진 점이라는 것이 흠이지만, 중국 여성에 대한 이야기를 다양한 자료와 함께 소개하고 있어 유익한 면이 있다.

▷『도교와 여성』, 잔스츄앙 지음, 안동준 외 옮김, 여강
　여성 숭배의 기원이 도교 안에서 어떻게 마련되는가에 대한 논의와 도교 안에서 여성 수행이 어떻게 이루어지는가에 대한 논의를 담고 있는 책이다. 여신과 여선 그리고 여성의 숭배가 이루어지는 과정들이 자세하게 보인다. [■]

□ 김성민

건국대학교 대학원 철학과 석사 및 박사. 현재 건국대학교 철학과 교수.

▷ 저서 : 『개인과 사회의 변증법』, 『문화와 철학』(공저), 『현대사회와 마르크스주의 철학』(공저).

▷ 주요 논문 : 「노동 패러다임과 실천」, 「방법론적 개인주의 비판」, 「헤겔의 존재론적 원리 비판」, 「로자 룩셈부르크의 정치철학을 통해 본 마르크스주의」, 「포스트모던 페미니즘과 유토피아」, 「성, 문명, 해방」 등.

▷ 역서 : 『사회적 존재의 존재론』.

□ 김세서리아

성균관대학교 대학원 철학과 석사 및 박사. 성균관대·국민대 강사. 현재 캐나다 Simon Fraser Univ. Post-Doc. 과정 이수중.

▷ 저서 : 『동양철학은 물질 문명의 대안인가』(공저), 『여성의 몸에 관한 철학적 성찰』(공저).

▷ 주요 논문 : 「유가 윤리의 실체화가 여성관에 미친 영향 및
그 비판에 관한 연구」, 「주역으로 보는 유교적 페미니즘에
관한 논의」, 「유가철학의 예론에 대한 여성주의적 접근」,
「양명의 만물일체관을 통해 본 인간과 자연 이해」, 「음양의
이해에서 나타나는 성차 인식을 넘어서」, 「여성-자연 유비
패러다임에 대한 여성주의적 분석」 등.

□ 박은미
이화여자대학교 대학원 철학과 석사 및 박사 과정 수료, 현재
방송대 강사.
▷ 저서 : 『삐딱한 소크라테스에게 말 걸기』(공저).
▷ 주요 논문 : 「하버마스의 비판적 사회 이론」 등.
▷ 역서 : 『50인의 철학자』.

□ 서영화
한신대학교 대학원 철학과 석사.
▷ 주요 논문 : 「하이데거의 『존재와 시간』에 나타나는 현상 개
념」 등.

□ 연효숙
연세대학교 대학원 철학과 석사 및 박사. 고려대에서 Post-doc
과정 이수. 현재 연세철학연구소 전문연구원, 연세대 · 경희대 ·
한양대 강사.
▷ 저서 : 『역사와 이성』(공저), 『여성 문화의 새로운 시각 2』(공
저).
▷ 주요 논문 : 「위기와 니힐리즘 그리고 유토피아」, 「헤겔의 사
변적 자연철학과 목적론적 자연관」, 「여성 주체성과 페미니
즘의 문화 기획」, 「한국 근(현)대 여성의 갈등 경험과 여성

주체성의 미학」, 「헤겔에서의 이성의 근대성과 역사성」, 「윤리적 주체와 차이의 존재론」 등.
▷ 역서 : 『칸트 : 칸트에서 헤겔까지 1』, 『헤겔』.

□ 이정은
연세대학교 대학원 철학과 석사 및 박사. 명지대에서 Post-doc 과정 이수. 현재 연세철학연구소 전문연구원, 연세대·인천교대·한남대 강사.
▷ 저서 : 『진리를 찾아서』(공저).
▷ 주요 논문 : 『헤겔 『대논리학』의 자기 의식 이론』, 「독일 관념론의 전개와 사변적 자기 의식의 생성」, 「독일 관념론사에서 헤겔의 '자기 의식'의 역할과 의미」, 「인륜적 공동체와 헤겔의 여성관」, 「여성성 속에 은폐된 능동성의 흔적 찾기와 흔적 지우기」, 「유토피아와 여성」, 「여성의 언어 다시 쓰기, 상상력과 개념 사이에서」 등.

□ 현남숙
이화여자대학교 대학원 철학과 석사 및 박사 과정 수료. 현재 충북대·대전대·방송대 강사.
▷ 저서 : 『삐딱한 소크라테스에게 말 걸기』(공저), 『못 말리는 아인슈타인에게 말 걸기』(공저).
▷ 주요 논문 : 「환원주의와 심신인과의 문제」, 「여성 ; 차이와 정체성」 등.

철학의 눈으로 읽는 여성

초판 1쇄 인쇄 / 2001년 8월 25일
초판 1쇄 발행 / 2001년 8월 30일

●

지은이 / 연 효 숙 외
펴낸이 / 전 춘 호
펴낸곳 / 철학과현실사
서울특별시 서초구 양재동 338의 10호
전화 579-5908~9

●

등록일자 / 1987년 12월 15일(등록번호 / 제1-583호)

●

ISBN 89-7775-350-3 03190
*잘못된 책은 바꾸어 드립니다.

값 12,000원